KB259972

삶의 모습을 있는 그대로

삶의 모습을 있는 그대로

생활 속의 유식 30송 정화 풀어 씀

도서출판 법공양

생각을 넘어서

【개정판 서문】

말은 그 말 스스로가 스스로를 부정하지 않으면 안 되는 때가 많은 것 같습니다. "다양성을 가져야 한다"는 말이라도 이 말 스스로가 부정되지 않는다고 하면 그것 자체가 독단적인 견해가 되는 것이 아닌지 되돌아보게 합니다.

그래서 옛 분들께서 "놓아라[放下箸]"든가 "깨달음도 넘어서라[百尺竿頭 進一步]"고 말씀하셨는지 모르겠습니다. 이 말들도 언어표현인 한에는 그 자체가 스스로 부정되지 않는다면 놓은 것이나 깨달음을 넘어선 것이라고 여기기 어려울 것 같습니다.

저의 옛 글을 정리하면서 보니 예전과 생각이 다른 곳이 많았습니다. 뒷날 다시 정리한다면 또 그렇겠지요. 제 생각이 변한 것만이 아니라 옛 분들의 생각이 달리 보이기도 했기 때문입니다. 그러나 생각을 넘어서지 않는 데서 보면 어느 한 생각인들 걸리지 않는 것이 있겠습니까.

오직 열린 마음으로 포근히 감싸는 삶, 언어표현이 아니라 조화로운 삶을 사는 것이 깨달음 너머 깨달음으로 있는 것이 아닐까 싶습니다. 정말 그와 같은 마음과 삶은 "말로 나타낼 수 없고 생각으로 헤아릴 수 없다[言語道斷 心行處滅]"고 하는 가르침이 더욱 새로워졌습니다.

말과 생각의 자기 한정이 업의 나툼임이 분명할진대 저의 말도 또한 새로운 업을 더하는 일이겠지요. 때문에 말의 한정이 아니라 포근한 마음을 나누는 미소가 더욱 아름답습니다.

친구가 그러더군요.

"나는 중이 아닌가 봐,

그리움이 가슴 가득하니…"

오늘은

제가 '중'이 아닌가 봅니다.

생각해 보면

'중'이 아닌 것이 어찌 이뿐이겠습니까만,

왜냐고 묻지 않고

가만히 지켜보며

만남의 인연을 함께 열어 가는 분들의 고마움으로

오늘이 있는 듯 합니다.

감사드립니다.

모두들 평안하십시오.

2547년 9월 계양산 아래서

정화正和 삼가 씀

자취를 남기면서

【초판 서문】

당신의 자취 없는 소리를 읽었습니다.
환희의 슬픔이 온몸을 살며시 저미어 옵니다.
먼발치에서 지켜볼 그 이의 잔잔한 호수의 빛이
오늘은 너무도 그립습니다.
벗이여!
부끄러워 당신 앞에 서기가 두려웠고
당신 또한 그림자만을 보았다지요.
스무 해가 넘게 당신의 소리 없는 법음을 들었건만
끝내 소리만 그립구려.
여기 옛 스님의 자취 없는 소리를 그려 보려 해도
흐르는 당신의 그림자만이라도 잡힐까요.

들국화가 사무치게 그리운 것은
떠난 벗의 향기가 배어 있어서였지요.
당신의 향기는 수선화였습니다.
냉동실에 살짝 겨울을 숨기고
봄을 맞는 향기였지만
노란 꽃이 더욱 그립습니다.
벗이여!
흐르는 자취로 당신을 만나고
그리움으로 당신을 채웁니다.

2538년 1월 부평에 인연 불자들이 공부방을 개설한 이래 여러 분이 모여서 부처님의 가르침을 연마하게 되었습니다. 그 가운데 유식에 관심을 가진 분들이 모여 『유식 30송』을 공부했습니다.

두 쪽의 길지 않은 글 속에 들어 있는 생명의 무궁한 흐름을 다 드러낼 수 없었습니다. 간단할수록 무궁무진한 도리가 있음을 절로 실감했습니다. 생명이 어우러진 대해大海의 고요함에 말의 한계를 절감하면서도 함께한 여러분에 대한 고마움으로 마칠 수 있었습니다. 알아서 이야기하는 것이 아니라, 생명의 어우러짐이 이야기할 수밖에 없게 했습니다. 나의 이야기가 아니라 우리들의 이야기일 수밖에 없는 것은 이 때문입니다.

함께한 이야기 속에 자신을 빛내고, 가만히 앉아 지켜보는 고요 속에 전체를 살찌웠습니다. 묻고 대답하는 가운데 열림은 커져 갔고, 열 번의 만남이 아쉬움으로 남았습니다. 아쉬움이 녹음錄音 속에 드러나 봉선영 학생의 1년여의 노력과 김동원 거사, 김명숙 보살, 도암 스님 등 여러분의 수고로 자취를 남기게 됐습니다. 2540년 2월 13일, 22일 정안정사에서 했던 이야기를 부록으로 함께 실었습니다. 말은 말의 색깔을 가지며 글은 글의 깔을 가진 것이어서 새로운 만남이 이루어지겠지요.

더 정진해야 할 저의 이야기를 오래전부터 만나온 인연으로 책으로 펴 주신 원택 스님과 장경각 여러분께 감사드립니다.

만남이 삶인 것을
새삼스럽게 드러내야 할까만
만남 속의 열림이 유식이라 했습니다.
만나면 변하고 변하면 앎으로 나타납니다.
생활 속에 깨어 있음이 유식입니다.

생활이
만남의 삶이기에
지혜와 자비의 삶이기에
그리움으로 사무칠 수밖에 없습니다.
이는 유식의 출발이자 끝입니다.

이름 없는 고마움으로 자취를 남기면서
모두들
건강하고
평안하며
행복하시기를 빕니다.

2540년 4월 부평 공부방에서

정화正和 삼가 씀

유식 30송

유식성과 부처님과 보살님께 절하옵고
모든 중생들을 위해 유식 30송을 풀이합니다.

稽首唯識性 滿分淸淨者 我今釋彼說 利樂諸有情

1. 아와 법의 가설로 말미암아 가지가지 상相이 생겨나나,
그것은 식에 의해서 변화된 것이며, 변화하는 식은 셋뿐입니다.

由假說我法 有種種相轉 彼依識所變 此能變唯三

2. 그 셋은 이숙식이며, 사량식이며, 요별경식입니다.
첫 번째는 아뢰야식인데, 이는 이숙식이며 일체종식입니다.

謂異熟思量 及了別境識 初阿賴耶識 異熟一切種

3. 아뢰야식에서 작용하는 집수와 기세간의 요별은 알 수 없으며,
'촉·작의·수·상·사'라고 하는 마음작용을 항상 동반하고,
오직 사수捨受와만 상응합니다.

不可知執受 處了常與觸 作意受想思 相應唯捨受

4. 아뢰야식의 심왕이 무부무기이듯 그와 항상 동반하는
촉 등의 다섯 심소도 무부무기입니다.
이 식은 항상 폭류처럼 흐르나 아라한이 되면 그 흐름이 그칩니다.

是無覆無記 觸等亦如是 恒轉如瀑流 阿羅漢位捨

5. 다음은 두 번째의 능변식으로 말나라고 이름하는 식입니다.
이 식은 아뢰야식을 의지하고 그것을 반연하면서 작용하는데,
사량이 자성이면서 활동내용입니다.

次第二能變 是識名末那 依彼轉緣彼 思量爲性相

6. 말나식은 아치·아견·아만·아애의 네 가지 번뇌와 항상 같이하며,
그 밖에 촉 등의 5변행심소 등과도 함께 작용합니다.

四煩惱常俱 謂我痴我見 幷我慢我愛 及餘觸等俱

7. 말나식은 유부무기이며 사량으로 세워진 아법에 의해서
스스로 얽매여 있으나 아라한과 멸진정 그리고 출세도에는 없습니다.

有覆無記攝 隨所生所繫 阿羅漢滅定 出世道無有

8. 다음은 세 번째 능변식으로 여섯 종류가 있습니다.
이 식은 경계를 요별하는 것을 특성으로 하며
선과 불선과 무기에 통합니다.

次第三能變 差別有六種 了境謂性相 善不善俱非

9. 요별경식의 심소에는 변행심소·별경심소·선심소·
번뇌심소·수번뇌심소·부정심소가 있으며,
이들 모두는 선과 불선과 무기와 상응합니다.

此心所遍行 別境善煩惱 隨煩惱不定 皆三受相應

10. 첫 번째 변행심소는 '촉·작의·수·상·사'이며,
두 번째 별경심소는 '욕·승해·염·정·혜'입니다.
별경심소의 하나하나는 각기 특별한 경계에 따라 반연하므로
그 대상이 서로 다릅니다.

初遍行觸等 次別境謂欲 勝解念定慧 所緣事不同

11. 세 번째 선심소는 신·참·괴·무탐·무진·무치·근·안·
불방일·행사·불해입니다.

　　善謂信慚愧 無貪等三根 勤安不妨逸 行捨及不害

12. 네 번째 번뇌심소는 탐·진·치·만·의·악견이고,
다섯 번째 수번뇌는 분·한·복·뇌·질·간

　　煩惱謂貪瞋 癡慢疑惡見 隨煩惱謂忿 恨覆惱嫉慳

13. 광·첨·해·교·무참·무괴·도거·혼침·불신·해태

　　誑諂與害憍 無慚及無愧 掉擧與惛沈 不信幷懈怠

14. 방일·실념·산란·부정지입니다.
여섯 번째 부정심소는 회·면·심·사입니다.
회와 면 그리고 심과 사의 두 쌍[二]은 각각 선 또는 번뇌의
두 가지[二]로 작용합니다.

　　妨逸及失念 散亂不正知 不定謂悔眠 尋伺二各二

15. 근본식에 의지해서 전오식이 인연 따라 나타나는데
함께 나타나거나 따로따로 나타납니다.
이는 마치 파도가 물에 의지하는 것과 같습니다.

　　依止根本識 五識隨緣現 或俱或不俱 如濤波依水

16. 의식은 무상천, 무상정과 멸진정, 수면, 기절을
제외하고는 항상 일어납니다.

　　意識常現起 除生無想天 及無心二定 睡眠與悶絶

17. 분별하는 것[分別]과 분별되는 것[所分別]은 모두
식의 전변에 의한 것으로 그 자체가 실재하는 것이 아닙니다.
그러므로 모든 것이 오직 식일 뿐이라고 합니다.

　　是諸識轉變 分別所分別 由此彼皆無 故一切唯識

18. 일체종식으로 말미암아 이와 같이 전변하며,
전전력 때문에 가지가지 분별이 생깁니다.

　　由一切種識 如是如是變 以展轉力故 彼彼分別生

19. 모든 업습기가 이취습기와 함께하기 때문에
앞의 이숙이 다하면 다음 이숙이 생깁니다.

　　由諸業習氣 二取習氣俱 前異熟旣盡 復生餘異熟

20. 가지가지 허망분별에 의해서 온갖 사물을 실재한다고
분별하나 그것들은 허망분별에 의해서 집착된 것일 뿐
그 자성은 실재하지 않습니다.

　　由彼彼遍計 遍計種種物 此遍計所執 自性無所有

21. 의타기성은 분별이며 분별은 인연에 의해서 생깁니다.
원성실성은 의타기성에서 항상 변계소집성을 떠나 있는 것입니다.

　　依他起自性 分別緣所生 圓成實於彼 常遠離前性

22. 그러므로 원성실성과 의타기성은 다르지도 않고
다르지 않은 것도 아닙니다. 마치 무상 등이 모든 흐름[諸行] 등과
같지도 않고 다르지도 않는 것과 같습니다.
그러므로 원성실성[此]을 보지 못하면 의타기성[彼]을 보지 못합니다.

　　故此與依他 非異非不異 如無常等性 非不見此彼

23. 이와 같은 세 가지 자성 그 자체에 의지하여 다음의 세 가지
무자성을 세웁니다. 그러므로 부처님께서 언어표현을 넘어서[密意]
모든 법은 자성이 없다고 말씀하셨습니다.

　即依此三性 立彼三無性 故佛密意說 一切法無性

24. 변계소집성에 의해서 집착된 상은 자성이 없으며,
의타기성이기에 모든 법은 그 자체가 자연으로 생기지 않으며,
원성실성은 변계소집성에 의해 집착된 아와 법을 떠난 것입니다.

　初即相無性 次無自然性 後由遠離前 所執我法性

25. 원성실성은 모든 법의 승의이며 또한 진여입니다.
항상 그 자성이 여여하기 때문에 원성실성이 곧 유식실성입니다.

　此諸法勝義 亦即是眞如 常如其性故 即唯識實性

26. 그러나 마음을 일으켜 유식성에 머물기를 구하지 않는 한
이취수면을 끊을 수 없습니다.

　乃至未起識 求住唯識性 於二取隨眠 猶未能伏滅

27. 또한 마음에 대상을 떠올려 그것을 유식성이라고
인식할지라도 인식대상으로 요별되는 것이기 때문에
참으로 유식에 머무는 것이 아닙니다.

　現前立少物 謂是唯識性 以有所得故 非實住唯識

28. 인식대상에 대해 대상으로 요별되지 않을 때 비로소 유식에
머무니 능취와 소취의 분별을 떠났기 때문입니다.

　若時於所緣 智都無所得 爾時住唯識 離二取相故

29. 이는 무득이고 부사의며, 세간을 벗어난 지혜입니다.
번뇌장과 소지장을 끊었기 때문에 바로 전의를 증득합니다.

　　無得不思議 是出世間智 捨二麤重故 便證得轉依

30. 이것이 곧 무루이며 계이며 부사의며 선이며 상이며 안락이며
해탈신이며 위대한 성자의 법입니다.

　　此卽無漏界 不思議善常 安樂解脫身 大牟尼名法

성스러운 가르침과 바른 도리에 의거해서
유식의 성과 행상을 분별하였습니다.
이로 인해 얻은 공덕을 중생들께 회향하노니
모두 위없는 깨달음을 얻으옵소서

　　已依聖敎及正理　分別唯識性相義
　　所獲功德施群生　願共速證無上覺

삶의 모습을 있는 그대로 · 차례

【1강】
삶은 앎과 연기의 세계

1장. 중생도 알고 불보살도 압니다

깨달음[佛]이 삶이 되어 삶 그대로가 깨달음의 나툼[敎]이 된 아름다운 세계를 이야기하고 그에 이르는 길을 제시하고자 하는 것이 부처님[佛]의 가르침[敎]입니다. 그것은 우리의 삶이 맞닥뜨리고 있는 개인과 사회의 갈등과 불만족의 원인을 찾아 해결하여 아름다운 삶을 이루게 하는 것[佛]이며, 그 원인이 한 가지가 아니기 때문에 다양한 경전과 수행방법[敎]을 이야기하고 있습니다. 이 가운데에서도 유식은 유가 수행자들이 현실 체험과 선정 체험을 통해 깨달은 바에 따라, 삶을 설명하고 이해하면서 삶을 아름답게 열어가게 하는 가르침입니다.

체험이란 눈과 형상이 만나는 세계[眼識], 귀와 소리가 만나는 세계[耳識], 코와 냄새가 만나는 세계[鼻識], 혀와 맛이 만나는 세계[舌識], 몸과 만나는 느낌의 세계[身識], 생각의 세계[意識]입니다. 이 여섯 쌍의 만남의 세계는 현실과 선정에서 같게 또는 달리 경험됩니다.

깊은 선정에 들지 않더라도 집중해서 보는 세계와, 집중을 풀고 보는 세계는 다릅니다. 선정이나 집중이 아니더라도 몸과 마음의 상태가 평소와 다를 때나 또는 주위 환경이 다를 때도 여섯 쌍의 세계가 다름을 경험할 수 있습니다. 정신집중과 관찰이 깊어지면, 보통 상태에서는 전혀 들을 수 없었던 것을 듣거나, 미약한 소리의 파장이 귀의 고막뿐만 아니라 몸 전체를 흔드는 것을 느낄 수 있으며, 눈과 형상이 만나 이루는 세계에서도 하나의 대상이 서로 다른 모습으로 보이기도 하며, 맛과 냄새와 느낌과 생각의 세계에서도 일상과 다름을 경험하게 됩니다.

곧 현실 체험과 선정 체험은 모두 '만남의 조건'에 의해서 경험되는 세계라는 것을 알 수 있습니다. 눈에 보이는 형상도 귀에 들리는 소리도 '만남의 조건'만 달라지면, 얼마든지 다른 것을 경험하게 됩니다. '만남의 조건'이란 말이 중요합니다. 일상생활 속에서의 몸과 마음, 선정에서의 몸과 마음은 서로 다릅니다. 같은 몸과 마음이 새로운 것을 경험하는 것이 아니고, 몸과 마음이 새롭게 되는 것입니다.

우리는 선정 체험을 통해 새롭게 된 몸과 마음의 흐름만 있다는 사실을 저절로 알게 됩니다. 무엇이 있어서 아는 것이 아니고, 아는 상태의 흐름만 있다는 것을 경험합니다. 흐름이란 눈과 형상 등이 만나서 변해 가는 현상을 말합니다. 이런 경험은 선정 가운데에서만 일어나는 것이 아니고, 일상 체험에서도 일어납니다. 매순간의 앎뿐만 아니라 나아가 앎의 흐름까지도 저절로 알게 됩니다.

앎의 흐름은 연기관계인 '만남의 조건'에 의해서 변하는데, 만남의 조건이 비슷할 때에는 앎의 흐름이 비슷하지만, 다를 때에는 앎의 흐름이 뚜렷하게 차이가 납니다.

그러나 우리 중생의 앎은 중생의 조건을 바꾼 경험이 없기 때문에, 늘 아는 것과 알려진 것의 범주 안에서만 앎을 생각합니다. 그래서 중생의 조건을 벗어난 선정의 체험 세계를 이해하기 어렵습니다. 이런 상태에서는 '만남의 조건'을 조건으로 이해하지 못하고 절대시하게 됩니다. 우선 나를 절대시하고 나아가 대상을 절대시합니다.

그러나 생로병사 등으로 변하는 우리의 형상을 절대시하기에는 무리임을 알게 되어, 변화하지 않는 나, 절대시할 수 있는 나를 찾게 됩니다. 환경과 시대에 따라서 우리는 그것을 영혼, 신성神性 같은 갖가지 이름으로 불러 왔으며, 이것이 개인과 사회에서 삶의 근거가 되어 왔습니다. 이러한 개인의 절대적 근거인 인아人我를 줄여서 아我, 대상의 절대적 근거인 법아法我를 줄여서 법法이라고 합니다.

이제 우리는 갈등의 원인을 알게 됩니다. '자신을 절대시하면서 나만의 세계를 구축하려는 것'이 갈등의 원인인 자기 소유를 키워 가는 것입니다. 이젠 내가 당연히 가져야 된다고 생각하면서 대상을 철저히 타자화시킵니다. 아와 법이 서로를 타자화시키면서 벽을 쌓아, 같이 살면서도 서로 소외되어 있습니다. 소외는 소유 형태로 나타나기 때문에 소유를 비워 가는 것이 갈등을 푸는 것입니다. 모든 소유를 버리면, 아와 법의 타자화된 갈등이 없어져서 바람직한 삶이 됩니다.

문제는 소유에 있습니다. 소유에는 세간적世間的 소유와 선정禪定의 소유가 있습니다. 세간적 소유란 보통 우리 중생의 소유입니다. 선정의 소유란 수행할 때에 나타나는 고요함 등을 추구하는 것으로서, 세간에 상대해 출세간의 고요함 등을 가지려는 것입니다. 물론 보통 중생의 소유와는 내용을 달리하지만, 그 근본이 소유이기 때문에 세간과 출세간 사이에 갈등이 있게 하므로 진정한 비움[空]이 아닙니다. 그러므로 선정의 세계만을 추구하고자 해서도 안 되며, 항상 벽을 열어서 소유가 없게 해야 합니다. 그러기 위해서 특별한 선정 상태의 추구가 아니라, 앎의 흐름에 충실히 깨어 있어야 합니다.

깨어 있게 되면 중생의 조건이 바뀌는데 이것을 수행이라고 합니다. 수행은 우리를 중생의 조건인 아와 법의 이름으로부터 자유롭게 합니다. 반대로 우리 중생의 삶은 갖가지 이름 때문에 자유롭지 못합니다. '만남의 조건’에 의해 변화하는 형상과 소리와 맛 등과 만나는 세계를 고정된 틀로 연상시키는 기능을 이름이 가지고 있기 때문입니다. 이것을 법화法化 라고 합니다.

유가 수행자들은 선정과 현실 체험을 통해서 삶의 변화를 보았습니다. 변화의 이면에 변화하지 않는 아我와 법法이 숨어 있지 않음을 여실히 알았습니다. 삶의 변화란 곧 앎입니다. 드러난 현상[현행]이나 드러나지 않는 흐름[종자]이나, 우리의 삶 자체는 항상 변화의 흐름일 뿐입니다. 유가 수행자들은 이를 통해서 고정된 틀을 가지고 있는 이름의 속성을 파헤치고, 이름으로 만들어진 틀에 의해서 우리의 삶이 고정되고 괴롭게 되는 것을 보았습니다. 고정된 틀 속에서 우리가 자기의 소유를 늘리기 위해서 서로 다투는 장면에 너무나 가슴이 아팠습니다.

그래서 진실한 삶을 이야기하고 고정된 틀로부터 벗어나는 방법인 유가 수행자들의 가르침이 남겨지게 되었는데, 세친 보살의『유식 30송』 도 그 가운데 하나입니다. 세친 보살은 함께할 수밖에 없는 중생에게 삶의 진실을 말함으로써 중생을 이롭고, 자유롭고, 평화로운 삶으로 이끌지 않을 수 없었습니다.

이들 가르침은 부처님의 말씀을 시대와 환경에 따라서 적의적절하게 운용한 것입니다. 유식唯識의 근본은 부처님의 가르침인 연기법, 곧 ‘관계 속의 삶’을 ‘앎의 관계’라고 이야기하는 것입니다. 고정된 관계가 아니라 ‘관계 속의 변화’가 앎으로 나타난 것이며, 나아가 ‘앎이 곧 삶’이라고 보는 것이 유식의 가르침입니다. 앎은 삶의 진솔한 모습이며 연기이며 열린 세계라는 것입니다.

중생도 알고 불보살도 압니다. 다만 중생은 닫힌 마음으로 알고, 불보 살은 열린 마음으로 압니다. ‘열린 마음의 흐름’은 우리의 참모습이며,

‘닫힌 마음의 흐름’은 중생이라는 전제조건에서만 나타납니다. 중생은 하나밖에 모르고, 불보살은 전체를 압니다. 고정된 틀은 하나로 결정되지만, 열린 세계는 다양한 변화의 앎이기 때문입니다. 열린 세계는 연기 실상이며, 실상은 매순간 변화 속에 있기 때문에 순간순간 틀이 바뀝니다. 이와 같이 매순간의 유사한 바뀜의 흐름을 고정된 틀로 생각하는 것이 우리 중생입니다.

이처럼 고정화하는 것은 의意의 작용으로, 이것이 바로 생각의 세계입니다. 생각의 세계가 눈의 세계, 귀의 세계 등과 만나면서 그것까지 고정된 틀로 묶습니다. 우리가 일상생활에서 보고 듣는 것이 모두 의의 작용에 의해서 고정되는데, 이것을 법화法化라고 합니다.

닫힌 마음에서 법화가 일어나고, 이 법화에 의해서 마음은 더욱 닫혀 갑니다. 이런 이유로 세상이 갈수록 문제투성이가 되고 있습니다. 우리는 한 가지 틀로써는 삶을 제대로 볼 수 없는데, 이것은 단지 하나의 ‘만남의 조건’에 지나지 않기 때문입니다. 우리가 유식을 공부하는 목적은 삶의 고정된 틀을 버려서 ‘자비와 지혜의 열린 세계’로 들어가는 데 있습니다.

우리의 삶이 일어나고 있는 현장인 앞에서 말한 여섯 세계를 놓치지 않고 잘 관찰하면, 일상생활에서 일어나는 고정된 틀을 알게 되어 거기에서 벗어날 수 있는데, 그것은 그 속에 열린 세계가 항상 같이하기 때문입니다. 법화는 늘 ‘만남의 관계 속에서’ 일어나며, 이 또한 앎의 장을 이루고 있습니다.

앎이 있는 곳에는 항상 ‘닫힘과 열림이 더불어’ 있습니다. 닫힘, 즉 중생이 있는 곳에 열림, 즉 부처님의 세계가 있습니다. 고정화된 언어의 한계[法]로부터 벗어나서, 만남의 관계 속에서 변화하는 흐름[緣起]을 여실히 보아야겠습니다. 법화되어 소외와 갈등을 낳은 고苦의 중생계에서 있는 그대로의 부처님 세계를 열어야겠습니다. 우리의 삶은 연기실상인 앎[識]의 세계로서 모두 함께 어우러져 있는 흐름입니다. 우리의 삶은 앎 자체의 변화인 흐름만 있으며, 이것이 유식성唯識性입니다.

2장. 언제나 살아 있는 부처님

유식성과 부처님과 보살님께 절하옵고
모든 중생들을 위해 유식 30송을 풀이합니다.

稽首唯識性　滿分淸淨者　我今釋彼說　利樂諸有情

먼저 '유식성에 절한다'고 하고 있습니다. 왜 먼저 부처님께 절하는 것도 아니고, 법에 절하는 것도 아니고, 승가에 절하는 것도 아니고, 유식성에 절을 해야 합니까? 그 이유는 유식성이 드러나는 연기실상인 유식의 식장識場이야말로 우리들의 삶 자체이기 때문입니다. 언제나 살아 있는 부처님, 만남의 관계 속에서 항상 앎으로 나타나는 부처님의 자기표현이 유식성이기 때문에, 나의 본질인 유식성, 즉 앎과 연기 그 자체에 절을 한다는 것입니다. 유식성이란 우리의 삶을 여실히 보고 있는 것으로서, 개념적인 사고나 관념적인 틀 또는 기뻐하고 슬퍼하는 감정으로서 현상을 보는 것이 아닌 것입니다. 유식성은 앎의 진실한 흐름입니다.

　그 다음에 절할 곳은 온전히 청정하신 부처님[滿淸淨者]과 아직 온전히 청정하지 않은 보살님[分淸淨者]입니다. 언제 어느 곳에서나 청정한 연기 실상인 유식성이 우리의 삶 속에 그대로 흐르고 있지만, 우리는 주관과 객관의 나뉨으로 이원화된 삶 속에서 소외와 갈등으로 살고 있습니다.

소외의 환경일지라도 지금 여기서 수행을 해야 합니다. 한 생각의 일어남과 사라짐을 있는 그대로 지켜보는 것이 지금 여기서의 수행방법 가운데 하나이며, 지켜보는 힘이 커지면 생각에 따라가지 않고 생각의 흐름이 보입니다. 예를 들어 욕을 들으면 기분 나쁜 감정이 일어납니다. 욕이라고 하는 개념[고정화]과 그 욕을 통해서 기분 나빠하는 감정[갈등]으로 동요하는 것이지요.

그러나 수행을 계속하면 욕을 듣고도 마음이 동요하지 않게 되니, 순간적으로 욕과 상응하여 일어나는 마음의 동요를 알아차리게 되고 이 힘에 의해서 곧바로 고요하게 되는 것입니다. 곧 삶을 여실히 지켜보는 힘이 생기면서 분별하는 힘이 약해지면 고요한 세계를 경험하게 되고, 이 힘이 커져 무아를 여실히 알게 되면 보살의 분청정分淸淨을 경험하게 됩니다. 나아가 모든 번뇌의 종자까지도 청정하게 되어 언제 어느 곳에서나 앎이 청정한 부처님의 경지인 만청정滿淸淨을 이루게 됩니다. 석가모니 부처님과 그 밖에 많은 깨달은 분들이 만청정자이십니다. 또 많은 보살들의 경지에 오른 수행자들이 분청정자이십니다. 만청정자나 분청정자가 될 수 있는 것은 우리의 본질인 연기실상이 청정한 흐름이기 때문이며, 이 흐름이 유식성입니다.

유식성이 우리 삶의 본질이므로 우리는 누구나 만청정자나 분청정자가 되어 괴로움으로부터 벗어날 수 있습니다. 괴로움에서 벗어났을 때가 모든 유정有情이 이롭게 된 때입니다. 유식성 곧 우리 삶의 본질이 청정성이기 때문에 중생의 분별에 의해서 발생하는 것으로 그 바탕이 허망한 고苦는 소멸하게 됩니다. 허망한 분별이란 앎을 통해서 나타난 만남의 관계에서 객관을 주관에서 소외시키고, 주관을 객관에서 소외시키는 것입니다. 이는 의意의 작용에 의한 것으로 주관과 객관을 분별시켜

주관 쪽을 나[我], 객관 쪽을 법法이라고 분별하는 것이지요. 고정된 틀인 법화현상에 의해서 고정된 언어개념을 낳고, 이것이 소외를 더욱 증장시킵니다.

그러나 이것은 그 바탕이 허망분별이기 때문에 가르침과 실천수행에 의해서 소멸하게 되고, 청정한 제 모습으로 아름다운 삶을 열어갈 수 있습니다. 그렇기에 보살님께서 그 가르침을 열어 중생을 이롭게 한다고 했습니다. 언어개념의 바탕인 법화를 넘어 소외 없는 삶이 될 때 온전한 청정자가 됩니다.

3장. 소외를 동반하는 고정화

1. 아와 법의 가설로 말미암아 가지가지 상相이 생겨나나,
그것은 식에 의해서 변화된 것이며, 변화하는 식은 셋뿐입니다.

　由假說我法　有種種相轉　彼依識所變　此能變唯三

아我와 법法은 관계 속에서만 아 또는 법으로 제 모습을 나투고 있으며, 관계의 장이 아닌 곳에서는 아와 법을 세울 수 없습니다. 관계의 장을 떠난 아와 법은 단지 습관적인 인식의 결과이면서 동시에 우리를 그와 같이 인식하게 하는 원인, 곧 습관적인 인식을 낳게 하는 인식의 종자에 의한 것입니다. 관계, 곧 연기를 떠난 곳에서의 아와 법이란 실재하지 않은 것이며, 관계의 장에서의 아와 법은 이름과 같이 나뉠 수 있는 것 또한 아닙니다. 나뉠 수 없는 관계, 곧 연기가 나뉨으로 인해 아와 법이 제 성품을 잃고 서로가 소외되어 있는 인식의 장면들은 참된 것이 아니기 때문에 거짓[假]으로 밖에 이야기할 수 없으며, '나'와 대상이 서로 나뉘어 소외되면서 스스로를 얽매는 것입니다. 그리하여 눈만 뜨면, 생각만 열리면, 심지어 생각이 열리지 않을 때에도 주관과 객관의 고정화로 인한 갈등과 불만족은 계속됩니다.

　눈을 뜨고 있을 때나 눈을 감고 있을 때나 잠을 잘 때조차도, 주관과 객관을 이원화시켜서 삶의 청정성을 왜곡시키는 힘이 작용합니다. 그것

은 우리의 삶을 총체적인 인식의 장場으로 보지 못하고, 분별된 상태로 밖에 알지 못하면서 분별된 것을 집착케 하는 깨어 있지 못한 무명의 작용 때문입니다. 우리의 생각[意]은 항상 근원적인 분별[無明]을 그 바탕으로 하여 나와 너를 분리시켜서 '나다, 너다' 하며 현실의 삶에 대한 분별을 계속하게 됩니다. 그러면서 '나는 나, 너는 너'라고 하는 벽을 더욱 두텁게 쌓고 살게 됩니다. 이 벽으로 인해 지금 여기의 우리 삶을 제대로 보지 못하며 근원적인 분별은 더욱 굳건해집니다. 이러한 분별에 의해서 파악되는 아와 법은 그 근거가 없는 유위有爲의 분별로서 연기실상의 흐름인 앎과는 다릅니다.

우리의 삶은 연기실상인 총체적인 앎[주관과 객관이 하나가 된 場]에 의해 유지되면서 흘러갑니다. 제8식의 식장識場은 '삶의 바탕인 동시에 삶을 유지하는 힘'으로서 만남의 관계 속에서 매순간 변하는 흐름입니다. 그러나 이러한 삶의 흐름 속에서 우리는 삶의 어느 한 부분을 떼어 내어 '나는 나, 너는 너'로 고정화시킵니다. 순간순간의 흐름에 명철히 깨어 있지 못한 무명, 곧 근원적인 분별에 의한 것입니다.

이 분별이 중생의 삶을 이루고 있으며, 이는 언어분별로 표출된 행위입니다. 또한 언어로 나타나기 이전의 분별력을 명언종자名言種子라고 하는데, 중생의 삶은 명언종자와 이의 현행으로 인한 본질적인 삶의 왜곡이며, 이 힘은 순간순간 법화法化를 이어가면서 삶을 분별하고 있습니다. 매순간 변하며 흐르는 우리의 삶에서 흐름의 동질성 내지는 유사성 [비슷한 조건에 의해서 나타난 현상]을 취하여 개별적인 실재로 아는 힘이 분별입니다. 우리의 삶은 총체적인 관계 속에서 개별적인 유사성의 흐름이며, 무상無常한 변화이며, 연기실상인 청정한 창조성의 흐름입니다. 즉 우리의 주관과 객관이 하나 된 상태가 연기실상의 청정한 흐름입니다. 우리의 삶은 하나 된 앎의 흐름일 뿐입니다. 이와 같은 하나 된 앎의 장에서는 나와 법의 나눔은 있을 수 없으며, 나와 법이란 단지 근원적인 분별력인 무명에 의한 잘못된 앎이며 거짓된 분별일 뿐입니다.

사실상 아와 법은 본질이 같음에도 불구하고, '만남의 조건'으로 이루어진 형상을 절대시하기 때문에 아와 법으로 나누어진 것입니다. 이것은 우리의 삶을 연기실상의 흐름으로 보는 것이 아니고, 하나하나 떼어서 보는 깨어 있지 못한 마음 때문입니다. 우리의 삶, 곧 연기실상의 흐름이자 무상無常한 변화는 삶을 지켜 보는 수행으로 거짓된 아와 법을 나누는 고정된 틀로부터 벗어나 있는 자유로운 앎의 흐름입니다.

이때 A라는 견해가 B라는 견해로 바뀌었다고 해서 삶이 변화하는 것은 아닙니다. 이것은 견해의 B화일 뿐입니다. '변화가 생명인 것'을 놓쳤기 때문입니다. 즉 A에서 B로의 변화를 놓치면 안 됩니다. 우리의 앎은 기준틀을 갖기는 하지만 이 기준틀조차 만남의 조건에 의해서 이루어짐을 한시라도 잊어서는 안 됩니다.

이것을 잊게 되는 순간 새로운 견해에 집착하게 되고 삶의 근본적인 변화는 일어나지 않습니다. 삶의 변화란 단순한 견해의 바뀜이 아니라 삶이 매순간 그 자체로 전체적인 앎으로 항상 깨어 있는 바른 앎이 될 때입니다.

따라서 우리의 삶에서 일어나는 거짓된 앎으로 인한 괴로움을 근본적으로 없애려면, 지금 일어나고 있는 현상과 느낌 등을 그때그때 투철하게 들여다보아야 합니다. 삶의 모든 현상을 놓치지 않고 그 근거를 들여다보는 수행을 관觀이라고 합니다. 관수행 가운데 하나인 사념처四念處 수행은 삶의 모든 현상이 나타나는 곳, 곧 들여다볼 곳을 네 곳으로 나누어 관하는 것입니다. 첫째는 몸[身]의 흐름입니다. 두 번째는 느낌[受]의 흐름입니다. 세 번째는 기뻐하고, 슬퍼하고, 믿고, 뉘우치는 등등의 마음[心]의 흐름입니다. 네 번째는 '이것이다, 저것이다, 이런 견해다' 하는 등등의 고정화된 인식과 논리의 근거[法]입니다. 이 넷을 잘 들여다봐서 그 특성을 알고 지금까지 가지고 있던 아와 법의 분별로부터 자유로워져야만 참된 삶, 고요하고 맑고 고통 없는 삶이 있게 됩니다.

유가 수행자들은 고정된 이름, 곧 언어를 통해서 구성되는 세계가 중생의 삶이라고 보았습니다. 앞에서 말한 언어개념, 곧 고정된 인식근거의 틀이 낱낱을 분별하여 고정시킨다는 것입니다. 그렇기 때문에 유가 수행자는 수행의 다섯 단계 가운데 두 번째 단계에서 언어와 사물에 대해서 자세히 궁구하고 있습니다.

방석이라는 말과 방석의 실체는 어떤 관계가 있느냐? 좋은 소리는 좋은 소리 이면에 숨어 있는 것과 어떤 관계가 있느냐? 나쁜 소리와 나쁜 소리에서 일어나는 반응은 어떻게 되느냐? 이런 과정을 관찰하면서 '우리의 삶이 어떻게 흐르는가'를 봅니다. 신수심법身受心法을 객관화시켜 볼 뿐만 아니라, 이름과 사물, 이름과 사물의 자성自性, 이름과 사물의 차별의 관계에 대해서 깊이 관찰합니다. 책상이라는 영상과 책상이라는 글자는 무슨 상관관계가 있는가? 책상이라는 언어 자체에 자성이 있느냐? 책상이라는 것과 책상이라는 영상은 서로 일치하는가? 이와 같이 명칭[名]·사물[義]·자성自性·차별差別의 네 가지 관계를 살피는 것을 사심사관四尋思觀이라고 합니다.

이처럼 유가 수행자들은 언어생활을 통해서 일어나고 있는 것에 중점을 두었습니다. 우리의 삶을 지배하고 있는 것은 언어생활을 통해 이루어지며, 매순간 변하는 연기실상의 삶이 언어의 고정화에 의해 왜곡되고 중생들이 삶의 실상에서 소외되고 있기 때문입니다. 책상이라고 하는 이름[名], 책상이라고 하는 사물[義], 그 두 가지가 가지고 있는 특별한 요소[自性], 차별성[差別]을 살펴서 '언어로 파악되는 아와 법은 근본적으로 삶의 본질에 바탕을 두고 있지 않다'[由假說我法]는 것을 전제로 하여 유식을 이야기합니다.

책상이라는 이름은 책상이라는 사물을 가리키는 개념이지만, 우리가 책상을 볼 때 책상 그대로를 보는 것이 아니라 책상이라는 개념의 조작을 통해서 책상을 보게 되며, 감각기관도 현실을 조직하여 제 한정으로 현실을 인식하게 합니다. 따라서 감각기관과 정보의 조직화를 통해서 얻어진 개념구조인 이름은 사물을 가리키는 것이 아니라 사물을 이름에 맞게 조작하면서 우리의 삶을 지배하고 있지요.

이것이 언어화된 일체의 모습입니다. 만남의 조건으로 이루어진 매순간의 변화 속에서 책상을 고정된 언어의 틀로 파악하는 데서 갈등이 일어납니다. 낱낱 하나하나가 소외의 언어 속에 휩싸여 있습니다.

우리가 쓰고 있는 언어는 실체를 적의적절하게 가리킬 수가 없습니다. 모든 방석의 개념으로 쓰이는 방석이라는 말은 낱낱의 방석과는 전혀 다릅니다. 이것은 무언가 있음에서 출발합니다. 언어의 고정화에 의해서 사물을 고정시킵니다. 유사한 흐름에 놓여 있는 사물의 표현인 언어는 고정화의 한계를 벗어날 수 없으므로, 언어생활에서 자유로워야 합니다. 언어의 구획에 의해서 절대적인 영상을 가지고 거꾸로 현실이 지배당해서는 안 됩니다.

언어는 사물을 명확히 가리키지 못합니다. 눈을 통해서 보는 책상은 천차만별로서 형상과 기능의 다름을 볼 뿐입니다. 물론 눈 또한 자신의 감각기능에 맞게 현실을 조직하고 있는 것도 또한 사실입니다. 그러나 책상이라는 고정된 말은 보는 행위를 책상의 개념에 한정시킵니다. 곧

'방석에는 방석일 수 있는 절대적인 근거가 있다'고 믿는 것은 우리의 언어생활을 통한 독단적인 사고입니다. 이러한 생각의 근거는 명언종자名言種子, 곧 현실을 언어에 맞게 조작하는 분별력으로 닫힌 마음에 의해 굳어진 고정화의 세계이며, 고정화된 사고는 필연적으로 소외를 동반하게 됩니다.

이와 같이 언어는 그 사물의 실체를 떠나서 언어자체가 절대화된 것입니다. 우리는 '나'라고 하는 말로써 나의 몸과 마음을 대표하는데, 그것은 '나'라는 언어자체가 '연기실상인 나'를 연기현상으로부터 독립시켜 절대화한 것입니다. 새벽의 나도 나고, 저녁의 나도 나고, 아플 때 나도 나고, 좋을 때 나도 나입니다. 어떤 상황에서도 주어는 '나'입니다. 여러 가지 현상들을 내가 가지고 있는 속성으로 여기면서, '나'라고 하는 언어에 맞는 '나'를 설정하고 그것을 절대시한 것입니다. 한 생각 일으키고 한 동작하는 순간순간이 '나'의 대표이며 전체인데도 불구하고, 그것을 '나'의 한 부분으로 파악하는 것입니다. 그와 같은 '나'는 없습니다. 순간순간의 모든 활동이 그대로 전체이며 '나'입니다. 나의 활동이 아니라 활동만이 '나'입니다.

언어생활을 통해서 구조화된 사고와 실제는 전혀 다릅니다. 활동을 떠나서 실제인 '나'란 구조가 없는데도 불구하고, 언어구조를 통해 '나'를 대표하면서 동시에 '나와 나의 것'을 갖게 됩니다. 이와 같은 대표성이 영원불변하는 '나'라는 존재가 되며, 이것이 우리가 생각하는 절대적인 근거인 '나'입니다. 아울러 방석도 마찬가지로 방석이라고 하는 말로써 영상화되고 개념화되어, 녹음기가 아닌 방석이라고 하는 절대성과 대표성을 가지면서 대상이 됩니다. 이와 같이 모든 것이 언어개념에 의해 이해되는 대상이 되는 것을 법法이라고 합니다. 그러면서 우리는 '나와 법은 절대적인 타자의 관계'라고 알면서 살아갑니다.

　그러나 수행이 깊어지면 이것이 아닌 것을 알 수 있습니다. 예를 들어 잠이 들기까지를 집중해서 관찰을 하다 보면, 주관과 객관이 한 점으로 마주치는 순간 앎이 사라지고 잠이 들며, 아침에는 주관과 객관이 동시에 열리면서, 앎이라고 하는 현상[주관과 객관의 작용]이 일어나면서 잠에서 깨어나게 됩니다. 주관이 먼저 열려서 객관을 아는 것이 아니고, 객관과 주관이 동시에 드러나는 것입니다. 하나의 장場에 있어서 주관은 객관에 의해 주관일 수 있고, 객관은 주관에 의해 객관일 수 있습니다. 앎과 삶은 주관과 객관이 동시에 일어나고 사라지면서 활동하기 때문에, 어느 한 가지를 떼어서 절대화·개념화시킬 수 없습니다.

4장. 언제나 열려 있는 하나의 장

우리 중생은 주관과 객관을 개별화시켜서 하나 된 삶 대신에 이원화된 삶 속에서 살고 있습니다. '아와 법'의 이원화를 통해[由假說我法] 갖가지 자기 모순과 사회 모순을 만들면서[有種種相轉] 살아가고 있습니다. 보순은 분별에 의한 식을 바탕으로 하며[彼依識所變], 모순의 근거인 식은 아와 법의 분별을 일으키는 명언종자의 흐름입니다. 그러나 모순 없는 연기실상의 흐름은 아와 법으로 이야기할 수 없습니다.

어제도 오늘도 그리고 내일도 '나'라고 하는 말속에 들어 있는 똑같은 개념이, 실제의 삶과 부딪히면서 삶 자체를 끊임없이 구속합니다. 이 구속은 모순으로 나타나기 때문에 한편으로는 쉽게 분별되나, 다른 한편으로는 지속적으로 자기 소외를 낳는 힘으로 남게 됩니다. 그런 힘들이 아침에 깨어나자마자 우리를 모순 속으로 내몰면서 갈등과 불만족의 삶을 이어가게 합니다. 이것은 우리의 삶 자체가 흐름이기 때문입니다. 어제도 우리가 그런 식으로 삶을 이해했고, 내일도 그와 같은 앎으로 삶을 이어갑니다. 그렇지만 앎이란 주관[我]에 속하는 것도 아니고 객관[法]에 속하는 것도 아닙니다.

주관과 객관이 연기라는 장에서 앎으로 관계맺음이며, 앎에 의해서 관계가 조직되는 것입니다. 앎의 관계가 저절로 인연의 모습을 나투면서 흘러가는 것이지요.

이 흐름에 깨어 있지 못할 때, 곧 무명이 작용할 때 앎의 장은 감각기관과 생각에 의해서 조작되고 제 특성에 맞게 아와 법을 규정하고 분별하는 법화法化의 조직화가 일어나며, 이 법화가 다음에 일어나는 앎의 장을 왜곡시키면서 분별의 흐름이 이어집니다.

그런데 여기서 중요한 것은 우리가, 삶이 법화되어 선악시비 속에 산다고 할지라도, 실제로는 주관과 객관이 하나가 된 장 속에서만 활동하고 있다는 것입니다. 우리가 삶을 아법분별로써 잘못 알고 있지만, 우리의 삶 자체는 저절로 아는 연기의 흐름에 바탕을 둔 유식성이라는 것이지요.

유식이라는 말에는 청정과 분별의 두 가지 뜻이 있습니다. 청정의 삶은 주객의 만남인 연기의 삶 자체가 저절로 가장 조화로움을 지향하는 근원적인 앎을 말합니다. 분별의 삶은, 아와 법을 인식의 기준틀로 삼는 조화롭지 못한 앎의 세계를 말합니다. 청정과 분별은 연기의 삶, 곧 식장識場 안에서 이루어지고 있는 삶을 서로 다른 인식의 근거를 가지고 앎을 이루고 있는데 차이가 있을 뿐입니다.

따라서 식을 언어습관상 방석도 아니고, 전축도 아니고, 너도 아니고, '내 속에 있는 어떠한 것'으로만 생각해서는 안 됩니다. 이것은 잘못된 우리의 분별인식입니다. 삶 자체는 주관과 객관이 항상 어우러져 있습니다. 본질적으로 인식주관과 인식대상은 언제나 어우러져 있는 하나의 장면이면서 그때그때의 연기관계에 따라 제 모습을 나툽니다. 곧 마음과 대상이 어우러져 하나 된 식장을 이루는 것이지요. 그러면서 끊임없이 일어나고 사라지는 변화가 앎으로 나타납니다. 그러나 변화만을 통해서만 사물을 파악하는 우리의 눈과 귀로는 전체적으로 늘 함께하는 흐름을 파악하지 못합니다. 그래서 '제8식은 알 수 없다[不可知]'라고 합니다.

제8식은 우리의 거체擧體적인 삶의 장으로서 순간순간 자기 자신의 전부를 드러내 보냅니다. 제8식이 드러내 보이는 모든 흐름이 바로 삶 자체이면서 목적입니다. 앎의 순간이 삶의 전체로서 개별적인 현상을 통해, 내밀하지만 창조적인 자기 표현을 모두 보입니다. 그러나 현상만을 따로 취하는 우리의 습관적인 사고방식은 경쟁과 대립의 자기소외[業]와 대중소외[衆同分]를 불러일으킵니다.

그러면 내밀한 제8식이 어떻게 드러납니까? 삶은 앎의 장으로서 순간 순간 자기 변화하는 전체입니다. 이것은 관계[연기]를 바탕으로 하는데, 부득이 나눈다면 아는 주관[견분]과 알려지는 객관[상분]이 됩니다. 이때 '부득이'라는 말에 주의하십시오. 앎이 견분見分과 상분相分의 관계를 나타내기도 하고, 견분과 상분이 앎을 나타내기도 합니다. 앎과 견분·상분, 견분·상분과 앎은 선후관계가 아닙니다. 더구나 상분, 곧 앎의 대상은 감각기관과 인식에 의해서 조직화된 것이기 때문에 견분·상분의 나뉨이란 언어적 편의에 지나지 않는다고 할 수 있습니다. 이때 식은 정지태靜止態의 어떤 것이 아니고 동작태動作態의 끊임없는 변화이지요. 식을 언어가 갖는 독립된 요소로 파악하여 견분인 인식주관을 식이라고 생각하는 경우가 많은데, 그렇지 않습니다. 식은 '삶 자체로서 견분과 상분의 관계에서' 일어나기 때문입니다.

식을 넷으로도 나누는데 견분見分·상분相分·자증분自證分·증자증분 證自證分입니다. 또는 하나로 묶어서 자체분自體分뿐이라고도 합니다. 견분이 견분이 될 수 있는 것, 즉 인식주관이 인식주관일 수 있는 이유는 인식대상을 상대했을 때에만 인식주관이라고 할 수 있습니다. 인식대상 이라고 하는 말도 인식주관이라는 말을 상대했을 때에만 쓸 수 있습니다. 이 두 가지 가운데 어느 한 가지만 없어도, 인식주관이나 인식대상이 있을 수 없어서 식이라는 말을 쓸 수가 없게 됩니다.

자체분이란 '인식주관과 인식대상의 관계일 뿐'이라는 말입니다. 관계만이 전체이기 때문에 주관과 대상이란 말은 필요하지 않고 단지 편의상 썼을 뿐입니다. 이는 상분이 단지 앎의 자기 조직화에 지나지 않으며 앎은 단지 자기 앎이라는 것입니다. 그런데 관계[연기]라는 말에는 거체적인 안목도 있지만, '무엇과 무엇의 관계'라는 뜻도 있습니다. 식장에서는 이것을 '견분과 상분의 관계'라고 합니다. 그리고 이 둘의 관계에서 나타나는 앎을 자증분自證分이라고 합니다. 방석을 보는 순간 방석이라고 인식합니다. 방석이라고 하는 인식, 즉 견분과 상분의 작용 속에서 일어나고 있는 변화 그 자체가 앎으로 드러나는 것이 자증분입니다.

그리고 방석을 방석이라고 하면 어느 누구도 이상하게 보지 않습니다. 왜냐하면 누구에게나 공통적으로 방석이라고 하는 인식이 우리 속에 내재되어 있기 때문입니다. 내가 방석을 방석이라고 인식할 수 있는 힘은 그 사회가 공통적으로 방석이라고 인식할 수 있는 것과 같이하기 때문입니다. 방석을 라디오라고 하면 다른 사람들이 이상하게 봅니다.

어떤 사람이 방석을 라디오라고 한다면, 그 사람의 자증분은 그 사회의 보편인식[증자증분]을 갖지 않기 때문에 문제가 됩니다. 그러나 우리의 인식결과인 자증분 속에 사회의 보편인식이 들어 있을 때는 문제가 없습니다. 이와 같이 한 가지의 앎 속에는 개인과 사회와 역사의 인식이 모두 포함되어 있습니다. 앎의 전 과정이 이미 사회와 역사의 근거를 갖고 있기 때문에, 개인의 앎의 결과인 자증분自證分 속에는 이미 그것을 증명하는 사회적 인식인 증자증분證自證分이 들어 있으며, 증자증분은 자증분을 통해서 앎의 지평을 열어가기 때문에 자증분과 증자증분은 서로가 서로의 인식근거를 증거하고 있습니다.

인식관계는 이 넷을 다 갖추고 있는데, 앎 자체가 총체적인 우리의 삶이며, 상호작용하는 연기의 장면들이기 때문입니다. 그리고 그 요소들은 관계 속에서 자기 변화를 계속하면서 상속되어 갑니다. 특별한 경우가 아닌 한 상속은 유사성을 띠게 되므로, 언어생활을 통해 일어나고 있는 현실의 삶이 인식 속에서 고정화되면서 연기관계의 삶을 왜곡시키고 있습니다.

수행은 집중력과 관찰력을 바탕으로 합니다. 유가 수행자들은 이 두 가지를 통해서 우리 삶의 흐름을 알게 되었으며, 본질本質로부터 소외되어 있는 삶의 특징이 언어적인 분별에 있음을 알았습니다. 따라서 그들은 언어와 본질의 관계를 이름[名]·사물[義]·자성自性·차별差別의 사심사관四尋思觀을 통해 이야기했습니다.

식을 여덟 가지로 분류하는 것이 보통입니다. 오근五根과 오경五境, 의意와 법으로 이루어진 전5식과 제6식, 의의 자기 소외의 힘인 제7식, 총체적인 장으로서의 제8식입니다. 유식에서는 우리의 삶이 청정한 유식성이지만, 의의 분별작용에 의해서 아와 법으로 분리되어 현재의 삶이 영위되며, 이는 식을 통해서 나타난다고 합니다.

여기서 유의해야 할 것은 의의 분별작용입니다. 매순간 깨어 있음과 습관적인 인식태도에 의해서 청정과 분별이 있기 때문입니다. 현재적 삶인 식이 일어나고 사라질 때 전체의 흐름에서 의가 갖고 있는 습관적인 인식태도를 버리고 그 일어나고 사라지는 흐름에 여실히 깨어 있어야 됩니다. 깨어 있게 되면 청정한 삶을 살게 되는 것이며, 습관적인 인식태도를 버리지 못할 때는 언어관습에 벗어나지 못한 분별의 세상을 만들게 됩니다.

왜냐 하면 한 생각이 일어날 때 제8식은 깊숙이 잠재되어 있고 제7식이나 전6식만 나오는 것이 아니라, 한꺼번에 식 전체가 동시에 작용하기 때문입니다. 단지 '현행現行의 초점이 어디에 있느냐' 하는 차이일 뿐입니다. 이와 같이 한 생각의 일어남과 사라짐 속에 우리 삶의 전체가 함께 일어나고 사라지는데, 어떤 때는 미세하게 어떤 때는 분명하게 자신과 대상이 함께 변합니다.

● 우리의 행동 하나하나가 모두 유식으로 설명됩니까?

그렇습니다. 유식이란 '관계 속의 변화인 연기가 앎으로 나타난다'는 것입니다. 그래서 앞에서 유식은 '삶의 부분이 아니라 삶 자체'라고 했습니다. '앎의 관계'라는 뜻이며 부득이 관계를 나누면 아는 쪽[견분]과 알려지는 쪽[상분]이 있게 됩니다만, 이는 동시적이며 함께 변화하는 흐름으로 있습니다. '앎의 흐름이 곧 식'이며, 흐름이란 결정됨이 아니라 변화를 의미합니다. 따라서 허망한 분별로써 우리의 삶을 관계의 변화인 앎의 흐름으로 보지 않고 결정된 것으로 보면 필연적으로 소외와 왜곡이 생기는데, 수행을 하여 이것으로부터 자유로워질 수 있습니다.

예를 들어 어떤 사람을 떠오르기만 하면 미워하는 마음이 일어나는데 마음을 지켜보는 수행을 계속하다 보면, 차차 미움으로부터 자유스러워 지게 되는 것과 같습니다. 미워하는 마음이 원래 허망해서 미움으로 결정되어 있는 것이 아니기 때문입니다. 지금까지는 미워하는 감정이 있었는데, 어느 순간 그 감정이 없어져 미워하는 마음으로부터 자유, 부분적으로 평화로움, 비어 있음, 빈 마음을 경험한 것이지요. 그러나 미움이 있든 없든 간에 미움은 미움대로 식의 현상이요, 미움이 없으면 없는 대로 식의 상태입니다.

우리들의 마음 씀씀이 하나하나 행동 하나하나가 관계맺음의 현재적 표현이며, 앎으로 그 자신을 알게 하는 것입니다. 이는 앎이 있어서 무엇을 안다는 의미가 아니라 무엇 그 자체가 관계를 통해서 앎으로 표출된다는 뜻입니다.

● 지금까지의 이야기가 '참, 어렵구나'라는 생각이 듭니다.

습관적인 인식태도나 행동양식, 곧 업의 흐름을 벗어난 것은 어떤 것이나 어렵게 다가옵니다. 수행으로 이 어려움을 극복했을 때 자유로운 흐름으로 언제나 깨어 있는 삶을 살게 됩니다.

● 사심사관이란 어떤 것입니까?

가행위의 수행단계에서 이름과 사물, 자성과 차별은 실재하는 것이 아니라 마음의 분별력, 곧 명언종자나 업종자에 의해서 그렇게 인식되는 데 지나지 않으며 그 바탕은 아법의 분별임을 잊지 않고 관찰하는 것입니다. 사량분별에 의해 고정화된 실체로 이들을 파악하는 것이지요. 종자가 현행한 것이 한 생각의 일어남인데 종자는 분별이 바탕이므로, 현행도 자연스럽게 분별된 고정화에 맞춰집니다. 분별된 명언과 사물을 대비하며, 이름과 이름이 가리키는 사물의 관계를 관찰하고 그 둘의 자성과 차별을 살펴서, 언어의 고정화로부터 벗어나 명언종자의 뿌리를 바꾸는 수행이 사심사관입니다. 여기에서 사물[義]은 만남의 조건에 따라 쉽게 변함을 알 수 있습니다.

그런데 책상이라는 말을 떠올릴 때마다 책상이라는 사물이 눈앞에 없더라도 같은 이미지가 항상 떠오릅니다. 이는 책상에 대한 인상을 고정시켜서 말[名]로 표현한 것이지만, 보다 근본적으로는 사물을 그와 같이 보게 되는 힘, 곧 종자가 책상이라는 영상을 동일불변의 실체로 보게 하는 것입니다. 따라서 책상의 실제는 만남의 조건에 따른 변화이지만, 말[名]의 영상은 늘 일정하게 됩니다. 책상의 변화가 언어로서의 고정된 이미지인 책상이라는 틀에 의해서 얽매이게 된 것입니다. 이를 통해서 책상이라는 말이 책상으로부터 파생된 것 같지만, 책상으로 규정하는 것은 책상에 있는 것이 아니라 명언종자에 의한 것임을 알 수 있습니다. 이 두 가지는 전혀 다른 구조 속에 놓여 있는 것이지요 우리들의 생각이 현실을 떠나 있다는 것입니다. 말[名]의 자성은 허망이요, 생각은 허상의 집합이요, 책상은 변화의 한 현상일 뿐입니다.

이름과 사물은 전혀 자성이 다른 별개의 세계입니다. 그러나 이것이 실생활 속에서 원만하게 이루어지려면 한 생각이 일어날 때마다 한 사물을 볼 때마다, 가만히 주의해서 위의 관계를 살펴보아야 합니다. 한 순간에 이 네 가지 단계가 다 들어오면, 삶의 허상인 생각에 막혀 진실을 보지 못하는 작용이 없어져 갑니다. 그에 따라 매순간 우리는 연기실상의 흐름에 일치하면서 살게 되는데, 이것이 앞에서 말한 유식성에 산다는 말입니다. 유식성에 살 때 성性과 상相의 관계는 상이 곧 성이며, 성이 변하는 것으로 전체를 살게 됩니다.

● 한생각이 떠오르는 것이 전6식의 작용이라고 한다면 이때 제7식과 제8식의 작용은 무엇입니까?

안眼－색色－안식眼識, 이耳－성聲－이식耳識, 비鼻－향香－비식鼻識, 설舌－미味－설식舌識, 신身－촉觸－신식身識, 의意－법法－의식意識 이 여섯 틀이 일상의 인식의 장을 이루는 전6식입니다. 여기서 알아야 할 것은 의와 법의 분명한 의미입니다. 예를 들어 눈[眼]과 형상[色]으로 이루어지는 안식의 장에서 의가 함께 작용하면서 눈과 형상이 하나로 어우러진 관계가 인식하는 나와 눈, 그리고 형상 등으로 개별의 보편성만을 인식하게 됩니다. 그리고 이에 의해서 취해진 보편적인 인식내용, 곧 분별된 틀이 법法입니다.

관계란 상호영향에 의해서 변화하고 있다는 뜻이며, 개별의 보편성이
란 무엇에게도 영향을 받지 않는다는 뜻입니다. 영향을 받지 않는 보편은
고유한 특성을 지키면서 변하지 않는 고정된 실체로서 의의 자기 한정에
의한 인식틀을 제공하지만, 현재의 우리 삶이 보편적인 인식틀에 의해서
재해석되면서 관계의 장을 잃게 됩니다. 따라서 의에 의해서 알게 되는
삶과 상호영향을 주면서 매순간 변하는 실제 우리의 삶은 서로 다릅니다.
의意의 보편인식이 실제의 삶을 왜곡시키고 있는 것입니다. 이와 같이
눈과 색이 서로 소외된 상태에서 '나는 나, 너는 너'로 인식되는 틀을
제공하는 것을 법화라고 합니다. 즉 눈 등과 색 등이 만났으나 의의
작용에 의해서 눈과 색이 제 관계를 잃고 법화法化되는 것이 전5식의
모습입니다.

혼자 이것저것 생각할 때는 제6식의 의와 법의 관계만 있을 때입니다.
위에서 말했듯이 법이란 법화로 파생된 고정화된 언어에 의하여 표현된
것'을 말합니다. 전5식의 장이 의에 의해서 법화되고 이 법화가 다시
의의 대상인 법이 될 뿐만 아니라 전5식의 장과 관계없이 의 스스로가
자기의 대상인 법을 만들기도 합니다. 의가 스스로와 대상을 한정시켜
법을 이루고, 이 법이 다시 의의 내용이 되어 의의 한정을 이어가는데,
이를 명언종자名言種子라고 부릅니다. 또 의와 법의 관계에서 선악 등
구체적인 활동이 이루어지는데, 이 활동에 의해서 상속되는 힘을 업종자業
種子라고 부릅니다. 제7식은 각각의 관계를 분별하여 독립시키고 고정시
키는 힘, 곧 의의 법화작용 가운데 자아를 인식의 주재자로 틀 지운
것을 말합니다. 자아를 세우면 동시에 타他를 세우게 되며, 이에 따라
자타가 서로 대립하게 됩니다.

제8식은 이 '모든 것이 이루어지고 있는 전체의 장'입니다. 각각의 식은 그 작용이 분명하거나 불분명하거나 모두 하나 된 장에서 일어나고 사라집니다. 매순간 전체의 식이 동시에 흐르면서 변해 가고 있습니다. 곧 순간순간 전체의 우리 삶이 일어나고 사라지는 것입니다. 그러나 현행現行은 과거의 법화된 명언종자에 의해서 가장 큰 영향을 받고 있기 때문에, 분별된 현행인 아와 법이 뚜렷한 인상으로 떠오르는 것입니다. 아와 법은 단지 식의 분별에 의한 것일 뿐 그 자체로 실체를 갖는 것이 아닌 꿈과 같은 것임을 알아야 합니다.

● 수행을 할 때는 식을 세분화할 필요가 있지 않을까요?

세분화할 필요가 없습니다. 부처님의 가르침인 팔정도와 육바라밀 수행을 하게 되면, 자연히 분별과 무분별의 세계를 알게 됩니다. 그것을 통해 분별의 힘은 약해지고 무분별의 힘은 커지면서, 찰나에 일어나는 전체의 마음작용이 바뀝니다.

현행하는 이 순간의 힘이 제일 강하기 때문에, 현행하는 인식의 흐름을 잘 관찰하면 고요함으로 흐르게 됩니다. 그에 따라 제6식의 선악시비와 제7식의 분별하는 힘은 약해지고, 청정한 유식성이 살아납니다. 세분화할 필요가 없이 지금 현행하는 전6식의 작용으로부터 출발해야 합니다. 수행의 힘이 커진 만큼 우리의 분별성이나 사량은 적어지고, 청정성은 회복될 것입니다. 수행법의 특징은 뒤로 한 발짝 물러나서 한 생각이 일어나고 사라지는 것을 주시만 합니다. 그러면 현행하는 삶 속에서 우리가 그릇되게 인식하는 바를 알게 됩니다. 수행은 삶의 논리적 근거를 명확하게 제시하여 우리를 자유롭게 합니다. 다시는 분별된 언어의 희롱에 속지 않고, '삶이 어떤 식으로 연기되는가'를 명확히 깨달아 분별을 떠난 청정한 삶을 살게 됩니다.

그것은 몸과 마음의 상태에 따라 다릅니다. 상기上氣되는 사람은 될 수 있는 대로 밑쪽으로, 반대로 몸이 처지는 사람은 윗쪽에 둡니다.

예를 들어 수관水觀 수행을 한다고 합시다. 먼저 감로수병에 물을 담아 관세음보살상 앞에 둡니다. 그리고 그 병을 자세히 관찰한 뒤에 눈을 감고 그 병에서 물이 흘러넘치는 영상을 머리 속에 그립니다. 그러다가 영상이 희미해지면 눈을 뜨고 감로수병을 잘 보고, 다시 눈을 감고 병에서 감로수가 계속 흘러 넘쳐서 나와 이웃 모두가 감로의 맛을 보는 관수행을 계속 합니다. 이때도 상기되는 사람은 단전에 병의 영상을 둡니다. 스스로 자기 몸을 잘 관찰하여 위 또는 아래 어느 쪽에나 대상을 둘 수 있습니다.

수행이 익어지면 지금까지 경험하지 못했던 현상들을 많이 경험하게 됩니다. 눈으로, 귀로, 피부 등으로 전에는 보고, 듣고, 느끼지 못했던 현상들을 경험하게 됩니다. 경험 영역이 넓어지면서 새로운 세계를 경험한 것이지요. 예를 들면 소리의 파장을 귀의 고막뿐만 아니라 피부를 통해서도 느끼게 됩니다. 보는 것도 마찬가지입니다. 가까운 것이 멀게도, 먼 것이 가까이도 보입니다. 이러한 경험들은 특별한 것이지만, 만남의 조건이 달라졌기 때문에 영상이 달라진 것뿐입니다. 따라서 특별한 현상이 일어나도 이에 집착하지 말고, 지금까지의 현상을 보듯이 객관적으로 보아야만 합니다.

수행을 하면 우리가 경험하는 세계란 만남의 조건에 따라 '매순간 변하는 연기관계의 세계'라는 것이 분명해집니다. 나만의 세계를 고집할

근거가 없어지면서, 나와 대상이 항상 어우러져 있는 전체 속에서 창조적인 나를 키워 갑니다. 수행을 하여 '나'라는 조건을 변화시킨다는 것은, 삶의 고정화로 인한 소외와 선악시비의 세계에서 벗어나 지혜와 자비의 열린 세계로 나아감을 말합니다.

수행하는 중에도 자기 자신이 생각하는 바가 나타나는데, 그것에 현혹되면 현행이 선악의 업종자와 사량의 명언종자로 흘러갑니다. 여기에 대해 고요해져서 그 흐름의 특성을 잘 알아내는 것이 불교 관수행觀修行의 특징입니다. 관수행을 통해서 경험하게 되는 여러 가지 특이한 현상들도 수행이라는 조건에 의해 일어나는 영상에 지나지 않습니다. 따라서 현상의 왜곡으로부터 벗어날 수 있는 경험의 확대와 유식성에 이르게 하는 지혜 계발이 중요합니다.

가행위加行位에서는 사건과 사물에 대해서 명·의·자성·차별의 네 가지 관계를 잘 변별하여 사유하는 사심사관의 수행 방법을 통해서, 고정화된 이름으로 알아차리는 허망한 세계와 이름에 의해서 잘못 집착된 세계를 떠난 실상의 관계를 깊이 사유하여 삶의 실상에 이르는 터전을 마련하게 됩니다. 가행위加行位를 지나면 통달위[通達位, 견도見道]로서 삶의 실상[道], 곧 무아의 흐름을 경험하게 됩니다. 이때 복덕과 수행의 힘이 강한 사람은 구경위[究竟位, 아라한]에 이르기도 합니다. 통달위에 가서야 비로소 식識의 본성과 현상의 본성이 확연히 드러나 어떠한 현상도 저 홀로 있을 수 없다는 것을 압니다. 그러한 과정을 통해서 우리에게는 구원받을 존재가 없다는 사실을 알게 됩니다. 이때부터 부처님의 가르침과 역대의 많은 훌륭한 수행자들의 가르침을 스스로 이해하고 믿고 따르게 됩니다. 그전까지는 우리가 이런 말을 들으면 이런가, 저런 말을 들으면 저런가 했지만, 통달위에 이르러 진실과 계합된 자기 길을 흔들림

없이 가게 되는 것이지요.

그런데 이 시대에는 박탈감이나 소외를 경험하는 사람이 갈수록 많아지고 있습니다. 이런 박탈감이나 소외는 우리의 삶이 본질에서 멀어졌기 때문에 일어납니다. 채워질 수 없는 소유욕으로 소외를 가중시키고 갈등을 키워서 삶이 지탱하기 힘들 지경에 이르면, 그것으로부터 새로운 변화를 추구하는 욕구가 강하게 일어납니다. 그 욕구가 강한만큼 수행을 통해서 변화를 하게 되고, 갈등이 없는 평정한 삶의 흐름으로 들어가게 됩니다. 관수행을 통해 우리 자신을 묶고 있는 벽, 즉 창조적 사고를 가로막고 있는 벽을 허물면서 우리 본래의 능력을 회복하는 것입니다.

● 무명과 법화의 관계를 말씀해 주십시오.

우리의 삶은 보고 듣고 느끼는 한순간 한순간이 전체의 자기 표현이며, 유식에서는 이를 인식주관과 인식객관이 어우러져 있는 앎의 흐름이라고 합니다. 이 어울림의 세계는 객관에서 주관을 떼어 낼 수 없고 주관에서 객관을 떼어 낼 수 없습니다. 어우러진 전체로서의 우리의 삶을, 주관은 주관대로 객관은 객관대로 따로 떼어놓는 힘을 무명이라고 합니다. 무명은 모든 인식현상에서 항상 동반되지만, 특히 제7식의 작용인 나를 세우는 힘으로 분명해집니다.

무명의 분별작용을 통해서 삶의 각각을 고정화된 실재로 파악하는 현상을 법화라고 합니다. 우리의 일상생활인 전6식의 장에서 법화에 의해서 선악시비와 분별대립이 그치지 않습니다. 그러면서 '내 것, 네 것'의 소유를 증대시키면서 무명을 더욱 굳게 합니다.

무명과 법화가 전6식, 제7식, 제8식 전부에 아울러 영향을 주고 있습니다. 한 생각이 일어날 때 제8식 전체가 동시에 작용하기 때문입니다.

그러나 제8식의 장은 무부무기無覆無記로서 연기실상의 본질을 덮지 않습니다. 제8식은 연기실상인 흐름의 장이기 때문입니다. 그런데 제7식은 하나로 어우러져 있는 세계를 분별시켜서 전개시키는 힘을 말합니다. 그러나 본질을 덮는 힘은 있으나 선악의 현행으로 작용하지는 않으므로 유부무기有覆無記라고 합니다.

● 시간을 유식으로 설명해 주십시오.

보통 우리의 삶을 탄생과 죽음의 연장선으로 보고, 과거·미래·현재를 나눕니다. 그런데 삶은 한번도 과거에 있지 않았고, 미래에도 있지 않고, 전6식, 제7식, 제8식이 동시에 작용하면서 변화하는 현재 이 순간밖에 없습니다. 지나온 과거의 모든 것들의 자기 상속이 마음의 작용입니다. 과거를 기억하게 하고 미래를 추상하게 하는 것이 분별하는 힘인 종자상속입니다. 상속된 종자 속에 그와 같은 기억과 추상이 들어 있어서, 과거시점과 미래시점을 구별하여 시작과 끝을 이야기합니다.

그러나 실제로 우리의 삶은 매순간 일어난 변화 자체가 전체의 모습이기 때문에, 이 속에는 시작과 끝이 구별될 수 없습니다. 모든 흐름이 한 순간의 절대적인 생명 속에서만 살아 있을 뿐, 그것 외에는 시간이란 없습니다. '기억과 추상도 현재의 마음작용의 하나일 뿐'입니다.

그러나 우리는 탄생을 시작으로 사라짐을 끝으로 보고, 시작과 끝을 상대해서 시간으로 여깁니다. 생멸현상을 볼 때 찰나생멸刹那生滅과 일기생멸一期生滅이 있습니다. 보통 생멸이란 탄생에서 죽음까지의 과정인 일기생멸을 말합니다.

그러나 그 과정은 '찰나생멸의 연속'이기 때문에 생[살아 있음]이 멸[죽음]과 완전히 단절된 것이 아니라 생멸의 관계 속에서 매순간 변화를 하게 됩니다. 우리의 삶 속에서는 생멸의 전체가 함께 움직이기 때문에, 실제로는 비교가 있을 수 없으나 법화의 비교에 의해서 과거와 미래가 설정됩니다. 그런 속에서 시간이 존재하게 되고, 시간이 설정되면 무명, 즉 지금 이 순간에 분별하려는 힘이 작용하고 있음을 의미합니다.

● 자량위에 대해서 말씀해 주십시오.

수행오위[修行五位: 資糧位·加行位·通達位·修習位·究竟位] 가운데 가행위는 통달위[通達位, 견도見道]에 상당히 근접한 단계로서, 사심사관四尋思觀, 곧 명·의·자성·차별은 허망한 분별이며 실재하지 않는다고 사유하는 수행단계를 말합니다. 자량위는 가행위나 통달위로 가는 자량資糧을 축적하는 자리입니다. 사심사관이나 그 밖의 다른 수행이 잘 되지 않는 것은 수행의 자량이 없기 때문입니다.

이때는 자량을 쌓아야 하는데 사무량심四無量心 수행이 한 예입니다. '관대해지기를, 평온해지기를' 생각하면서 일상생활 중에 일어나는 모든 현상에 늘 그것을 대입시켜 가는 것입니다. 우리는 대개 칭찬을 받으면 좋아하고, 미움을 받으면 분노합니다만, 이런 마음이 일어나면, 바로 '관대해지기를, 평온해지기를' 기도합니다.

그래서 자기 자신에 대해서 분노가 일어나면 분노가 일어난 대로 관대하게 받아들이고, 나아가 그 관대함이 자신뿐만 아니라 다른 사람에게도 흐르도록 기도합니다. 먼저 우리의 몸과 마음을 너그럽게 봐 주는 힘을 길러야 비로소 어떤 사건·사물에 대해서도 점차 관대해질 수 있습니다. 한 생각이 일어날 때마다 '관대해지기를, 평온해지기를' 머리 속에 새겨 넣어야 합니다.

왜냐 하면 어떤 사람이 나를 분노케 했다고 했을 때 그 사람은 분노케

한 것에 대한 과보를 받을 것이지만, 분노한 것에 대한 과보는 어떤 사람이 받는 것이 아니고 스스로가 받는 것이기 때문입니다. 그렇기 때문에 일상에서 나를 분노케 하던 사건에서 평안해진다고 하면 스스로가 평안의 부처님 세계를 사는 것이며, 이 힘이 나를 분노케 한 사람에게까지 평안의 부처님 세계의 기운을 보내는 결과까지 가져오게 됩니다. 따라서 자량위 수행은 보다 윗단계의 자량을 축적하는 데 그치는 것이 아니라 그 자체로 부처님의 세계를 스스로와 이웃에게 여는 것입니다.

● 생각 이전을 보라는 말이 있습니다.

사유의 대상은 생각의 내용이 현전한 것입니다. 이때는 이미 사유의 주체와 대상이 갈라선 때이지요. 그러나 사유를 집중해 가면 점점 생각이 일어나려는 순간으로 다가갑니다. 통찰력이 뛰어난 사람들은 그 의식이 일어난 순간을 볼 줄 압니다. 지금 우리는 의식이 일어나는 순간을 보지 못하기 때문에, 사유된 내용을 계속해서 주시하는 것입니다.

물론 주시의 대상은 감각이나 사유된 내용이지만, 그것에 대해 분명한 인식으로부터 출발하는 것이 관수행입니다. 그러다 보면 진실로 관대한 자기의 모습, 평정한 자기의 모습인 대해의 고요함 속으로 나아가게 됩니다. 주시의 대상은 개개인의 속성에 따라 다르기 때문에, 자신의 특성에 따라 수행하면 됩니다. 통찰력이 향상되면 삶의 본바탕인 대해의 큰 힘에 의해 저절로 제 모습이 드러나게 되지요.

집중력이 향상됐다는 것은 바로 마음이 일어나는 그 순간을 본다는 뜻입니다. 그렇게 되면서 지금까지와 다른 의식의 흐름이 이어지게 되고, 나아가 내면의 분별하는 힘인 종자까지도 사라지게 됩니다.

수행이라는 것은 바로 고요한 대해에 모든 모습이 빠짐없이 드러나듯이, 자신의 마음의 흐름을 분명히 집중하여 알아차리는 것이며, 집중력과 관찰력이 깊어져 '마음이 일어나는 순간으로 가는 것'입니다. 마음의 흐름을 관찰하여 마음의 흐름이 명확해지면, 가假의 아·법의 근거는 사라지고 연기실상의 참모습이 드러납니다.

◉ 단지 관수행만을 해야 할까요?

그렇지 않습니다. 지금 이야기하는 『유식 30송』에 대한 해석만 해도 전혀 다를 수 있습니다. 내 설만 옳으니까 따라야 한다는 것이 아닙니다. 그리고 관수행만 끝까지 해야 한다는 말도 아닙니다. 각자 직접 체험을 통해서 스스로 결정을 해야 합니다.

◉ 관수행에 대해서 들으니 화두법이 가깝게 와 닿습니다.

수행의 특성은 두 가지가 있습니다. 첫 번째는 인식대상을 늘 같은 것으로 하는 것이며, 두 번째는 변화에 초점을 두는 것입니다. 첫 번째는 지止, 두 번째는 관觀입니다. 앞에서 이야기할 때 관대해지기 위해서는 머리 속에 '관대해지기를' 새겨 넣어야 하다고 했습니다. 여기에서 '관대하다'는 이미지가 늘 같은 대상이라는 것에서는 지止요, 이 이미지뿐만 아니라 일어나는 모든 마음의 변화를 주시한다면 관觀입니다.

어떤 뜻에서는 지止는 지금까지 말한 업의 흐름, 즉 분별 대립의 고정화를 이용한다고 할 수 있으며, 관은 연기실상, 곧 몸과 마음에서 일어나는 모든 변화의 흐름이 대상이 된다고 할 수 있습니다. 그러나 지수행과 관수행이 깊어지면 변화의 흐름에 일치해 가면서 '분별로 인한 고정화된 실체는 없다'는 것을 분명히 알게 됩니다. 화두는 언어표현에 의해 왜곡된 현실의 분별 대립상을 명확히 보여주면서, 연기실상의 흐름으로 가게 하는 힘을 기르는 방법 가운데 하나라고 보아야겠습니다. 우리들이 말하는 수행은 결국 이 범주를 벗어나지 못하기 때문입니다. 그런데 지止나 관觀 어느 쪽이든 고요함 속에서 알아차림이 순간적으로 또는 지속적으로 일어날 때, 팔정도와 육바라밀이 함께 일어납니다.

육바라밀 가운데 첫 번째인 보시布施는 우리의 몸과 마음의 소유를 줄이는 것입니다. 소유는 '나와 너'가 전제되어야만 하는데, 이는 사랑에 의해서 집착된 것에 지나지 않습니다. 수행을 하게 되면 자연히 아법의 사량분별이 없어지게 되어 무소유로 흐르게 됩니다. 일상생활에서는 자기의 견해로부터 자유로워지는 것, 재물로부터 자유로워지는 것으로부터 출발합니다. 그리하여 '몸과 마음을 가장 간소화시키는 것'이 보시입니다. 무아·무소유인 보시의 바탕이 무상·무아·공인 연기실상이기 때문에 줄이고 버림을 통하여 넉넉한 마음자리에 이릅니다.

여섯 번째인 반야바라밀은 앞에 있는 다섯 바라밀이 완성되어 나타나는 것이라고 생각하기 쉬운데, 그렇지 않습니다. 무소유의 마음비움인 보시바라밀과 지혜의 마음비움인 반야바라밀은 그 특성을 같이하기 때문입니다. 곧 보시바라밀에 반야가 살아있으며, 반야바라밀은 보시로 제 모습을 보이기 때문입니다. 그 사이에 있는 다른 바라밀도 각각의 특성에 따라 나눌 수는 있지만, 나머지 바라밀과 함께 완성되기 때문에 여섯 바라밀 가운데 어느 하나가 가장 중요한 자리를 차지하지 않습니다.

그렇기 때문에 마명馬鳴 보살은 『기신론起信論』에서 반야바라밀은 위빠사나[Vipaśyana, 觀], 선정禪定 바라밀은 사마타[Śamatha, 止]라고 하였으며, 이 두 가지를 지관止觀 바라밀이라고 하여 하나로 묶었습니다. 여섯 바라밀이 함께한 반야바라밀이 자유자재로 되는 분이 『반야심경』 첫머리에 나오는 관자재 보살觀自在菩薩입니다. 생각이 일어나고 사라지는 처음과 끝의 흐름을 여실히 보는 것이 반야지혜이며, 빈 마음의 나툼입니다.

56

총체적인 흐름의 세계

1장. 하나 된 생명의 흐름 · 제1능변

모든 식識은 근根과 경境이 상대하여 만나는 장場입니다. 식장 안에는 근인 견분見分과 경인 상분相分이 있는데, 견분은 인식주관이고 상분은 인식대상입니다. 견분과 상분이 만나서 식장을 만든다기보다는, 식장을 부득이 나누면 견분과 상분이 됩니다.

우리가 식을 말할 때 제8식이 근본식이고 가장 중요하다고 생각합니다. 그리고 제8식을 종자 부분, 즉 우리 뇌 안에 들어 있는 잠재된 의식이라고 생각하기 쉽습니다. 그러나 종자는 제8식의 상분 가운데 하나로서 식의 실체가 아니고 견분의 대상입니다. 제8식의 상분인 종자와 유근신[有根身, 몸]과 기세간[器世間, 세계]이 견분과 함께 하여 식장을 이룹니다.

현실세계를 보면 우리 몸이 있고, 세계가 보이고, 끊임없이 일어나고 있는 의식의 변화, 즉 종자의 현행인 법과 인식주관인 의의 관계 변화가 있습니다. 상분인 종자·몸·세계는 보이지 않는 인식주관인 견분과 하나가 되어 매순간 변하면서도 끊임없이 흐르고 있습니다.

우리 몸의 눈이나 코나 귀가 따로 떨어져 나가지 않고 하나의 모습을 지니면서 생명력으로 커 나가고 있는 현상과, 음식을 받아들여서 자기 몸을 키워 가는 등, 우리의 몸을 유지시켜 가는 생명력이 제8식의 견분과 상분의 관계에서 일어납니다.

견분과 상분이 서로 독립되어 있는 것이 아니고, 서로 하나 된 관계

속에서 자기 생명을 유지시켜 가는 것이지요. 견분과 상분이 제 힘을 유지시켜 가지 못하면, 우리는 살지 못합니다. 우리와 기세간의 관계도 마찬가지입니다. 환경과 인간이 하나인 생명의 장이 매순간 생명을 상속시켜 갑니다. '견분과 상분의 관계 자체가 식'이 되므로, 견분인 인식주관이나 상분 가운데 하나인 종자 등 어느 한 부분을 들어 식이라고 생각해서는 안 됩니다.

인간과 기세간은 서로 어우러져 생명력을 유지시켜 가기 때문에 우리는 공기와 물을 마시면서 우리의 생명력을 키워 가게 됩니다. 반대로 오염된 물, 오염된 공기는 인간의 보편적인 생명질서를 바꿔서 해롭게 만듭니다. 또 눈과 보이는 대상, 귀와 소리 등이 서로의 역할을 줌으로써 앎의 관계를 유지시키며, 소리가 귀와의 관계를 유지시켜 가면서 우리 삶을 지탱하고 있습니다. 이와 같이 기세간과 우리 몸은 서로 생명력을 키워 가는 관계입니다.

이러한 생명의 장이 앎으로 나타나는데, 앎이 저절로 일어나는 것이 식입니다. 그러나 앎이란 이미 생명의 장이 표상된 것, 곧 언어화된 것에 주의를 기울여야 합니다. 앎도 앎이 있기 이전에는 앎이 아니었으며, 앎도 앎이 아닌 것에서 앎인 것을 놓치게 된 순간 이미 진실한 생명활동을 잃게 되는 것이기 때문입니다. 여기서 이전이란 표현을 썼지만, 실상은 앎이 있기 이전은 시공이 사라지기 때문에 이전이나 이후라는 말로도 표현할 수 없습니다. 부득이해서 그렇게 이야기한 것뿐입니다. 따라서 앎에서 앎 아님을 보아야 하며, 앎 아님에서 앎을 보아야 합니다.

2. 그 셋은 이숙식이며, 사량식이며, 요별경식입니다.
첫 번째는 아뢰야식인데, 이는 이숙식이며 일체종식입니다.

謂異熟思量 及了別境識 初阿賴耶識 異熟一切種

견분과 상분이 함께하고 있는 앎의 장이 연기실상으로서 우리에게 드러난 총체적인 세계입니다. 앎이 연기이며 연기가 앎으로 자기를 표현하고 있습니다. 그렇기 때문에 앎의 장, 곧 식을 세 부분으로 나누지만 개별화되어 있는 것이 아니라, 우리에게 드러나 있는 삶을 세 부분으로 나눈 것뿐입니다. 우리의 삶을 유지시키는 총체적인 관계인 제8식, 이러한 총체적인 관계 속에서 아집을 일으키는 물든 마음[染汚意]인 사량의 제7식, 색 등의 경계를 나투어 요별하는 전6식이 매순간마다 동시에 일어나고 사라져 갑니다. 곧 이숙異熟·사량思量·경계의 요별了別은 우리에게 드러난 총체적인 삶으로서, 이 셋이 생명의 관계를 유지시키면서 키워 가고 있습니다.

그러나 우리는 삶을 나와 대상으로 나누고, 시간적으로 과거·현재·미래로 나누면서 총체적인 흐름으로부터 소외되고 있습니다. 소외현상 속에서 필연적으로 나타나는 것이 괴로움[苦]입니다. 불교에서는 괴로움을 벗어난 자유와 열반을 이야기하는데, 그것은 괴로움이 우리 삶의 중심이 아니라 자유와 열반이 삶의 진실이기 때문입니다. 소외된 아이가 여럿이 놀고 있는 놀이 속으로 들어감으로써 즐거움과 일체감을 얻고, 소외감으로부터 받았던 괴로움으로부터 벗어나듯이 총체적인 삶을 살아갈 때 자기 모습을 회복하고 열반으로 살게 됩니다.

열반으로 살지 못하는 우리가 가지고 있는 기본적인 행동양식은 크게 두 가지입니다. 하나는 자기가 원하는 것을 갖고자 하는 것이고, 다른 하나는 자기가 원하지 않는 것을 밀쳐 내려고 하는 것입니다. 곧 갖고자 하는 힘과 배척하는 힘을 소유하고 있습니다.

우리 삶의 총체적인 모습을 보지 못하고, 개별화된 모습만을 자기 삶으로 여겨서 자기화시키려는 힘이 바로 소유입니다. 자기화시키려는 힘 속에는 상대의 대상화와 법화 등, 나와 다른 것을 구별시키는 힘도 아울러 지니고 있습니다. 그래서 다른 사람이 소유해서는 안 되고 내가 소유해야 한다는 생각을 갖게 됩니다. 원하는 것을 가지려는 힘의 소유는 탐심貪心이며, 싫어하는 것을 배척하는 힘의 소유는 진심瞋心입니다.

이것은 우리에게 삶의 진실된 모습을 일러주지 못합니다. 현실적으로 느끼는 괴로움도 물론 괴로움이지만, 삶의 진실을 모르는 것도 괴로움입니다. 소유화되면서 자타의 구별이 일어나 생긴 행위양식이 선악시비로서, 이것은 총체적인 삶과 유리되어 있습니다.

총체적인 연기실상으로부터 자신이 분리되어 삶을 잘못 볼 뿐만 아니라, 자신으로부터도 소외되어 살게 됩니다. 자기로부터 소외된 삶의 바탕에는 그와 같이 살지 않으면 안 되게끔 하는 힘[業]이 숨어 있어서, 삶의 진실된 모습으로부터 자기 자신이 계속 소외되어 갑니다. 소유의 모습인 탐심과 진심은 총체적인 삶과 유리되어 연기실상을 알지 못하는데서 일어나게 되는데, 이것을 치심癡心이라고 합니다.

이 세 가지 마음[탐심貪心·진심瞋心·치심癡心]에 의해서 진실된 삶과 다르게 살게 됩니다. 곧 하나 된 삶, 총체적인 삶으로 살지 못하고, 삶의 어느 한 부분만을 자기 모습으로 착각해서 살아가는 것입니다. 그와 같은 부분으로 사는 분별과 소외에 의해서 갖가지 선악시비가 끊이지 않으며, 이 힘이 다음 순간의 삶의 방향을 결정하는 경향성으로 남게 됩니다. 이 경향성은 선이나 악의 행위에 의해서 결정되지만, 경향성 자체는 선이나 악이 아니며, 다음 찰나의 삶 또한 선이나 악이 아니기 때문에, 원인은 선악이나 결과는 무기無記로 원인과 결과가 달리[異]

62

익었다[熟]하여 이숙異熟이라고 합니다.

현행인 선악시비나, 이에 의해서 이루어진 경향성은 삶의 진실인 앎의 연기관계와 다르며, 하나 된 삶을 살 수 없게 하지만, 이것은 그 자체의 근본을 갖고 있지 않기 때문에 삶을 지켜보는 수행에 의해서 전환될 수 있습니다. 그렇기 때문에 수행을 하여 물든 마음에 의해서 일어나는 자아에 대한 그릇된 집착인 환상이나 몽상을 떨치게 되면, 언제나 하나 된 삶인 원성실성圓成實性을 보게 됩니다. 제8식이 무명의 분별로부터 근본적인 연기의 삶으로 전환된 것이 원성실성이며, 완전히 열린 자비와 지혜[大圓境智]의 세계입니다.

아집을 일으키는 물든 마음은 사량思量을 본성으로 하기 때문에 사량이라고 하며, 아애我愛·아치我癡·아견我見·아만我慢이 대표적인 특성입니다. 그러나 나에 대한 집착을 버리기만 하면 사량이 창조적인 힘으로 작용하여, 총체적인 삶 속에서 서로 다르게 제 모습을 키워 나가게 됩니다. 나를 전체에서 소외시키는 사량분별이 사라진 것이므로 평등성지平等性智라고 합니다. 이렇게 바뀔 수 있는 것은 총체적인 삶 속에서 사량이 유리되어 있지 않고, 여러 가지 다른 현상이 얽혀져 있는 가운데서도 제 모습을 키워 갈 수 있는 힘으로서 드러나기 때문입니다.

우리가 일상생활에서 보고, 듣고, 느끼는 작용이 경계를 분별하여 아는 식인 요별경식了別境識입니다. 요별경식은 색 등의 경계를 나투어 알며, 자타의 분별을 바탕으로 작용하며, 선악시비로 인한 업을 증장시키지만, 전환을 통해서 하나 된 식장에서 깨어 있게 되면 묘관찰지妙觀察智가 되고, 그 가운데서 해야 할 바[所作], 곧 모든 삶을 깨어 있음으로 여는 작용을 완성한 것은 성소작지成所作智가 됩니다.

2장. 흐름의 변화를 놓칠 때

우리 삶의 매순간 흐름의 변화는 이숙異熟·사량思量·요별경식了別境識과 동시에 함께합니다. 흐름의 근거인 이숙을 초능변初能變이라고 하며, 여기에 아뢰야식阿賴耶識, 이숙식異熟識, 일체종식一切種識이라는 이름이 있습니다. 첫 번째, 아뢰야는 장藏과 집執으로 해석됩니다. 초능변이 여러 가지 이름으로 불리는 까닭은, 어떤 한 가지로써 그 특징을 다 나타내지 못하기 때문입니다. 장藏은 종자를 저장하고 있다는 의미입니다. 제8식은 종자를 저장하고 있을 뿐만 아니라, 유근신이나 기세계의 생명현상을 유지시켜 가는 힘도 지닙니다. 따라서 아뢰야식을 종자가 저장되어 있는 곳으로만 생각하면 안 됩니다.

물론 종자에서 7전식이 일어나지만, 7전식이 일어나기 이전이나 이후에도 제8식의 장은 그 흐름이 이어지기 때문입니다. 식장에는 견분과 상분이 있으며 종자는 제8식의 상분 가운데 하나이기 때문에 종자만으로 제8식이 구성되지 않습니다.

왜냐 하면 삶의 흐름은 변화가 앎으로 나타나는 '하나 된 흐름에서의 앎'이 그 본질이기 때문이며, 견분과 상분의 관계변화가 무상한 흐름으로 흐를 뿐이기 때문입니다. 또한 견분은 상분을 상대해서 견분의 모습을 갖게 되고 상분은 견분을 상대해서 상분의 모습을 갖게 되며, 종자에서 파생된 7전식 가운데 자아의식인 제7식은 파생되기 이전의 자기인 종자와 현행인 제7식은 동시적 관계이기 때문에 현행하는 순간이 바로 종자이면서 자아의식의 현행이기 때문에 필연적으로 제8식의 견분을 자아로 삼을 수밖에 없습니다.

이런 뜻에서 사량思量과 요별경식了別境識은 능변의 주체이지만, 다른 면에서는 그 자체로 제8식의 상분이 된다고 할 수도 있습니다. 그 뜻은 종자와 현행은 동시관계라는 뜻도 있지만, 다른 한편 종자란 인식대상이면서도 현행하기 이전에는 그 자체가 견분과 분화되지 않는다는 것입니다. 이때는 견분과 상분도 없으면서 앎의 경향성만으로 존재하는 세계라고 해야 할 것입니다. 이때는 유근신有根身·기세간器世間 등의 상분이 현행하는 것도 발생하지 않기 때문에 우리들이 생각하는 시·공간이 사라지고 없는 것으로 종자라는 말도 그 자체로는 쓸 수 없습니다. 종자는 현행과 상대했을 때만 종자이며, 현행도 종자와 상대했을 때만이 현행이기 때문입니다. 그러면서도 현행이 종자를 남기고 종자가 현행되는 것은 시간차가 없기 때문에 종자이면서 현행이고 현행이면서 종자라고 하는 면에서 본다면 종자 그 자체가 모든 시·공간 자체라고 할 수 있습니다.

이런 의미에서는 제8식을 종자라고도 또는 항상 현행하는 견·상분의 무상한 앎의 관계라고도 할 수 있습니다. 그렇지만 견분과 상분의 만남이 생명력을 가지고 유지되도록 하는 힘이라는 데에 아뢰야식의 중요한 의미가 있습니다. 아뢰야식은 종자를 잃지 않고 지속적으로 저장하는 힘과 더불어 기세계나 유근신도 유지하는 힘이 있기 때문입니다.

이와 같이 우리의 생명을 유지시켜 가는 힘이 아뢰야식이며, 생명을 유지시키는 아뢰야식의 총체적인 힘이란 우리의 삶이 여러 가지로 제 모습을 갖추면서 흘러가고 있는 힘입니다. 만일에 그 힘이 없으면, 우리들의 삶은 드러나지 않습니다.

두 번째, 이숙식異熟識이라고 하는 말은 앞에서 이야기했습니다. 상분인 기세간·유근신·종자와 견분은 하나 된 생명의 관계 속에서 흘러가고 있는데도, 우리는 무명력에 의해 그것을 하나하나 떼어 내어 견분은 견분대로, 유근신은 유근신대로, 세상은 세상대로 분별시켜서 스스로를 소외시킵니다. 깨어 있지 못한 마음작용인 무명력이 작용하는 것은 순간순간의 자기 삶을 자세히 살펴보지 않기 때문입니다. 우리가 일체 선입관을 두지 않고 호흡을 고요히 가다듬으면서 몸과 마음의 변화를 보고 있으면, 일어나고 있는 현상[現行]이란 반드시 관계속에서 변하면서 흐르고 있다는 것을 알 수 있습니다. 그러나 우리는 그와 같은 흐름을 놓치고, 이미 가지고 있는 언어분별로 자기만의 세계를 쌓으며 살아왔습니다.

우리는 모두 연기실상의 관계 속에서 더불어 함께 살고 있음을 알지 못하고, 이 속에서 자기를 떼어 자기만의 삶으로 바꾸는 힘이 치심癡心이며, 이에 따라서 탐심貪心과 진심瞋心이 저절로 일어나게 됩니다. 이때 탐심과 진심은 삶의 평안을 깨뜨리는 번뇌로 그 자체가 열반에 장애라는 뜻에서 번뇌장煩惱障이 되고, 치심은 우리가 알아야 할 것[所知]은 앎조차 사라진 하나 된 앎의 장이라는 것을 알지 못하게 가로막는 장애라는 뜻에서 소지장所知障이 됩니다. 자신이 전체적인 상관관계 속에서 흘러가고 있는데도 불구하고, 그것을 '나니, 너니'라고 보는 힘에 의해서 선악업을 짓고 시비분별을 일으키며, 이 힘이 다시 그와 같은 일을 되풀이하게 하는 경향성으로 남는 것을 이숙異熟이라 합니다.

경향성 그 자체는 선악이나 시비분별이 아니기 때문에 선악 등의 원인이 무기적인 경향성으로 남으므로 원인과 결과가 다르다고 해서 이숙이라고 이름합니다. 이숙에 여러 가지 의미가 있지만, 이 뜻이 이숙의 본 뜻을 가장 잘 나타냈다고 할 수 있습니다.

세 번째는 일체종식一切種識입니다. 하나 된 세계가 본래의 유식성을 잃고 낱낱이 나누어진 것들을 소유하고 있는 경향성을 일체종一切種이라고 합니다. 이것은 의의 분별작용에 의해 종자화된 '탐심이나 진심의 경향성을 소유'하는 것임과 아울러 이 경향성 자체가 의의 분별을 낳는 모체가 됩니다. 의의 경향성과 분별은 종자와 현행의 동시적 관계로서 종자이면서 현행이며, 현행이면서 종자이기 때문에 서로가 서로에게 원인과 결과가 되고 있습니다. 탐심과 진심은 현실에서 일어나는 가지가지 마음을 크게 두 가지로 나눈 것이기 때문에, 이 속에 우리 삶의 모든 현실이 들어 있습니다.

곧 일체란 탐심과 진심의 소유에 의해 나누어진 것으로서, 의와 안眼 등과 색色 등이 만나는 장을 근거로 합니다. 매순간마다 이 장을 형성시키는 힘과 일체가 함께 흘러가고 있습니다. 이와 같은 삶의 흐름에서 현행하는 모든 분별의 종자라는 뜻에서 일체종이라 하며, 모든 종자, 곧 경향성을 갈무리하고 있다는 뜻에서 아뢰야[藏]라고 합니다.

우리는 생각하고 말하고 느끼는 모든 것을 우리의 몸이나 마음에서 일어나는 것으로 한정시키고, 그것을 바탕으로 세계를 파악하는 일체의 경향성을 갈무리하고 있다는 것입니다. 따라서 우리는 우리가 가지고 있는 인식의 범주를 벗어난 것을 전혀 알 수가 없습니다. 우리에게 드러난 삶이 오로지 우리의 몸과 의식에 의해서만 나타난다고 생각하면, 연기관계 속의 삶이 쉽게 이해되지 않습니다. 그렇지만 우리의 삶은 하나의 장[場: 인식주관과 인식대상의 관계] 속에서 드러나기 때문에 '나와 너'를 따로 떼어놓고 생각해서는 안 됩니다. 우리의 생명을 유지시키는 힘은 나 속에서 강하게 작용하고 있을 뿐만 아니라, 나 이외의 생명들과 공동의 장을 형성하면서 흐르는 연기실상이 우리의 삶이기 때문입니다.

따라서 삶의 한계성을 극복하고 연기실상으로 살려는 노력이 수행입니다. 삶을 제대로 보려면 우리의 가치판단이나 판단의 근거로부터 스스로가 자유로워져야 합니다. 그러기 위해서는 눈을 감거나 눈을 뜨거나 몸과 마음에서 일어나고 있는 모든 변화들을 그대로 지켜봐야 합니다. 그대로 지켜만 본다는 것은 지금까지 탐진치로 인하여 소외되어 나타난 고苦, 즉 '소유의 형태로 있는 마음의 흐름을 알아 차리면서 그 흐름을 따르지 않는 것'입니다.

예를 들어 개미떼가 줄을 지어 가고 있는 것을 멀리서 보면 끊어지지 않은 한 줄 같지만, 가까이서 보면 한 마리씩 떨어져 있는 것과 같은, 마음의 흐름을 보게 되어 전후찰나를 연속하는 동일한 '나'가 없는 무아의 흐름을 볼 뿐만 아니라 찰나 찰나마다 생성과 소멸이 이어지는 무상한 흐름을 보게 되는 것입니다. 마음을 고요히 하고 집중력과 관찰력을 키워 갈수록 무상·무아의 흐름이 보이기 시작합니다. 한 생각이 총체적으로 일어났다가 순간적으로 멸해 가면서, 전혀 존재를 느끼지 못하는 간격 속으로 들어갔다가, 다시 일어나서 존재를 형성해 갑니다.

이와 같이 삶의 생멸과 변화가 보이면 보일수록, 전체에서 독립시켜서 영원히 '나'인 것처럼 느껴지는 힘들은 점점 약해집니다. '나와 나의 소유'에 의한 판단의 근거로부터 자유로워지면 소외와 갈등이 저절로 줄어듭니다. 이에 따라 우리 삶의 장에서 사량思量이나 요별了別에 의해 객체화되려는 힘[종자]은 약해지며, 전체적으로 보는 힘은 강해집니다. 고요한 힘이 강해질수록 삶을 총체적으로 보게 되며, 실상으로 흐르는 힘이 강해질수록 연기의 흐름 속에 살아 있는 나의 참모습을 보게 됩니다.

이때 중요한 것은 소외시킨 분별의식分別意識에 동요되지 않는 것입니다. 가만히 앉아서 혹은 걸으면서 거기에 일어나는 '나와 나의 소유'를 집착하는 힘을 놓아야 합니다. 그러면 흐름을 보게 되고 흐름 속에서 '아와 법의 실체가 없음'을 알게 됩니다. 마음의 흐름을 보게 되면 우리가 지금까지 참이라고 여겨 왔던 삶이 변하는데, 이때에 비로소 소외되지 않는 인식의 장인 실상의 흐름을 알게 됩니다.

지금 내가 어떻게 사느냐, 즉 '연기실상을 아는 수행으로 사느냐, 타자화된 업으로 사느냐'에 따라 종자의 힘이 바뀌면서, 전찰나와 후찰나의 종자는 양과 질적인 면에서 전혀 달라집니다. 그러나 우리는 전후의 흐름을 항상 똑같다고 인식합니다. 수행과 업력이라는 분명히 다른 힘의 관계가 아니더라도, 순간순간 흐르는 전찰나와 후찰나의 종자는 끊임없이 양과 질이 변해 가는 항상 새로운 흐름입니다.

『기신론起信論』에서는 무명을 '일법계를 통달하지 못한 것[不達一法界]'이라고 했습니다. 보고 있는 인식주관은 자기, 인식객관은 대상이라고 생각하는 힘이 무명입니다. 이 무명은 우리 인식의 생멸현상 속에서 항상 작용하고 있습니다. 그러나 무명력이 있든 없든, 우리의 삶은 항상 연기의 흐름을 보여주고 있습니다. 연기의 흐름을 보여주고 있는 이 삶을 분별시키는 힘이 사량思量이나 요별了別이 가지고 있는 특성입니다. 사량과 요별은 인식주관과 인식객관이 어우러져서 이룬 하나의 세계[일법계]를 보지 못합니다.

그러나 무명이 벗겨지면 바로 A가 B이자 C이면서 A인, 하나 된 연관관계를 이해하게 됩니다. 그러면서 이 세계가 다 같이 어우러진 한 세계로 보입니다. 따라서 B나 C가 A와의 관계 속에서 소외되어 떨어져 나간 것이 아니라, 총체적인 관계 속에 어우러진 세계에서 A, B, C임을 알게 됩니다. 이것을 일법계一法界라고 하며, 인식의 장에서 소외됨이 없는 세계라고 하겠습니다.

3장. 관계 속에 나타나는 작용

3. 아뢰야식에서 작용하는 집수와 기세간의 요별은 알 수 없으며,
'촉·작의·수·상·사'라고 하는 마음작용을 항상 동반하고,
오직 사수捨受와만 상응합니다.

　不可知執受　處了常與觸　作意受想思　相應唯捨受

식장, 곧 앎이 일어나고 사라지는 삶의 관계는 나눌 수 없는 관계이지만,
견분과 상분으로 부득이 나눈다고 했습니다. 그러나 아뢰야식장에서의
견분과 상분의 관계에서 발생하는 앎이란 전7식에서 일어난 것과는
달리 인식내용이 분명하지 않기 때문에 알 수 없다[不可知]고 했습니다.
그것은 제8식의 장에서 앎의 현행은 전체로서의 현행으로 비교상대가
끊어지고, 앎의 사라짐은 사라짐 자체로 또 전체가 되기 때문에 비교상대
가 끊어져서 앎이 삶의 본바탕이면서도 인식되지 않는 관계가 되기
때문입니다.

　그러나 사라졌다고 해서 완전한 무無가 되는 것이 아니기 때문에
앎으로 현행하고, 앎으로 현행한다고 해도 완전한 유有가 아니기 때문에
앎이 사라집니다. 앎이 유적 현상이지만 무와 동시적인 관계를 형성하고,
무적 현상이면서도 또한 유와 동시적인 관계이면서 전체로서의 존재를
이룬 흐름으로 앎이기 때문에 이는 분별비교의 앎과 다르다는 것을

말합니다. 따라서 제8식의 상분 가운데 집수관계인 종자와 유근신有根身 그리고 처處인 기세계器世界의 요별은 인식되지 않는다고 합니다.

여기서 분명하게 인식되지 않는 집수執受란 상분인 종자, 곧 변계소집성에 의해서 집착된 아법의 경향성은 분명한 모습으로 감수[受]되어 인식되는 것이 아니라는 뜻이며, 또 우리의 몸[有根身]은 견분과 안액安厄을 함께하기 때문에 상분이면서도 대상으로의 앎이 아니라 몸 자체가 견분의 앎이 되기 때문에 분명한 인식대상으로 집수되는 것이 아닙니다.

또한 기세간의 요별도 기세간 전체가 하나의 앎의 장에 같이 있기 때문에 전7식이 낱낱을 분별하여 알 때 분명한 비교상대로 아는 것과는 달리 인식대상으로서의 기세간과 그 인식내용이 분명할 수 없다는 뜻입니다. 이는 제8식의 앎의 장에서 종자·유근신·기세간이 비록 상분으로 이야기되고 있지만, 이 상분이 다른 것을 배제한 오롯한 이것으로의 상분일 수 없다는 것이니 견분·상분의 나눔이란 부득이한 분별이라는 것을 알 수 있습니다.

‘안다’는 말은 ‘항상 앎으로 관계하고 있다’는 뜻이며, 그 관계가 앎이라는 것입니다. ‘저절로 알면서 변해 가는 생명의 유지관계’가 앎에 해당됩니다. 8식이 전부 제 모습대로 바뀌어 가는 것이 앎의 힘으로서, 생명력의 관계 속에서 서로 다른 모습대로 얽혀져 있는 관계를 명확하게 인식하는 능력입니다. 앎은 연기관계 속에서 적의적절하게 변화하면서 중도를 지켜갑니다.

다만, 제8식에서 일어나고 사라지는 앎의 장은 앞서 말했듯이 앎이지만 전7식에서 일어나고 있는 앎인 분명하게 비교상대로서 인식되는 상분을 아는 것과 같은 앎의 관계가 아니기 때문에 분명하게 인식되지 않는다고 했습니다. 그것은 마치 앎의 주체인 인식주관이 있는 것처럼 하여 아는 전7식과는 달리 주객의 나눔을 분명하게 할 수 있는 장이 아닌 데서 앎이 제 모습을 열어 가기 때문입니다. 제8식의 인식의 장에서는 항상 촉觸·작의作意·수受·상想·사思의 5변행심소가 같이 작용합니다.

마음을 심왕心王·심소心所로 나누는데, 심왕이란 견분과 상분이 함께 하는 식장을 말하고, 그 장에서 일어나는 낱낱의 마음작용을 심소라고 합니다. 심소心所들 가운데서 심왕과 항상 상응하여 작용하는 것이 있고, 그렇지 않은 것도 있습니다. 변행심소는 아뢰야식 등과 항상[常] 상응하여 작용합니다.

촉觸이란 근과 경과 식이 함께하는 장에서 경계의 변이와 근의 변화를 아는 것입니다. 그러나 앎이란 장의 변화이며 그 자체가 앎으로 드러나기 때문에 이 삼자의 화합이 끊임없이 변화하는 변화의 순간순간이 촉으로서 의 앎을 일으킨다고 할 수 있습니다. 왜냐 하면 앎이란 근根만으로 또는 경境만으로 이루어지는 아니며 근과 경이 만나 변화하는 무상한 흐름이기 때문입니다. 그렇기 때문에 근경식이 함께 모여서 촉을 이룬다[根境識三和 成觸]고 했습니다. 또 식을 해석할 때 근과 경이 서로 상대했을 때 식이 그 가운데 생긴다[根境相對 識生其中]고 했습니다. 그러면 먼저 근경根境이 있고 식識이 나중에 생기는 것처럼 생각할 수 있지만, 그렇지 않습니다.

식의 흐름은 전찰나와 후찰나가 항상 변하면서 매순간 새롭게 흘러가고 있습니다. 항상 변하면서 상속하는 현행에는 늘 견분과 상분이 만나서 변해 가는 것을 저절로 아는 힘이 있습니다. 유근신·기세간·종자의 상분과 인식주관인 견분의 관계가 항상 식이라고 하는 장에서의 각각인 것입니다.

그리고 항상 변하면서 흐르는 전찰나의 식과 후찰나의 식 중에서 후찰나의 식을 '근과 경이 만나는 데서 식이 생긴다'고 하는 식으로 생각해야 합니다. 근경根境이 상대하는 가운데 이미 식이 들어 있습니다. 제6식과는 달리 제8식은 근경이 상대해서 항상 식장이 형성되어 있기 때문이며, 식장이 근과 경으로 나누어진 것이기 때문입니다.

따라서 전후찰나를 이야기했지만, 전찰나는 그 자체로 이미 자신의 전존재를 앎으로 드러내고 후찰나도 또한 그 자체로 자신의 전존재를 앎으로 드러내기 때문에 앎의 장 자체에서 본다면 항상 근경이 식으로, 식이 근경으로 자기 표현을 하고 있다고 볼 수 있습니다. 다만, 전후찰나를 이야기한다면 전찰나의 식이 후찰나에서 근경의 모습을 나투게 하는 인因이 되고 그 가운데서 후찰나의 인식이 발생한다고 볼 수 있습니다.

여기에서 전후찰나라고 했지만, 진후자체가 상대하여 이야기하는 것일 뿐 전찰나 그 자체는 전·후의 전이 아니고 후찰나 그 자체도 전·후의 후가 아닙니다. 매찰나마다 그 자체로 시공을 새롭게 창조하면서 흘러가기 때문에 흐름의 인과적 필연성도 기계론적인 필연이 아님을 알아야 합니다.

곧 근경식根境識이 항상 촉觸의 관계를 유지하면서[根境相對], 그 내용이 전찰나와 후찰나에 달라진다[識生其中]는 것입니다. 따라서 촉은 단순한 만남의 상태에서 근과 경의 변화를 아는 것이 아니고, 생명력을 유지하는 앎 자체[識]와 항상 어우러져 있는 현상입니다.

이런 촉 상태에서 마음이 대상으로 기울이는 것을 작의作意라고 합니다. 받아들임[受]과 분별된 형상의 앎[想]과 분별하고 조작하는 마음작용으로 대상으로 향한 흐름을 유지하는 것[思]이 그 관계를 잃지 않고, 일어나고 사라져 가는 과정에서 대상을 향해 마음을 기울이게 하여 대상을 결정하게 하는 것이 작의입니다.

수受에는 견분과 상분의 관계변화에서 받아들여 벗어나려고 하지 않는 마음작용[樂受]과 받아들이지 않고 벗어나려고 하는 마음작용[苦受]과 벗어나려 하거나 벗어나지 않으려 하는 마음작용이 일어나지 않는 것[捨受]의 셋이 있습니다. 제8식에서는 무덤덤하고 단순한 평정의 관계인 무기無記로만 흘러가고 있습니다. 상想은 대상의 형상을 파악하는 것인데 제8식에서는 인식대상인 종자·유근신·기세계 등이 '제 모습대로 비춰지는 모습'입니다.

제 모습대로 비춰진다는 뜻은 그 경계가 한정된다는 뜻입니다. 이는 인식대상에 의한 한정이라기보다는 인식주관의 한정이라고 해야 할 것입니다. 그러나 식장 그 자체가 전체이며 한정과 다름이 식으로 나툰다는 것에서 보면 어느 쪽이라 해도 틀리지 않습니다. 이렇게 비춰지는 모습에서 그것을 향해 움직여 가는 마음작용이 사思입니다. 이 사思 심소는 마음의 조작활동으로 신구의身口意 삼업을 짓는 바탕이며, 조작된 각각이 제 모습을 계속 유지하려는 의지를 발동하는 것입니다.

제8식에서의 변행심소遍行心所는 견분과 상분의 관계에서 끊임없이 일어나면서 우리 생명력을 키워 가고 있지만, 이것은 연기 생명력의 상호관련력일 뿐이지 구체적인 앎의 현상은 아닙니다. 앎은 근·경의 변이를 감촉하여 알아차리면서[觸] 그곳으로 마음이 기울게 하여[作意] 그것을 받아들이고[受], 받아들인 것이 한정된 어느 것으로서의 형상임을 규정하면서[想] 마음이 그것을 같은 대상으로 만드는 것이며, 의근[意]이 움직여 그 상을 취하는 작용[思]인 다섯 가지 심소와 항상 같이하면서 발생합니다. 그렇지만 제8식에서는 앎의 행상이 뚜렷하지 않으므로 알 수 없으며[不可知], 수受도 고수苦受나 낙수樂受가 아닌 덤덤한 받아들임[捨受]일 뿐입니다.

74

4. 아뢰야식의 심왕이 무부무기이듯 그와 항상 동반하는
촉 등의 다섯 심소도 무부무기입니다.
이 식은 항상 폭류처럼 흐르나 아라한이 되면 그 흐름이 그칩니다.

  是無覆無記　觸等亦如是　恒轉如瀑流　阿羅漢位捨

제8식인 아뢰야식은 '견분과 상분의 상관관계로서 드러난 삶 자체'입니다. 비록 우리의 삶이 명언종자와 업종자의 현행에 의해 일어나는 분별과 선악시비로 덮이긴 했지만, 제8식의 장은 물의 흐름과 마찬가지로 지속적으로 흘러갑니다. 관계 속에서 변화하면서 흐르는 총체적인 삶이므로 제8식은 본질에 있어 전혀 왜곡될 수가 없습니다. 우리가 이 식을 떠나면 살아 있다는 것 자체가 성립되지 않아 삶의 흐름 자체가 없어져 버립니다.

우리가 삶을 환幻이나 꿈으로 인식하든 잘못 인식하든지 간에, 그 바탕을 이루고 있는 삶 자체는 흐르는 물처럼 지속적으로 흘러가고 있습니다. 이것은 삶을 왜곡시키지 않기 때문에 무부무기無覆無記라고 합니다. 곧 의意의 자아의식을 바탕으로 한 각종 번뇌에 덮여 있지 않습니다. 제8식에 항상 동반되는 5변행심소도 그 인식내용이 분명하게 드러나는 것이 아니며 무부무기입니다[觸等亦如是].

개미떼가 기어가고 있는 것을 멀리서 보면 한 줄로 연결되어 있는 것 같지만, 가까이 가서 보면 한 마리씩 모두 떨어져 있습니다. 그와 같이 우리의 몸과 마음의 흐름도 평상시에는 하나의 흐름처럼 보이지만, 자세히 들여다보면 전찰나와 후찰나가 매순간마다 생멸변화합니다. 많은 물방울들이 모여서 폭류를 이루어 쉬지 않고 흐르듯이, 우리의 삶을 그렇게 정의하고 있습니다. 그래서 항상 폭류처럼 흐르네[恒轉如瀑流]라고 합니다.

우리에게 드러나 있는 삶이 바로 연기실상이기 때문에 왜곡되지 않은 삶 속에서 모두 더불어 함께 살아가야 하지만, 실제로 우리는 근본무명에 의해서 서로서로를 소외시켜 분별과 선악시비와 갈등 속에서 살게 됩니다.

그러나 수행을 해서 통달위通達位에 이르게 되면, 열 가지 근본번뇌 가운데 세 가지가 없어집니다. 첫째는 아상我相이 없어져 무아임을 확실히 압니다. 두 번째, 연기법에 대한 가르침에 신심이 생기고 불신이 없어집니다. 세 번째, 자기 내부에 구원받을 수 있는 어떤 존재가 없다는 것을 확실히 알게 됩니다. 따라서 다른 대상을 통해서 구원받으려는 행위가 사라집니다. 현실적으로 우리 주변에 구원받으려는 종교행위가 많이 일어나고 있습니다.

통달위에 이르게 되면 본래 무아인 삶의 모습을 여실히 보기 때문에, '나에게는 구원받을 수 있는 불변의 존재는 없다'는 것을 확실히 알게 됩니다. 아울러 부처님의 가르침을 확신하고 자기 자신의 본질인 무아에 대한 확신도 커집니다. 또한 인과관계에 대한 확실한 이해가 생깁니다.

나아가 탐심貪心과 진심瞋心·치심癡心·만심慢心 등의 구생기번뇌俱生起煩惱가 수습위修習位를 통해서 없어지고, 이들이 완전히 없어지면 구경위究竟位로 들어갑니다. 이때 근본무명이 없어지기 때문에, 총체적인 삶에서 자기 자신을 독립시키려는 사량思量과 요별了別의 힘이 완전히 사라져 버립니다. 이제는 우리의 삶을 남과 관계없는 독립된 삶으로 보는 힘이 없어져 일법계 속으로 들어가게 됩니다.

아라한이 되면 바로 일법계의 삶을 살게 됩니다. 그래서 아라한이 되어 일법계 속으로 들어가게 되면 제8식이라고 하는 의미가 없어집니다 [阿羅漢位捨]. 왜냐하면 그때는 '종자를 저장하고 있다[藏]'든지, '집착하고 있다[執]’와는 관계가 전혀 없기 때문입니다. 이때는 근본무명이 완전히 없어지므로 윤택하고 조화롭게 흐르는 참된 삶을 회복하게 됩니다. 그래서 아라한이 되면 참된 삶의 모습으로 바뀐다고 하는데, 이런 전환된 상태를 원성실성圓成實性이라고 합니다.

삶의 소외와 바로 보기

1장. 붉은 장미는 붉은 색인가

보통 장미꽃이라 하면 붉은 색을 연상합니다. 그러나 붉은 장미를 볼 때도 실제로 빛의 농도에 따라서 꽃의 색깔이 달라집니다. 아침이냐, 점심이냐, 저녁이냐, 밤이냐에 따라 달라집니다. 붉은 장미꽃 속에는 검붉은 색부터 붉지 않은 색깔 등이 함께 들어 있지만, 우리는 붉은 색으로 밖에 보지 않습니다. 그러나 자세히 들여다보면 시간과 장소에 따라서 색깔이 다르다는 것을 쉽게 알 수 있습니다.

우리가 현실을 경험할 때도 그것이 다양한 모습임에도 불구하고, 그것을 어느 하나로 고정화시킵니다. 그것이 우리의 삶과 분별 사이에서 일어나고 있는 문제점입니다. 우리의 실제 경험에서 일어나는 것과, 그것이 언어로 표현된 것과, 머리 속에서 상상한 것은 전혀 일치하지 않습니다. 듣는 것도 마찬가지입니다.

어떤 이야기를 여러 대중에게 했을 때, 그 반응이 일치하지 않습니다. 또 개인에 있어서도 마찬가지입니다. 같은 말이라도 기분이 좋을 때와 기분이 나쁠 때의 반응이 다르고, 다른 사람에게는 아무런 관계가 없어도 자신에게는 강한 충격을 주기도 합니다. 언어를 구성하고 있는 내용이 시간과 장소에 따라 수시로 변하지만, 우리의 의식에서는 그 언어의 고정적인 의미가 변하지 않습니다. 마치 언어와 문자를 국어사전의 정의로써 파악할 때와 똑같습니다. 그러나 듣는 것은 귀의 상태, 주변의 조건, 심리상태에 따라서 전혀 다릅니다. 그 다음에 냄새입니다. 어떤 사람은 향내를 싫어하지만 다른 사람은 향내를 좋아하는 등 같은 향내에 대해 전혀 다른 반응을 합니다. 이와 같이 실제로는 향내에 대한 반응이 모두 다르지만, 우리가 '향' 하면 떠오르는 영상은 국어사전에 나와 있는 '향'의 정의와 똑같이 '향'을 고정시킵니다.

우리의 일상적인 언어생활에서는 이와 같이 대상을 고정화하는 범주를 벗어나지 못합니다. 그런데 실생활 속에서는 향내가 좋게도 느껴지고, 나쁘게도 느껴집니다. 향이 절대적인 근사치를 가지지 않는데도 불구하고, 그것이 언어로 표현될 때는 '향이란 이런 것이다'로 결정됩니다. 혀와 맛의 관계와 몸에서 느끼는 감촉도 마찬가지입니다. 부부 사이라도 사이가 좋을 때는 한 번이라도 더 만져 보고 싶지만, 서로 싫을 때는 보기도 싫습니다.

일상의 경험 내용과 마찬가지로, 선정이나 기도 등에서 나타나는 특이한 경험세계에서도 언어의 한계를 절실히 느끼게 됩니다. 실제로 중요한 것은 관계 속에서 일어나는 현상인데, '삶은 관계 속의 변화'로서 언어의 벽을 넘어서 있기 때문입니다.

이와 같이 눈과 색 사이에서 일어나는 현상은 시간과 장소 등 여러 조건에 따라 다르게 보이지만, 그것이 영상화되어 나타날 때에는 항상 일정해집니다. 그래서 붉은 색은 절대로 푸른 색이 될 수 없다고 생각하여, '붉은 장미가 푸른 장미면서 검은 장미다, 뭐다' 하면 말도 안 된다고 생각합니다. 빛이 없는 밤에 붉은 장미를 본다면 붉은 장미입니까, 검은 장미입니까? 장미가 아닐 수도 있습니다. 그런데도 우리는 그것을 분명하게 붉은 장미라고 구분합니다.

눈과 색이 작용하고 있는 삶의 현장, 즉 다양한 상태에서 살아가고

82

있는 삶의 모습을 하나하나 분별시키는 것이 의意의 힘으로서, 그 의의 힘은 무명과 작용이 맞붙어 있습니다. 붉은 장미이면서도 그 안에 다양한 색을 갖고 있는 것을 보지 못하고 붉은 색이라는 한 가지 색으로 고정시키는 힘이 무명이며, 무명은 의를 통해서 자기를 나툽니다.

그럼 여기서 다시 한 번 봅시다. 붉은 색이 다양한 색을 가지고 있는데도 불구하고, 붉음이라는 하나의 의미로 바뀌면서 장미와 붉은 색은 서로 다른 실체로 존재하게 됩니다. 이와 같이 색이 장미의 삶에서 분리되는 것을 법화라고 합니다. 동시에 눈도, 의도 법화가 됩니다. 그 다음에 좋은 소리, 나쁜 소리가 정해져 있습니다. 똑같은 음파라 할지라도 듣는 사람이나 환경에 따라 달라지므로 똑같은 음파란 있을 수 없는 데도 그것을 똑같은 음파로 규정하는 것은 소리의 법화입니다.

이와 같이 우리가 현실생활에서 보고, 듣고, 느낀 것이 어떤 범주 속으로 고정화되어 갈등을 일으키면서 삶 자체에서 점점 떨어져 나갑니다. 이렇게 삶에서 떨어져 나간 것을 법이라고 합니다. 눈을 감으면 눈앞에 가지가지 생각이 다 나타납니다. 현실생활에서 보고, 듣고, 느끼지도 못하던 것들도 눈만 감으면 생각으로 나타납니다. 일상생활 가운데 자신과 타인, 사물을 분리시켜 보는 것과 마찬가지로, 생각으로 떠오르는 것도 하나 된 삶에서 분리된 것이 영상으로 나타난 것입니다.

다시 장미꽃으로 넘어갑시다. 붉은 장미꽃에는 붉은 색을 반사시키는 빛의 굴절각이 푸른 색의 각과는 다릅니다. 하늘이 푸르지만 아침저녁으로 붉은 것은 하늘에 가득 차 있는 여러 가지 물질들의 반사가 태양의 위치에 따라 다르기 때문입니다. 붉은 색에는 빛의 굴절을 붉게 유도하는 것이 들어 있을 뿐만 아니라, 그 속에는 빛 자체가 들어 있습니다. 또 꽃이 살아가려면 물이 필요합니다. 꽃이 모양을 유지하려면 단단한 성질도 있어야 됩니다.

이처럼 한 가지 꽃은 삶 자체를 전부 담고 있지, 붉은 색만 담고 있는 것이 아닙니다. 붉은 장미 속에는 물, 단단함, 햇빛 등 여러 가지가 붉음이라는 것과 관계하는데도, 우리는 그런 것은 다 떼어버리고 붉음 하나만을 집어냅니다. 붉음 하나만을 집어내는 것은 붉은 장미가 가지고 있는 전체적인 삶이 아니라 부분[법]일 뿐입니다.

붉은 색도 마찬가지입니다. 붉은 색이라는 말 속에 푸른 색과의 비교가 들어 있으면서 푸른 색을 배제하는 의미가 들어 있고, 붉은 색이 붉은 색일 수 있는 것도 그 안에 빛 등이 함께하기 때문에 붉은 색만으로 붉은 색이 있을 수 없습니다.

2장. 마음을 쉬어야

보통 우리는 실제적인 삶보다는 말만의 세계, 법만의 세계를 통해서 살아갑니다. '장미는 붉다'고 하면 누구라도 언어서술 내용에서 전혀 불합리를 느끼지 않으며, 살아가는 데 아무런 불편함이 없습니다. 그것은 우리의 삶이 '장미'와 '붉다'라는 것이 가지고 있는 개념구조로써 정형화된 삶이기 때문입니다. 정형화된 삶을 명자화·개념화되었다고 합니다. 언어에는 그 언어가 다른 언어와 다르다는, 즉 '붉음과 푸름은 절대적으로 같을 수 없다'는 단절을 유도하는 명언종자名言種子가 숨어 있습니다. 그리고 명언종자를 유도해 내는 것이 의의 작용입니다.

눈과 색이 작용할 때, 의의 분별작용에 의해 눈은 눈대로 색은 색대로 실체화되면서 서로 단절됩니다. 색에서도 붉은 색과 검붉은 색은 완전히 다른 것이 되니, 눈과 색은 절대 하나 될 수 없습니다. 눈은 눈만으로 색은 색만으로 존재하게 된 것이지요. 절대 색이 나일 수 없고, 내가 색일 수 없는 관계를 만듭니다. 언어가 분명한 어떤 범주를 가지고 생활 속에서 사용되듯이, '나는 절대로 너일 수 없고, 너는 절대로 나일 수 없다'는 관계 위에 우리의 삶을 만들어 갑니다.

그러나 붉은 장미에서 붉은 색은 여러 가지가 함께 어우러져서 그와 같은 색이 되었듯이, 우리의 삶도 다양한 것이 함께 들어 있습니다. 그렇기 때문에 붉은 장미를 보았을 때 나와 장미가 함께 어우러진 한 세계의 순간순간의 변화가 나의 온 삶이라고 보아야 합니다. 장미는 장미대로 나는 나대로 구별해서 봐서는 안 됩니다. 그것은 더불어 함께하는 삶에서 나를 소외시키는 것이요, 장미를 타자화시키는 것입니다.

이와 같이 서로 나눌 수 없는 관계를 나누어 자기화·타자화시키는 세력이 무명이며, 무명과 의가 협력하여 소외된 삶을 살아갑니다. 그리고 소외된 삶은 각기 경계를 갖고 작용하는데, 그 경계를 안식계·의식계·안계·색계 등으로 나눕니다. 18계로 작용할 때에는 눈은 눈의 경계[眼界]를, 색은 색의 경계[色界]를 가지는 등 서로 타자화된 관계로 설정되며, 눈과 색 사이에서 일어나는 앎은 별도로 안식계[眼識界]가 됩니다. 안계와 색계 그리고 안식계는 실제로 '한 장면의 모습, 곧 한 장면 속의 구별'이지만 구별만 남고 장면은 없어진 셈입니다.

즉 나와 대상이 함께 어우러져 있는 삶임에도 불구하고, 눈은 눈대로, 색은 색대로, 그 가운데서 일어나는 안식은 안식대로 분리되어 있는 것을 계[界]라고 합니다. 우리의 삶은 눈과 색과 그 속에서 일어나는 관계[眼識]가 아주 밀접하기 때문에, 어느 한 가지를 떼어 내면 그것을 삶이라고 할 수 없습니다. 보이는 대상도 나의 삶이요, 본 나도 나의 삶이요, 그 가운데 일어나고 있는 관계도 나의 삶입니다. 그런데 우리는 그렇지 않습니다. 그것이 어떻게 나타납니까?

사회를 한번 봅시다. 초등학교 주변에까지 유흥업소가 들어서 사회문제가 되고 있습니다. 그것은 학교주변이 교육의 장으로서 성장할 수 있는 장소라기보다는 단지 돈을 벌 수 있는 경제적인 측면만 고려한 것입니다. 학교가 있는 장소, 학생 그리고 거기에 돈을 쓰러 오는 사람들이 전부 타자로 되어 있는 것이지요. 이것은 우리의 삶이 잘못 보여진 것입니다. 이렇게 경계를 확연히 구분 지으면 타자화되기 때문에, 그 사이에 긴장관계가 일어나 불안하게 됩니다.

이와 같이 타자화되어 있는 불안한 삶이 개인과 사회의 불안을 가중시켜 갑니다. 긴장관계 속에서 기분 좋은 것을 받아들이는 행위가 탐심貪心이며, 싫은 것을 밀쳐 내는 행위가 진심瞋心입니다. 긴장관계에서 오는 행위가 탐심과 진심으로 작용해서, 우리 사회를 밝으면 밝은 대로 어두우면 어두운 대로 만들어 가는 것이 그 사회구성원이 함께 지어 가는 업[共業]입니다.

긴장관계에 의해 선과 악, 혹은 선도 악도 아닌 행위가 일어나는 것이 의식계意識界입니다. 의식계를 이루는 의계意界와 법계法界는 실체시된 아와 법을 그 바탕으로 하기 때문에 실제의 삶에서 스스로가 타자화되고 소외되어 청정한 연기실상의 삶이 왜곡된 것입니다. 또한 왜곡되고 소외된 세력이 지속적으로 제 모습을 잃은 삶을 살아가게 합니다.

소외세력이 커지면서 관계하고 있는 낱낱이 서로 연관이 없다고 여기게 됩니다. '붉다'라고 하는 이름과 '붉음이 일어나고 있는 인식의 장'은 서로 다른 것이기 때문에, 이름은 이름대로 우리의 삶은 삶대로 이원화됩니다. 이와 같이 이원화된 명자名字들의 모임을 법이라고 부르며, 타자화·개념화·명자화되는 것을 법화라고 합니다.

법화는 결정적으로 '이것은 다른 것과 다르다'라고 절대화되어 있는 것입니다. 여자면 여자, 남자면 남자, 나는 나, 너는 너라는 구체적인 절대치가 상정이 되어 절대 내가 너일 수 없습니다. 내 속에는 나일 수밖에 없는 법화의 분별이 들어 있고, 네 속에는 너일 수밖에 없는 법화의 분별이 숨어 있습니다. 그래서 개인과 개인의 차별이 생깁니다.

부처님 시대나 지금이나 부처님의 나라, 인도 하면 떠오르는 것 가운데 하나가 카스트 제도입니다. 브라만은 브라만일 수밖에 없는 법화가 브라만 속에 들어 있습니다. 수드라는 수드라가 될 수밖에 없는 법화가 들어 있습니다. 그래서 수드라와 브라만은 절대로 같을 수가 없습니다. 이것이 개인 대 개인으로 일어나는 현상입니다. 이것이 사회집단으로 일어나면 브라만 계급과 수드라 계급의 차이가 일어나며, 삶의 상관관계가 깨어진 절대화된 관계 속에서 긴장감이 일어납니다. 이런 긴장감이 사회현상으로 가장 강하게 나타난 것이 전쟁입니다.

오늘날도 마찬가지입니다. 민족이란 말에는 우리 민족, 다른 민족이라고 하는 절대치가 숨어 있습니다. 종교에서도 마찬가지입니다. 불교, 기독교, 이슬람교라고 하는 절대치를 자기 속에 담기만 하면, 다른 종교가 들어올 공간이 전혀 없습니다. 붉은 장미 속에서 물을 보지 못하고, 햇빛을 보지 못하고, 단단함을 보지 못합니다. 붉은 색이 가지고 있는 다양한 성질 가운데 색은 극히 일부임에도 불구하고, 그 일부를 붉음으로 절대화시킵니다. 이러한 힘에 의해서 개인은 개인대로, 사회는 사회대로, 집단은 집단대로 고정된 의식을 만들어 갑니다.

그런데 전체의 인간을 통틀어 보면 무엇인가 부족한 데가 있습니다. 그래서 인간을 가장 좋은 상태로 극대화시켜 버리면, 인간이 아닌 신이 됩니다. 그러나 인간 그 자체는 신이 될 수 없기 때문에 인간과 신이 완전히 분리되어 지속적인 소외의 관계가 됩니다. 이 소외가 개인과 사회의 병리현상으로 나타나 지배와 피지배의 관계가 점점 구조적인 지배관계로 결정됩니다. 그리고 그런 관계에 반발하는 어떤 사회현상이 일어나면 가차 없이 처벌합니다. 그와 같은 것이 모양과 이름을 달리하면서 오늘날까지 계속되고 있습니다.

그런데 사회가 그것을 통제할 힘을 잃어 버렸을 때는 오히려 기존의 틀을 벗고 자유를 추구하는 시대가 되기도 합니다. 부처님 시대는 카스트

제도가 가지고 있는 절대화된 영역이 힘을 잃으면서, 새로운 것을 불러일으키는 자유로운 사유가 가능한 시대였습니다. 그래서 개인이 가지고 있는 자기 절대화나 타자화, 사회가 가지고 있는 집단의 절대화나 타자화가 힘을 잃으면서 새로운 것을 추구하는 물결이 일어났던 것입니다. 오늘날 우리 사회가 안고 있는 문제와 상당히 유사합니다.

그렇지만 부처님 시대의 자유로운 사유의 끝은 또다시 자신들의 사유내용을 절대화하는데 이르렀습니다. 그것이 사상四相입니다. 나타난 개체들의 절대적 성性에 대한 다른 이름으로서 아상我相·인상人相·중생상衆生相·수자상壽者相입니다. 개인의 절대화와 마찬가지로 사회나 다른 큰 힘을 절대화시키면, 큰 힘과 개인 사이에는 흔히 말하는 구원의 관계가 성립됩니다. 그런데 이런 구원의 관계는 삶을 분리시키는 긴장감 속에서 일어나는 형태이기 때문에, 실제 현상에서는 구원이 일어나지 않습니다. 그래서 어떤 이들은 죽은 이후의 구원을 말하기도 합니다.

어떤 종교, 어떤 성인이 말했다고 아무리 증거를 대도, 실제적으로 구원은 자기 자신의 내인內因과 외연外緣의 관계 속에서의 변화일 뿐입니다. 따라서 내인內因의 자기 변화가 전제되지 않으면 외연外緣은 그저 미미한 힘일 뿐입니다.

이와 같이 '법화된 절대화의 세계'를 아집我執과 법집法執이라고 하는데, 아집과 법집은 같은 의미입니다. 아집과 법집은 삶 자체에서 일어나고 있는 현실을 외면해서, 삶으로부터 자기 자신을 멀어지게 하는 힘입니다. 소외된 힘들이 세력화되어 여러 가지 이름으로 구별되는 것은 무명이 근본 원인입니다. 소외된 힘들의 긴장으로 발생한 관계 속에서는 반드시 모순이 발생합니다. 이 모순은 정도正道를 잃은 것이며, 삶을 잃는 것입니다. 그러면서 몸과 마음과 사회가 만족하지 못한 삶으로 빠져 버립니다.

몸의 기능 가운데 어느 것 하나가 잘못되거나 약화됐을 때 전체적인 균형을 잃습니다. 또 마음의 평정을 잃으면 마음의 병이 생깁니다. 균형과 평정을 잃은 것은 무명에 의해서 성상性相을 제대로 보지 못하고 성과 상을 분리시키고, 집단과 집단을 분리시켜 보기 때문입니다. 우리가 판단하고 결정하는 것들의 배경인 '나는 잘났다, 너는 못났다'라는 의식으로 무명이 나타나기 때문에, 이런 상태에서는 정확히 판단할 수 없습니다. 이럴 때에는 마음을 쉬어야만 합니다. 마음을 쉬려하는 것이 수행의 입문입니다.

3장. 부드럽고 따뜻한 기운, 공空

수행을 하여 우리의 삶을 바로 보게 되면, 비로소 마음이 안정되고 불안이 해소됩니다. 이 힘은 바로 몸에 영향을 주어 몸에서 요구하고 있는 것을 가장 분명하게 받아들여서 몸이 좋아집니다. 우리 자신의 몸과 정신이 편안해졌을 때 다른 관계도 원만해져서 개인과 집단을 갈라놓은 힘을 약화시킵니다. 명자화名字化·개념화槪念化·법화法化된 세력의 활동이 줄어드는 것이지요.

마음을 쉬어 분별을 일으키지 않음으로써 분별의 경향성인 종자까지 사라질 때 모든 불만족과 불안도 해소됩니다. 만일 이런 노력을 하지 않으면 '절대적으로 타자화된 인식관계'가 되며, 이 절대화된 인식관계는 바로 그 순간 분별의 경향성인 종자에게 연료를 계속 제공하여 지속적으로 불안한 세계를 만듭니다. 현재의 상황에서 법화의 역할이 아직 오지 않은 것이 종자이며, 이것이 현행을 결정하는 힘이 됩니다.

다시 한 번 봅시다. 붉은 장미라고 하지만, 붉음은 장미 속에 없습니다. 나의 눈에도 없으며 햇빛 속에도 없습니다. 눈과 장미와 햇빛 등의 관계가 붉음이라는 장면을 연출할 뿐입니다. 이 중 어느 하나도 소홀히 할 수 없습니다. '하나하나의 모습들이 어우러진 장면이 바로 삶이며 생명'이기 때문입니다. '매순간 만남의 장면 그대로 생명의 모습'입니다. 그러나 우리는 그런 관계를 알지 못한 채 붉은 색만을 절대화시킵니다.

실제로 온갖 사물들은 따로따로 특성화될 수 없는데도 불구하고, 우리는 사물들을 특성화시킵니다. 특성화시키기 때문에 사물들이 분별되어 존재합니다. 특성화시키지 않으면 삶 자체에서 긴장감이 사라진, 자비의 열린 세계라는 관계만이 있습니다. 그런 관계 속에는 타자화된 대상이 전혀 존재하지 않습니다.

보통 대상이라고 하는 것은 법화된 것입니다. 법화는 인식관계 속에서 주관과 객관을 분리시켜 떼어 내고, 다른 것과의 관계 속에서도 인위적으로 떼어 내어 하나하나를 독립된 실체로 보는 것입니다. 그런데 하나하나를 떼어 낼 수가 있습니까? 붉은 꽃 속에서 햇빛을 떼어 낼 수 있습니까? 붉은 꽃 속에 흐르는 생명의 흐름을 떼어 낼 수 있습니까? 그 가운데 인식하고 있는 나를 떼어놓을 수 있습니까? 전혀 떼어 낼 수 없습니다.

그런데 우리는 그것을 하나하나 떼어 냅니다. 하나하나 구별화된 것이 모여서 일체를 이룹니다. 하나하나 그것을 떼어 내어 '타자'로 절대적으로 구별시켜서 붉은 존재, 푸른 존재, 아름다운 존재, 미운 존재라는 말을 합니다. 집이라는 언어는 현상의 집을 떠나서 생각만으로도 가능하고, 오히려 집을 규정하기까지 합니다. 언어가 모든 것을 규정하면서 실제의 변화보다 생각의 고정화를 우위에 둡니다.

함께 더불어 사는 생명의 장을 보지 못한 우리의 삶에는 모순이 있습니다. 우리가 마음을 쉬고 대상을 보면, 나와 대상 사이에 긴장감이 사라지고 부드러움이 흘러서 이것이 우리 몸을 원활하게 합니다. 우리에게 긴장감이 생기면 몸의 한 부분이 차가워져서 그 부분이 아프게 됩니다. 이와 마찬가지로 사회가 병이 들면 사회의 어느 부분이 차가워져서 우리가 남의 자녀에게 차갑게 대합니다. 이와 같은 감정이 나와 남을 긴장시키고 차갑게 만들어 개인이나 사회를 병들게 합니다.

그런 긴장관계가 없어지면 부드러움으로 바뀌게 되는데, 그때 비로소 남의 자녀가 내 품안으로 들어오게 됩니다. 사회의 병리현상이 단순히 병리현상으로 나와 관계없이 있는 것이 아닙니다. 또 환경도 단순한 외부적인 것이 아니라 나와 대상이 따로 없이 하나로 느껴집니다.

그 가운데에서 아와 법, 유무有無의 대립이 없어져 가면서 '법화의 절대 타자화'가 사라지는데, 그것을 공空이라고 부릅니다. 법화되고 세력화되고 긴장시켜서 차갑게 만드는 힘들이 없어지고, 부드럽고 따뜻한 힘으로 흘러가는 상황이 공입니다. 몸의 어느 부분이 긴장되어 그 부위가 아팠지만 따뜻함을 통해서 아픈 부위가 호전됐습니다. 개인과 사회의 병리현상이 치료되어, 참으로 넉넉한 자리가 된 것을 공이라고 부릅니다.

식의 흐름을 네 가지로 이야기합니다. 첫째, 자체분自體分만을 주장하는 일분설一分說입니다. '인식의 장뿐'이라는 말로서 눈과 색은 분리될 수 없다라는 것입니다.

두 번째는 눈과 색은 하나의 장에서 작용하는데 하나는 인식주관[見分], 다른 하나는 인식대상[相分]입니다. 이분설二分說입니다.

세 번째는 삼분설三分說로 견분見分·상분相分·자증분自證分으로 나눕니다. 견분과 상분이 함께 작용한 인식결과가 자증분입니다. 순간순간 제 모습을 바꾸는 변화 때문에 자증분이란 인식결과도 하나의 힘으로 등장한 것입니다. 긴장관계에서 일어났든 긴장관계가 아닌 것에서 일어났든, 사람을 보면 사람이라는 인식결과가 있습니다.

그리고 사람을 보고 사람이라고 이야기하면 누구도 이상하게 생각하지 않습니다. 인식내용이 사회적 동의를 갖고 있기 때문입니다. 그러나 사람을 보고 동물이다, 짐승이다, 나무라고 이야기하면 사람들이 이상하게 생각합니다. 그것은 인식한 내용이 사회적 동의를 갖고 있지 않기 때문입니다. 이와 같은 사회적 동의를 증자증분 또는 중동분衆同分이라고 하는데, 삼분설의 자증분은 이것까지를 포함한다고 보아야 합니다.

네 번째는 견분見分·상분相分·자증분自證分·증자증분證自證分의 사분설四分說입니다. 증자증분은 그 사회가 총체적으로 안고 있는 사회와 역사인식입니다. 사회와 역사인식이 개인의 인식인 자증분을 다시 증명합니다. 증자증분은 사회 사람들이 공통적으로 '그건 그렇다'라고 사회적 동의를 하는 것입니다.

오늘날 사회 병리현상이 일어난 것은, 사회의 모든 사람들이 개인의 인식결과를 타자화시키는 데 동의해 주고 있기 때문입니다. 인식결과인 자증분의 각각을 개별화·절대화시키는 것이 옳다고 전부 동의를 하기 때문입니다. 그것이 오늘날 우리가 안고 있는 증자증분의 세계입니다.

사회적 동의인 증자증분은 개인의 인식결과인 자증분이 보편화된 것입니다. 서로가 서로를 동의하면서 규정하고 있습니다. 이와 같이 자증분과 증자증분은 '개인과 사회의 이중 인식구조'입니다.

식의 흐름을 네 개로 나누지만, 사실은 자체 하나, 즉 인식이 일어나고 있는 총체적인 장뿐입니다. 바꿔 말하면 눈이 없으면 색의 세계가 형성되지 않고, 색이 없으면 눈의 세계가 형성되지 않아서, 그 가운데 의意의 분별작용으로 인한 긴장과 소외관계가 형성되지 않습니다.

이와 같이 총체적으로 같이 일어나고 있는 식장이 제8식입니다. 개인을 분별화시키든 시키지 않든 간에, 또 사회적 동의를 거쳤든 거치지 않았든 간에, 우리의 삶에는 이미 제8식의 장이 항상 흐르고 있습니다. 산을 산이라고 보고, 나무를 나무라고 보고, 돌을 돌이라고 보는 사회적 동의가 이미 드러나 있으며, 이것이 8식이 공통으로 작용하는 인식의 대상입니다.

　그러나 우리의 삶은 차고 냉소적이고 긴장하고 반발하는 힘들이 더 강하기 때문에 비교분별을 떠나 삶 속에서 총체적으로 작용하는 인식의 장들을 이해할 수가 없습니다. 그래서 알 수 없다[不可知]고 합니다.

　산을 산으로 보고, 나무를 나무로 보는 관계가 단절되지 않고 긴장감과 소외감이 없이 서로 관계하면서 흘러가고 있습니다. 그것을 분별시키든 분별시키지 않든 간에 흘러가고 있는데, 이 흐름 자체가 우리 모두의 삶입니다. 분명한 앎으로 드러나지 않는 우리 모두의 생명바탕인 앎의 장이야말로 드러나지 않는 앎[不可知]입니다.

　그러면 우리는 어떻게 활동합니까? 스스로 드러난 삶의 흐름인 제8식의 장 가운데에서, 전6식이나 제7식에 의한 분별의 세계에서만 활동합니다. 의意에 의한 분별에 의해 진실한 삶이 가려져서 긴장과 갈등을 불러일으키는 것이 제7식입니다. 여기에서 선악시비가 일어나는 것이 전6식입니다. 이와 같이 분별이 일어나고 있는 삶의 관계는 왜곡되어 있으며 여기에서는 삶의 참모습을 볼 수 없습니다.

　그런데 제8식이 가장 강하게 나타난 곳은 왜곡되어 있는 현실인 현행입니다. 비록 현행이 절대화·구별화 시키는 힘으로 작용할지라도, 제8식은 하나도 빠짐없이 제 모습을 나타내 보입니다. 나 자신을 소외시키고 대상을 소외시키려 할지라도, 제8식은 제 모습대로 흘러가고 있습니다.

　그래서 현행을 제대로 보면 바로 제8식의 모습을 보게 됩니다. ‘드러나 있는 현행 자체가 그대로 제8식의 모습’이므로, 현행과 제8식을 이원화시키지 않아야 합니다. 이를 이원화시키지만 않으면 바로 우리의 삶 속에 부드럽고 따뜻한 기운이 흘러가는데, 이것이 공空인 연기실상입니다.

4장. 삶의 본 모습

초능변식인 아뢰야식과 이숙식 그리고 일체종식에 대해서 다시 한번 살펴봅시다. 삶이 본 모습일 때는 개인과 사회의 모든 병이 해소되기 때문에, 문제 삼을 필요가 없습니다. 문제가 되는 것은 개인과 사회가 모순관계로 인하여 괴로움이 있을 때입니다. 우리가 그 문제를 풀어야 됩니다. 그런 긴장관계가 해소됐을 때는 어떤 이름도 갖지 않으며 단지 평화로운 흐름만 있습니다.

긴장감이 있고 괴로움으로 흐르는 힘, 곧 종자를 함장하고 있기 때문에 아뢰야식을 장식藏識이라고 합니다. 그런데 계속해서 지켜보기를 하면, 장식이 함장하고 있는 힘이 연료를 공급받지 못해서 그 내용이 변합니다. 긴장관계를 유지하는 힘들이 없어져서 긴장관계가 해소되면, '긴장시키는 힘을 갖고 있다[自相]'라는 장藏의 의미가 없어지기 때문에 아뢰야라는 이름이 필요 없습니다. 그래서 아라한이 되면 아뢰야라는 이름이 없어집니다.

이숙異熟이란 선악시비로 살고 있는 우리들의 삶이 그 여력을 남길 때는 경향성으로만 있기 때문에 원인인 선악시비와 결과인 경향성으로서의 무기無記가 서로 다르다는 뜻입니다. 그렇지만 선악시비든 경향성이든 그것은 삶의 본질과 다른 흐름이기 때문에 '본질에 어긋나게 달리 익었다'라는 뜻을 은연중 포함하고 있습니다. 삶은 우리에게 총체적으로 드러난 부드러움의 관계 속에 있지만, 우리는 단절시키는 힘으로써 삶을 보고 있습니다. 부드러움으로 흐르는 삶이 긴장과 소외로 보여지기 때문에, 제8식의 장場이 잘못 이루어져 있고 달리 이루어져 있다는 뜻도 된다는 것입니다.

이것은 명언종자에 의해서 단절된 모습입니다. 붉은 색과 푸른 색이 서로 협력관계가 될 수 없게 되며, 붉음과 푸름은 서로 팽팽한 긴장관계를 형성합니다. 인간 사이에서는 좋아하거나 싫어하는 관계로 나타납니다. 그렇게 좋아하고 싫어한다 할지라도, 우리 삶의 흐름은 연기실상의 전체입니다. 그렇지만 현행의 삶은 선악시비 등으로 삶이 왜곡됐으며, 그 여력이 계속해서 모든 것을 이름 지어 분별하게 하는 경향성[名言種子]과 탐심과 진심의 경향성[業種子]으로 달리 익어 있는 상태[果相]라 하여 이숙이라 부릅니다. 결과적으로 삶을 왜곡시키는 힘을 저장시켰다는 말입니다.

이렇게 왜곡시켜서 저장된 힘이 계속해서 현행을 왜곡시킵니다. 현행에서 볼 때 이 힘은 인상因相입니다. 또한 현행은 곧바로 자신의 여력을 경향성으로 남기며 그 결과는 현행과 다르므로 이숙이라 합니다. 곧 이숙은 현행의 결과로 과상果相입니다. 종자의 흐름을 함장하고 있다는 뜻이 자상自相이며, 과상·인상은 '종자와 현행의 관계'에서 붙여진 이름입니다. 우리는 종자를 제8식으로 생각합니다만, 사실은 제8식의 일부입니다. 즉 잠재되어 있는 법화인 종자는 집수관계의 일부일 뿐입니다.

제8아뢰야식은 종자를 저장할 뿐만 아니라 기세간[器世間, 세계]과 우리 몸[有根身]을 잃지 않고 계속해서 키워 나아갑니다. 그런데 기세간이나 우리 몸은 연기의 집수관계에서 질료의 변형이므로, 연기실상의 관계를 벗어나지 못합니다. 모습은 달라도 실상입니다. 몸과 기세간은 우리의 삶을 왜곡시키는 연료를 대주는 데 큰 역할은 못 합니다. 큰 역할은 종자가 하는데, 의와 법 사이에 일어나고 있는 절대화된 세력들에 의해서 긴장감을 키워 나아갑니다. 그래서 제8식에서는 종자가 가장 강하게 등장을 하지만, 실제로 제8식은 인식주관과 종자를 포함한 인식대상이 끊임없이 관계하면서 흐를 뿐입니다. 이때 '끊임없다'는 말은 생성과 소멸의 흐름이 계속된다는 의미입니다.

제8식의 상분인 인식대상에는 종자·유근신·기세간의 셋이 있습니다. 즉 삶은 종자와 유근신과 기세간[인식객관인 상분]과 인식주관인 견분의 상관관계 속에서 같이 흐르고 있습니다. 제8식은 우리 '삶의 근본으로서 인식의 장'입니다. 이 장은 인식주관과 인식객관의 인식작용에 의해서 앎으로 관계변화를 나타내기 때문에 식이라고 합니다. 다만, 제8식의 인식은 전체의 장 그대로가 인식이기 때문에 비교를 떠나 있어 일상의 앎처럼 알려지지는 않지만, 앎의 장은 폭류처럼 흐르면서 이어지고 있습니다.

'유식성과 부처님과 보살님께[稽首唯識性 云云] 절합니다'라고 하는 대목입니다. 여기서 보면 유식성에게 먼저 절을 합니다. 유식성은 전체적으로 드러나 있는 삶 자체로서, 긴장감이 사라져서 차고 고통스러운 상태가 없어진 따뜻한 삶의 본 모습입니다. 삶의 본 모습은 아무것도 보이지 않는 허공 같은 것이 아닙니다. 우리의 모습과 세계의 모습을 그대로 나투면서, 그 가운데 '넉넉한 연기관계가 유지되고 있는 것'을 유식성이라고 부르기 때문입니다. 이때의 성性은 상相에서 떨어져 나온 성性이 아닙니다. 상 자체에서 성의 제 모습을 전체로 보이고 있습니다.

따라서 인류가 안고 있는 사회적 긴장관계도 식이며, 이 상태가 올바르게 드러나 있는 것도 식입니다. 우리가 유식성에게 절을 한다는 것은,

바로 전체적으로 드러나 있는 삶의 모습이 긴장감이 해소된 평화로우며 아름다운 자신의 모습이기에 절을 한다는 것입니다.

한편으로는 무명의 어두운 측면과 다른 한편에서는 명언종자와 업종자의 힘을 제어시켜 참된 삶 속으로 들어가는 것, 이 두 가지를 아울러서 유식이라 합니다. 우리의 삶을 그르친 관계[分別의 앎]에서도 흐름이 유식이요, 올바른 관계[無分別의 앎]에서도 흐름이 유식입니다.

우리가 아집我執과 법집法執을 없애기 위해 마음을 쉬려면 합당한 명분이 있어야 됩니다. 무조건 누가 '분별을 멈추고 지켜보기를 해라'고 해서 될 수가 없습니다. 지켜보기를 하려면 '이름 붙여진 것이 현실의 실제적인 삶에 접근해 있는가'라는 전제조건이 있습니다. 우리가 '언어생활을 통해서 나타난 사회의 제반관계가 얼마만큼 그 사회를 잘 표현하고 있는가' 하는 것을 머리 속에 그려 놓고 보는 것입니다.

그것이 유식이 가지고 있는 수행 방법 중의 하나인 사심사관四尋思觀입니다. 곧 이름[名]과 사물[義]과 자성自性과 차별差別 모두가 단지 임시적 존재일 뿐 실재가 아니라고 관찰하는 유식관입니다. 사심사관을 통해서 이름과 사물과 의意의 관계를 명확하게 보면, 눈과 색이 작용하여 일어나고 있는 관계, 그리고 의가 개재되어 있는 관계를 명확하게 알게 됩니다. 이때 앎의 관계변화에서 법화가 사라지면서 마음집중과 관찰이 깊게 일어나, 우리의 삶 가운데에서 사물의 참된 모습을 보게 됩니다. 그때가 통달위通達位로서 견도見道입니다.

사심사관四尋思觀이 명확해져서 우리가 명자名字와 개념槪念을 통해 분리되고 긴장되고 소외된 힘으로부터 자기 자신을 놓아 버리기만 하면, 사물과 자신의 모습을 바로 보게 됩니다. 여기에 크게 두 가지 입장이 있습니다. 돈오돈수頓悟頓修와 돈오점수頓悟漸修입니다.

돈오돈수의 입장은 인간에 대한 절대적인 긍정입니다. 인간이 이룩하고 영위하고 있는 삶의 장이 그대로 부처란 말입니다. 따라서 우리가 사심사관을 통해서 공부한다는 것은 '이룰 부처'가 아니고, 이미 '이루어진 부처'를 그 자리에서 확인하는 것입니다. 따로 '이룰 부처'가 있는 것이 아니라, 분별을 멈추고 지켜보면 자기 자신이 이미 '이루어진 부처'입니다. 다시 말하면 유식성이 자기 모습을 전체로 드러낸 것입니다. 이것이 돈오돈수의 입장입니다. 이때 깨달음[頓悟]은 곧 완성[頓修]을 의미합니다[究竟位].

돈오점수의 입장은 이미 완성되어 있는 부처라 할지라도, 긴장감이 해소되지 않으면 항상 전도되어 삶을 잘못 보는 과정 속에 놓여 있다는 말입니다. 깨달았을지라도[頓悟] 구생기의 허물이 하루아침에 없어지지 않기 때문에, 수행을 통해서 완성시켜 가는 것입니다[漸修:修習位].

따라서 어떤 관계에 있든지 간에, 우리 인간이 구체적으로 긍정적인 관계로 등장하는 것은 돈오돈수나 돈오점수 모두 마찬가지입니다. 참선 수행의 방법을 돈오돈수다, 돈오점수다, 무엇이다 등 여러 가지로 이야기하고 있는데, 그러한 것들에 대해서 너무 큰 의의를 둘 게 아니고, '지금 이 자리에서 마음을 쉬는 힘을 기르고 있느냐, 없느냐'가 더 중요합니다. 마음을 쉬는 힘을 기르는 수행을 하면 부처를 궁극적으로 확인할 것입니다. 확인하는 이는 서 있는 자리에서 유식성이 그대로 드러날 것입니다.

그 유식성이 만분청정자滿分淸淨者로 드러납니다. 부처님께서는 청정한 삶을 원만히 이루신 분[滿淸淨者]이시고, 보살은 완전하지는 않지만 어느 정도 청정한 삶을 이루신 분[分淸淨者]입니다. '유식성이 자기의 모습을 전부 드러냈기 때문에 우리 모두는 이 속에 녹아 있습니다.' 따라서 만청정자를 다른 곳에서 찾으려면 찾을 수 없습니다. 단지 '녹아 있음을 투명하게 보느냐'에 달려 있습니다. 분청정자는 유식성의 전 모습을 투명하게 보지 못한 상태이나 청정을 어느 정도 이룬 사람입니다. 이미 '이루어진 부처님'을 달리 표현하면 유식성이라고 합니다.

'이루어진 부처님'을 확인하는 방법인 수행은 동정動靜의 균형을 맞추는 것이 중요한데, 균형을 맞추기 위해 움직이거나 또는 앉아서 수행합니다. 그런데 실제로 우리는 몸과 마음을 너무 많이 움직이므로, 좌선은 이것을 가라앉히려는 것입니다. 어느 정도의 균형을 위해서라면 앉거나 걷는 것이 좋습니다. 우리의 마음을 가라앉혀 평정하게 해서 삶의 흐름을 분명히 알고 나면, 일상생활의 움직임에서도 고요함을 놓치지 않는 것이 불교수행의 특징입니다. 이때는 수행이 특별한 형태로만 등장하는 것이 아니고, 삶의 모습에서 수행이 이루어집니다.

5장. 축원을 합시다

앞에서 말한 사심사관四尋思觀은 이름[名]과 그 이름이 가리키고 있는 사물[義]과 이름과 사물이 가지고 있는 특징[自性]과 각각의 차별差別, 이 넷은 단지 임시적 존재로 실재하지 않는다고 깊게 관하는 것입니다. 이러한 관찰을 통해서 청정한 삶을 확실히 알게 됩니다. 보통 '마음으로부터 모든 것이 파생한다'라고 생각해서 마음이 주인인 것처럼 생각하고 있으나, 몸과 마음은 서로 협력관계를 가지는 연기관계에 있지 주종관계가 아닙니다.

그와 마찬가지로 사회에 살고 있는 여러 사람들과 그 밖의 모든 것들도 협력관계로써 살아가야 되는데, 보편적으로 주종관계 속에서 살아갑니다. 이런 주종관계는 대인관계뿐만 아니라 개인의 내부에서도 일어납니다. 우리가 가지고 있는[我所] 판단기준에 의해서 무엇을 판단하려고 했을 때, 그 기준 자체가 주인 역할을 하면서 고정화되기 때문에 자기 내부에 자유로움이 없습니다.

우리 자신의 내부에 자유로움이 없으면 나아가 대인관계에서도 마찬가지로 자유로움이 없습니다. 수행을 통해서 나와 대상의 관계 변화를 알게 되면, 자기 내부에서 일어나는 몸과 마음의 관계 변화도 명확하게 알아차리게 되어 삶의 고정화로부터 벗어나 자유롭게 됩니다.

집중력을 키워 가기 위해서는 초점이 분명해야 합니다. 이를테면 사심사관四尋思觀은 변화에 초점을 맞추는 것[觀觀]이 아니고, '언어 문자로 고정화된 것에 초점을 맞추어 관찰하여[止觀]' 고정화로부터 벗어나 변화 속에서 삶을 자유롭게 하려는 것입니다. 그런데 이것이 잘 되지 않는 사람들은 먼저 마음의 긴장관계를 풀어 줘야 됩니다.

마음의 긴장관계를 풀어 주면 내 마음 가운데에 적대심이 없어집니다. 마음속으로 '평온해지기를, 관대해지기를, 따뜻해지기를' 하고 생각합니다. 그래서 의도적으로 머리 속으로 '관대해지고, 평온하며, 따뜻하여, 적대감이 없어진 것'을 느끼면서 이를 반복해서 새기는 것입니다. 머리 속에 한 획 한 획 분명하게 글자를 써 가면서 '부드럽고 따뜻하고 인자한 마음으로, 자기 자신을 바꿔 가는 것'을 연상합니다. 그렇게 하면 자량資糧이 커집니다.

이런 것을 하기 전에 먼저 축원을 해야 됩니다. 예를 들면 자기 자신을 연상화·대상화시켜서 '강물이 흘러서 바다를 이루듯, 기운 달이 차서 둥근 달을 이루듯, 하시는 일을 모두 이루시고, 편안하고 건강하고 행복하시길' 축원합니다. 이때 먼저 자기 자신을 떠올려서 축원하고, 그 다음에 자기와 제일 가까운 사람을 떠올려서 축원을 합니다. 이 순서대로 가까운 사람부터 차례차례 축원하고, 마지막에는 미운 사람도 떠올려서 축원을 해 줍니다. 이렇게 축원을 하는 동안에 적대감이 사라지고 부드러운 마음, 자비심이 생깁니다. 수행을 시작할 때와 끝낼 때 축원을 해주게 되면 수행이 잘 익어갈 것입니다.

반드시 자기 자신을 제일 먼저 떠올려서 적대감이 없어지도록 해야 합니다. 다른 사람에게 아무리 자비심을 일으키려고 해도 자기 내부에 자비심이 형성되지 않으면 이 마음을 기를 수가 없습니다. 자기를 마치 부처님을 보듯이 떠올립니다. 그리고 '강물이 바다에 이르러 평정을 이루듯, 기운 달이 차서 둥근 달이 되어 원만해지듯, 평안하고, 건강하고, 하시는 일 모두 이루라'고 축원을 하면서, 적대감이 없고, 부드럽고, 싹싹한 나를 영상화합니다. 자꾸자꾸 반복해서 하는데, 『자비경』을 외어서 연상시키는 것도 한 가지 방법입니다.

이 영상화가 실제의 자기를 만들어 가는데, 이 과정이 식장의 변화로 나타납니다. 우리가 실제로 적대감을 나타낸 것이 사회적 불평등과 불균형이며, 적대감이 없을 때 나타난 것이 한량없는 자비와 평등심[慈悲喜捨: 四無量心]으로 사회적 평등과 균형입니다. 영상을 사실화시키는 것이 자량의 한 방법입니다. 자비의 기운으로 집중력을 키워 가면 불편부당한 마음이 올라오다가 사라지면서, 삶의 내용이 분명해지고 저절로 평정한 마음이 됩니다.

집중력이 강하면 강할수록 동요하고 거친 마음들이 고요해지면서 적대감 없는 마음, 부드러움이 가득한 마음, 축원하는 마음으로 저절로 흐르게 됩니다. 제일 중요한 것은 자기 자신으로, 자신에게 부드러워지고 평온해지면서 평등한 마음[捨]이 일어나면, 저절로 다른 사람에게 그 마음이 가게 됩니다. 나에게 부드러운 마음이 없으면 다른 사람에게 부드러운 마음이 가지 않습니다. 어머니 마음이 자식에게 가듯이, 언어의 고정력이나 사회의 집단 최면으로부터 벗어난 마음이 자녀에게 가야 자녀가 편안합니다. 사회도 가족과 마찬가지입니다.

그런데 실제로는 자기 자신에게 편안하지 못하기 때문에, 가족간에도 불편한 관계가 지속됩니다. 그럴 때는 자량을 쌓아야 합니다. 다시 한번 강조하지만 사심사관이나 그 밖에 다른 수행을 하기 전에 반드시 먼저 자신을 떠올려서 축원을 하십시오. 그 다음에 자기에게 가까운 사람, 먼 사람, 미운 사람 순서로 축원을 해서, 부드러운 마음은 커지고 미운 마음은 버려 무소유로 흘러가게 하십시오.

우리가 다른 사람을 용서하고 다른 이를 이해하는 것 같지만, 이해의 범주를 벗어나면 이해가 잘 되지 않으며, 이해한다 하더라도 어느 정도의 범주 속에 갇혀 있습니다. 만일 참으로 자기 자신을 놓아 버린 상태라면, 우리가 생각하는 이해의 범주를 뛰어넘어 버리는데, 이것을 팔정도에서 정견正見이라고 합니다.

정견은 바른 이해라고 하는데, 범주화되어 있는 상태에서 벗어난 '중도中道의 지혜'입니다. 우리의 삶인 연기실상에서는 '항상 나와 대상이 더불어 함께 한다'는 것을 확연히 알아서, 일체의 고착된 견해로부터 자유로워진 것입니다. 이렇게 되면 남편이 하는 일을 아내가 이해 못할 리 없습니다. 아내가 하는 일을 남편이 받아들이지 못할 이유가 없습니다. 지금까지는 서로가 어느 정도의 한계 속에서만 서로를 받아들이고 있습니다. 그런데 자기 자신에게 부드러워지고 비운 마음이 되면, 그 마음이 가족에게 가기 때문에 언제나 부드럽고 따뜻한 가족이 되는 것입니다.

그래서 보통 사람들이 생각할 때는 도무지 이해할 수 없는 것까지 이해하게 되는 마음을 정견이라고 합니다. 그런 가운데 삶의 흐름에 긴장감이 없어져 용서도 미움도 저절로 없어져 버립니다. 용서와 미움이 일어나는 하나하나 현상들이 얼마나 차별화되고 절대화된 삶인가를 여실히 알게 되는 것입니다. 앞에서 말한 언어의 고집이 없어지면서 연기실상의 삶이 일어납니다.

그러나 수행을 하지 않으면 범주화된 견해가 옳은 줄 알기 때문에 정견을 받아들일 수 있는 여유가 없습니다. 지금까지 훌륭한 가르침이 계속되고 있지만 혼란이 심해지는 것은, 중심에 있는 개개인의 의지작용의 변화[修行]가 없기 때문입니다. 자기들이 이해한 범주 속에서는 사랑과 이해가 있을지 몰라도, 그 범주만 넘으면 미움과 외면뿐입니다. 그런 사랑은 누구나 하고 있습니다. 자기 가족을 사랑할 줄 알고, 자기 안에서 이해되는 것은 누구나 좋아합니다. 그것이 사회화되고 집단화되면 지방색이나 종교전쟁 등으로 일어납니다.

우리 스스로가 중심이 되어 수행을 해야만 합니다. 그리고 외부의 연을 그렇게 흐르도록 바꿔야 합니다. ‘사회가 가지고 있는 역사와 사회의 힘[證自證分]이 우리 후손에게 무엇을 줄 것인가’는 지금까지의 진행을 보면 알 수 있습니다. 지금까지 물려받고 물려주고 있는 사회현상의 외연과 내부의 자기화는 더욱 굳어져 가고만 있습니다.

천지개벽이라는 말이 왜 나옵니까? 어떤 형태로도 얼어붙어 있는 것을 도저히 깰 수 없을 때에 그 사회 자체가 깨져 버리는 것을 개벽이라고 합니다. 사회를 돌이켜보면 그런 말하기 좋게 되어 있습니다. 돌아보니까 아닌게 아니라 무엇인가 조짐이 이상하다고 느낍니다. 그러니 ‘너만이라도 살아라’ 하는 소리에 귀가 솔깃해집니다. 그러나 이것은 우리 삶에서 항상 반복되는 불균형의 다른 모습일 뿐입니다.

불교가 가지고 있는 특징은 ‘처음부터 끝까지 자기 훈련을 하는 것’입니다. 경전 등을 공부하는 것은 ‘왜 우리가 자기 훈련을 해야 되는가’ 하는 것을 그 시대 사람들의 언어로써 이해하는 것입니다. 우리가 유식을 배우려는 것도 자기 훈련을 하기 위해서이며, 훈련된 만큼 외연外緣의 너그러움을 알게 됩니다. 자기 훈련을 하지 않으면 유식을 배운 것이 아닙니다.

대체로 한 나라나 사회는 그 자체의 운동원리에 따라 경계를 만들고 경계에 의해서 어쩔 수 없이 흘러가면서, 권력과 부를 만들어 가고 있는 것 같습니다. 현재의 우리에게는 산업사회의 등장이 역사의 흐름에서 무엇인가라는 성찰을 할 겨를도 없이 너무나 큰 힘으로 개개인 앞에 이미 와 있었으며, 오늘날은 또다시 새로운 패러다임의 흐름이 요구되고 있는 것 같습니다. 이런 흐름에서 개개인은 생각할 시간도 없이 끌려가는 경우가 많습니다. 그러면서도 자아성취를 위해 권력과 부를 만들려고 애를 쓰는 것 같습니다. 그렇지만 돈이 조금만 있어도 일생을 부족함이 없이 살 수 있는 사람이 있는가 하면, 천억을 가져도 부족한 사람이 있습니다. 부의 축적과 소비에 자기를 내맡겨 버리면, 자신도 사회도 주체할 수 없습니다. 처음에는 그 경계를 조금씩 만들어 가다가 점점 더 커지면서 긴장관계도 강해집니다. 이런 관계가 애초부터 자기 내부에 존재하지 않는 사람은 역사의 흐름과는 무관하게 시대의 흐름에 매몰되지 않으면서 살아갑니다.

어떠한 상황에 있어서나 몸과 마음은 아주 밀접한 관계가 있기 때문에 몸을 잘 다스려야 합니다. 몸을 잘 다스리는 것은 정신 훈련을 하는 것과 똑같습니다. 그리고 집중력을 잘 키워서 다시는 그런 데에 빠지지 않도록 해야 합니다. 삶의 진실을 보는 집중력을 키우는 것이 몸과 마음을 잘 다스리는 것이며, 사회를 건전하게 만드는 첩경입니다.

오늘은 전에 했던 제8식, 즉『유식 30송』의 앞부분에 대해 반복해서 이야기했습니다. 다시 정리하면 유식성이란 '현전하는 부처, 곧 우리 자신들'로서 우리 자신이 못난 사람이 하나도 없다는 것을 나타냅니다. '다른 사람은 잘나고 나는 못났다, 나는 잘나고 다른 사람은 못났다'라는 것은 자기 자신이 부처임을 잃어버린 사람들이 하는 이야기입니다. 참으로 깨어 있는 사람들은 활동하는 매순간마다 그대로 깨어 있는 부처님 자신이며, 유식성입니다. 그래서 모든 살아 있는 것과 자기 자신의 깨어 있음에 예불을 해야 합니다.

그리고 만청정자滿淸淨者는 부처님을 말하고, 분청정자分淸淨者는 보살을 말합니다. 수행해서 매순간 깨달음으로 살아가는 분과 완전치는 않지만 자리이타自利利他의 행을 계속하는 분을 말합니다. 그러나 지금 우리 자신이 부처라고 해도 그분들의 말씀을 이해하지 않고는 부처임을 알 수 없습니다. 그래서 세친 보살께서 부처님의 말씀을 열어 이 시대에 살고 있는 모든 사람들을 이롭게 하고자 했습니다. 이롭게 한다는 것은 이익을 준다는 말이 아니고 '긴장관계를 해소시켜서 평정하게 한다, 평상심이 되게 한다'는 말입니다. 평상심이 되면 다른 사람이 나를 칭찬하거나, 미워하거나, 해롭게 하거나, 이롭게 해도 나의 마음이 전혀 움직이지 않습니다.

수행을 하면 마음이 평정해져서 어떤 변화에도 고요해지는데, 고요함은 평온함과 즐거움과 기쁨과 환희를 불러 일으키는 특성이 있습니다. 여러분도 한번 해 보십시오. 우리의 삶에서 즐거움과 환희로움을 느끼면서 몸과 마음이 가벼워집니다. 이처럼 어떤 현상에 있어서도 늘 평상심을 유지하는 것이 '평상심이 도다[平常心是道]'라는 말입니다.

그런데 우리는 아我니 법法이니 하는 긴장관계를 유지시키는 분별로써 삽니다. 우리의 삶이 분별로 인한 긴장관계 속에 계속해서 끊임없이 굴러가고 있는 것이 '아와 법의 가설로 말미암아 가지가지 분별이 계속된다[由假說我法 有種種相轉]'라는 것입니다.

이러한 모든 것을 누가 만들어 냅니까? 그것은 앎이 있는 곳, 즉 자기 자신이 생각하고 느끼고 본 것에서 만들어집니다. 다른 사람이 주는 것이 아니요, 다른 사람이 빼앗는 것도 아닙니다. 그것은 지금 생각하고 느끼고 보고 있는 식장 속에서 일어나는 식의 변화일 뿐입니다.

식에는 이숙異熟·사량思量·요별了別이 있는데 나누면 세 가지요, 합치면 하나입니다. 이숙은 원인과 결과가 달리 익고, 삶의 본질과 '달리 익었다[異熟]'라는 뜻으로서 청정한 유식성을 잃어 버리고, 긴장을 유지하는 아법의 관계로서 삶을 이끌어 가는 힘입니다. 우리의 삶을 아와 법으로 나누어서 분별해 가는 것이 사량思量의 특성입니다. 일단 아와 법으로 나누어서 긴장관계가 형성되면, 그 다음에 좋아하는 것을 가지려 하고[貪心], 싫어하는 것을 배척하는[瞋心] 소유의 모습으로 살아가는 것[癡心]의 세 가지 특성으로 경계[境]를 분별[別]하여 알아차리는 것[了]이 요별경식了別境識의 작용입니다. 그러나 이 세 가지 식은 따로따로 일어나는 것이 아니라 한 순간에 동시에 같이 일어나고 있습니다.

첫째, 이숙異熟은 자상自相으로서의 아뢰야식阿賴耶識을 말하며, 이 식은 과상으로서의 이숙과 인상으로서의 일체종一切種이라는 세 가지 뜻을 가지고 있습니다. 아뢰야식은 장식藏識이라고 하며, 제8식의 자상입니다. 지금 우리가 일상생활 속에서 아법을 분별시켜 긴장관계를 일으키는 것은, 아뢰야식이 그런 힘들을 함장하면서 같이 흐르고 있기 때문입니다. 이숙식이란 '달리 익었다'는 뜻으로서 과상果相을 의미합니다. 이 식은 '유식성을 왜곡시키는 힘'으로서 흘러갑니다. 그리고 왜곡되어 있는 힘이 밖으로 나올 때, 그 원인이 되는 종자를 일체종이라 하며 인상因相이라고 합니다.

그러나 우리의 삶이 왜곡되고 잘못되고 소외되었다 할지라도, 우리 삶의 근본인 유식성의 부드러움과 따뜻함이 우리를 항상 감싸고 있습니다. 부드러움과 따뜻함은 분별되지 않는 하나 된 삶이며, 이것이 제8식의 근본바탕입니다. 그렇기 때문에 제8식에서의 견분과 상분의 관계변화인 앎의 장에서는 상분인 분별의 경향성[種子]과 우리 몸[有根身]은 견분과 편안함과 불편함을 동일하게 느끼는, 나눌 수 없는 하나 된 식장이기 때문에 분명한 앎으로 드러나지 않습니다. 나아가 기세간器世間, 곧 나투어진 모든 것은 인식, 곧 세계를 한정하여 아는 범주를 벗어난 것으로 분명한 앎으로 드러나지 않습니다.

다시 말씀드리면 종자는 그 자체가 시공의 분별로 드러나지 않기 때문에 앎의 대상이 될 수 없으며, 몸은 견분과 항상 같은 앎으로 있기 때문에 견분이 몸을 대상으로 하여 아는 것이 성립하지 않으며, 기세간, 곧 우주란 그 자체가 이미 안팎을 나눌 수 없는 전체로서의 하나이기 때문에 시공을 분별하여야만 아는 것과는 달리 앎이면서 앎을 떠난 것으로 앎이 될 수 없습니다. 그래서 제8식에서 일어나는 인식은 알 수 없다[不可知]라고 하였습니다.

제8식의 장에서는 심왕이 항상 촉觸·작의作意·수受·상想·사思라는 심소와 같이한다고 했습니다. 촉이란 인식의 장을 이루는 견분과 상분의 변화를 감촉하고 있다는 것입니다. 작의作意란 의가 작용하고 있다는 것으로 감촉된 변화 쪽으로 마음이 기우는 작용입니다. 그런데 의의 기능이 분별이기 때문에, 작의란 '견분과 상분관계 변화를 낱낱이 분류하는 작용'으로서 저절로 분별의 장이 있게 합니다. 수受는 분별된 것을 받아들이는 것이며 상想은 분별하여 받아들이는 것의 형상을 한정하는 것이며, 사思는 마음이 대상을 조작하는 것이며 움직이게 하는 것입니다. 곧 대상을 동일한 것으로 조작하고 유지하여 그것으로 마음이 움직이게 하는 것입니다.

제8식이 유식성의 흐름과 같이하기 때문에 이들의 심소心所도 선악의 분별화가 아닌 무부무기無覆無記이며, 근본적으로 우리의 본질인 연기실상을 덮기 못합니다. 곧 이법이 분별에 의해서 근본실상이 덮일 수 없다는 것입니다. 그래서 분별을 객진번뇌客塵煩惱라고 했습니다. 우리 삶의 근본인 연기실상을 덮지 못하기 때문에, 그와 더불어 일어나는 촉 등의 작용도 연기실상의 변화인 평정과 같이합니다[相應唯捨受].

우리의 삶은 끊임없이 흘러가되 시간과 공간이 없는 듯한 종자에서 시간과 공간이 한정된 듯한 현행이 일어나고, 시공이 한정된 듯한 현행에서 시공의 분별이 사라진 듯한 종자를 여력으로 남기기 때문에 시간적인 의미에서 처음과 끝의 단절이 있을 수 없고, 매순간 한 생각이 일어나고 사라질 뿐입니다. 한 생각이 일어나고 사라짐에 따라 몸과 마음의 전체가 매순간 변화하면서 새롭게 흘러갑니다. 곧 제8식에서는 매순간 시공이 전체적으로 새롭게 창조되면서 동시에 소멸되는 불생불멸의 흐름으로 흘러갑니다.

그렇기 때문에 선한 생각이 일어나면 선한 생각에 의해서, 몸과 마음의 관계가 서로 달라집니다. 부드러운 마음이 일어났을 때, 악한 마음이 일어났을 때, 몸과 마음의 관계가 달라집니다. 이렇게 한 생각이 일어나고 사라질 때마다 몸과 마음이 총체적으로 바뀌면서 흘러가는데, 그것이 항상 폭류와 같다[恒轉如暴流]고 했습니다. 폭류가 흐를 때 그 속에 갖가지 것들이 같이 흘러가듯 마음 흐름 속에 갖가지 작용들이 함께 흘러간다는 뜻입니다. 우리가 이와 같은 삶의 흐름을 명확히 보면, 삶의 긴장관계가 전혀 없는 부드러운 흐름으로 바뀌게 됩니다.

자신에게도 닫힌 마음

1장. 안팎으로 일어나고 있는 소외

우리가 산다는 것은 활동한다는 말이며, 이것을 업이라고 합니다. 업은 '몸과 마음에서 일어나는 모든 활동'입니다. 활동이 긴장과 번민과 고민을 불러일으키는 것도 업[惡業]이요, 긴장이 없고 평화롭고 안락함도 업[正業]입니다. 긴장을 느끼고 마음 가운데에 이상을 느꼈을 때가 바로 몸과 마음에서 일어나는 부조화 상태에서 조화롭게 가게 하는 시점입니다. 그 시점을 명확히 잡고 추구해 들어가면, 긴장과 번민으로부터 문제를 해결해 나아갈 수 있습니다. 그러나 문제가 발생하면, 그 문제해결을 지금까지 해 왔던 방법대로 되풀이하여 그 문제가 근본적으로 해결되지 않는 것은 업의 관성에 의한 삶 때문입니다.

관성과 습기에 의한 움직임들을 통해서 몸과 마음과 사회가 편안해지면 별 문제가 없습니다만, 그런 움직임을 통해서도 편안해지지 않을 때 새로운 방법을 찾게 됩니다. 한 생각이 일어나고 사라지는 것을 살피는 수행이 그것이며, 수행으로 습관적인 앎이 지혜의 움직임으로 바뀝니다. 번뇌가 일어나는 순간이 바로 지혜로 바뀌는 순간으로서, '번뇌를 명확히 보면 지혜가 열립니다.' 지혜로 바꾸는 수행은 갈등과 긴장에서 시작됩니다. '절대화된 아我와 법法'에서 일어나는 긴장과 갈등에서 소외와 왜곡이 나타나며, 그것이 역설적으로 지혜를 기르는 터전이 됩니다. 왜냐 하면 아와 법의 분별은 아와 법이 나뉘지 않는 식장의 무분별과 항상 같이하기 때문입니다.

우리는 사람이 살아 있으면 기뻐하고 죽었으면 슬퍼합니다. 그러면서 삶 가운데에서 육체가 제 모습을 가지면서 지탱하는 것으로만 살아 있음을 이야기합니다. 그러나 삶이란 지속적으로 생성과 소멸, 즉 생과 사가 어우러져 맞물려 돌아가고 있습니다. 그런데 우리는 그 가운데 생성이라는 측면만 좋아하고, 소멸이라는 측면을 싫어합니다. 그리고 생성만 지속되기를 원하면서 생성의 모습을 극대화시켜, 태어나기 이전과 죽은 이후에도 생성의 모습을 끝까지 지켜 가는 어떤 요소를 설정하게 됩니다. 그 가운데 대표적인 것이 사상四相입니다.

사상의 첫째는 아상我相입니다. 아상은 아뜨만Atman의 번역입니다. 아뜨만은 주로 브라만교에서 주장했던 것입니다. 소멸되는 것을 제외하고 소멸하지 않고 영원히 지속되는 어떤 것을 가리킵니다. 삶 가운데 어떤 한 요소만을 취해서 그것을 절대불변으로 설정하지만, 그것이 우리 삶의 실제 모습이 아니라는 것에 문제가 있습니다.

이것을 바탕으로 개인과 사회적 불평등과 고통을 당연하게 여기며, 즐거움과 기쁨은 실제생활에서는 오지 않고 죽은 이후에나 가능하다고 넘겨 버립니다. 그리고 생성을 신성화神性化시키면서 외부의 신성과 연관시키는데, 이것이 개인의 소외인 아상我相과 사회적 소외인 신성 또는 범梵과의 하나 됨을 주장하는 근거입니다.

전에 수드라와 브라만의 특징을 이야기할 때, 수드라는 신이 가지고 있는 노동력을 근본으로 해서 태어난 사람이라고 이야기했습니다. 그 사람의 주된 흐름의 힘은 노동할 수 있는 요소로서 노동력의 생성만을 신성화하여 변하지 않는다고 했습니다. 이 사람이 노동을 하지 않고 머리 역할을 하면 자기 삶이 아니므로, 이 사람은 육체노동만을 해야

116

합니다.

반대로 브라만 계급은 신이 가지고 있는 특성 가운데 머리를 쓰고 제사를 지내는 속성만을 부여받았으므로, 이 사람이 노동을 하면 자기 속성에 어긋납니다. 그와 같이 우리 삶 가운데 어떤 한 부분을 극대화시켜서 그 부분만이 의미를 갖는 것으로 구성화하고 실제화합니다. 이런 것들이 아상我相·인상人相·중생상衆生相·수자상壽者相입니다.

수자상壽者相은 자이나교에서 주창하고 있습니다. 자이나교도들은 지바Jiva와 아지바Ajiva라고 하는 두 가지 삶의 형태를 설정합니다. 지바의 생명상태는 청정하고 영원한 생성의 삶의 상태이며, 그것이 번뇌에 의해 잘못된 상태를 아지바라고 합니다. 아지바를 지바로 옮겨가기 위해서는 극도의 고행을 해야 한다고 합니다. 고행 가운데 나타나는 열을 통해서 그 번뇌의 찌꺼기를 제거하면 순진무구한 지바의 생명형태가 나타나는데, 이것이 불변하는 우리의 근원이라는 것입니다.

이런 견해에 의하면 생성과 소멸을 하고 있는 실제의 우리 삶은 아무런 의미가 없게 됩니다. 따라서 우리의 몸과 생각을 가지고 순진무구하고 청정한 삶을 회복한다는 것은 근본적으로 불가능합니다. 우리의 몸이 전혀 없거나 다른 형태로 변하지 않으면 아무 의미가 없어서, 우리가 살고 있는 현실에서 벗어난 다른 곳에 우리의 삶을 설정하게 됩니다. 그것도 아뜨만Atman과 똑같은 생각으로서 실제의 우리 삶인 변화의 흐름과는 다른 불변의 요소입니다.

중생상衆生相은 사뜨와[Sattva, 衆性]라고 합니다. 선악업을 일으키는 제6의식의 긴장관계를 유지하는 바탕인 자아의식인 제7식의 흐름이 우리를 가로막고 있기 때문에, 현실에서 모든 생명체 속에는 '다른 생명과 구별된 절대적인 요소를 가지고 있다'라고 생각하게 됩니다. 그 절대적인 요소의 힘에 의해서 우리가 모습을 드러내는 것이기 때문에, 드러난 모습보다는 그 모습을 모습이게 하는, 내부적으로 불변하는 힘만이 의미를 갖는다는 것입니다.

또 뿌드갈라Pudgala를 인상人相이라고 번역했는데, 독자부 등에서 이야기하고 있습니다. 인상이라는 번역어가 불충분하다고 여기고 보특가라補特伽羅로 음사하는 곳도 있습니다. 윤회를 하면 한 생에서 다음 생으로 이어지는데, 그 생을 뚫고 나가는 기본적인 힘이 뿌드갈라라는 것입니다. 그래서 현실에서 몸을 나투고 마음을 쓰는 이 모습이 아닌 뿌드갈라가 삶의 본질이고 의미라고 말합니다.

원래 영원불변의 요소는 우리가 바라는 것이나 인간 속에서는 발견할 수 없어, 우리의 생각으로 만들어진 신들에게 주어진 속성이었습니다. 그리하여 신의 영원불변성과 우리 삶의 관계 설정을 위하여 신에게 부여했던 영원성을 다시 인간 내부로 끌어들였던 것입니다. 그러나 신성이 생겼을 때 이미 소외에 의한 신성이었듯이, 인간 내부에서도 귀착점이 소외일 수밖에 없는 것입니다. 범梵과 아의 소외가 안팎으로 일어나고 있는 것입니다.

소외가 극대화되는 사상四相의 견해로는, 생성과 소멸을 동반하고 있는 지금 우리의 삶은 의미가 없으며 모양을 나타내도 버려야 할 것으로 여깁니다. 이와 같이 진실된 연기의 삶, 있는 그대로의 삶이 왜곡된 허상에 의해서 소외됩니다. 소외 속에서는 살아 있음과 삶의 목표가 언제나 모순으로 나타납니다. 살아 있음과 삶의 목표가 두 갈래가 된 데서 갈등과 긴장이 나타납니다.

또 영원한 신성神性을 매개로 하여 매순간마다 변하는 우리의 삶을 지속적인 것으로 보는 데에 갈등과 긴장이 있게 됩니다. 우리의 삶 속에서 생성과 소멸, 즉 살아 있음과 죽음을 함께 보지 않고, 그 가운데 하나만을 취해서 그것만이 의미 있는 삶이라고 보면서 긴장과 갈등이 계속됩니다.

이러한 마음은 자신과 타인, 삶과 죽음을 함께하는 것이 아니라, 삶 가운데에서 죽음을 제외하여 스스로 소외된 모양입니다. 자기 자신 속에서 삶과 죽음의 두 가지 요소를 함께 보지 못하고 스스로 닫혀 있는 마음이 됩니다. 이미 스스로 소외되었기 때문에 관계하는 모든 대상이 절대타자로 있게 됩니다. 이 마음은 철저하게 배타적인데 이것을 닫힌 마음, 생멸하는 마음, 생사하는 마음이라고 합니다.

우리의 삶을 총체적으로 보지 않고 생만을 의미 있게 보면 사는 의미가 없습니다. 밝음만을 의미 있게 보면 어둠은 의미가 없어집니다. 우리가 아름다움의 어떤 기준을 정해 놓고 아름다움만을 의미 있게 본다면, 아름답지 않은 것은 의미가 없어집니다. 이와 같이 삶을 이중구조, 삼중구조, 사중구조로 만들면서 그 가운데 들어오지 않는 것을 배척하는 마음으로 우리는 살아가고 있습니다. 나아가 개인의 배타[自證分]와 사회적 배타[證自證分]가 어우러져서 닫힌 마음을 더욱 닫게 합니다. 평화롭고 안락한 바른 활동[正業]으로 살지 못하고, 배타적인 속성들이 모여 있는 긴장과 갈등의 흐름에 자기 자신을 내맡기게 됩니다.

이와 같은 배타적이며 타율적인 삶이 우리 자신에게 언제나 불만으로 나타납니다. 우리의 삶이 전체적으로 표현되어 있는 모습을 보지 못하고, 인위적으로 주어진 의미체계에 맡겨져 자기 자신에게조차도 배타적이 됩니다. 배타적인 것은 자신과 타인에게 타율을 불러일으키면서, 그 사회 전체가 불만족스럽게 흘러갑니다. 이와 같이 우리의 삶에서 생성과 소멸의 전체 모습을 보지 않고, 특정한 것을 절대화시킴으로써 개인과 사회가 불만족스럽게 됩니다.

2장. 나 하나로 닫힌 삶

절대화란 연기실상인 우리의 삶에서는 있을 수 없고, 삶을 절대화시키는 법法이라는 의미체계에서만 있게 됩니다. 이것을 생각이나 관념 또는 개념이라고 하고, 불교에서는 사량思量이라고 합니다. 우리가 삶을 아법으로 나누는 것은 삶 자체에 있는 것이 아니라, 삶을 그와 같이 나누는 우리의 사량에 의해서만 있다는 의미입니다. 우리가 모든 것을 볼 때마다 항상 사량이 동반됩니다.

눈으로 본 순간, 귀로 듣는 순간에도 자기 자신을 배타적이고 타율적이고 불완전하게 만들어 가는 힘들이 동반됩니다. 그것이 개인과 사회가 모두 불만족스런 상태가 되는 원인으로서, 아집我執과 법집法執의 모임인 집集입니다. 이와 같은 집착이 긴장과 갈등의 원인이 되지만, 동시에 긴장과 갈등은 집을 알아차리게도 합니다.

그러므로 우리가 긴장과 갈등으로부터 그 원인인 집을 알아차리게 되면, 그와 반대로 자율적이고 원만하고 완성된 흐름으로 가게 하는 힘이 저절로 일어납니다. 우리가 어떻게 생각하든지, 우리의 삶은 내부적으로 모순이 없고 편안한 흐름 속에 있기 때문입니다. 우리의 삶은 조화로운 상태인 연기실상의 영향력을 받아서, 부조화 상태인 현실에서 오는 신호를 받아 조화로운 상태로 돌아가려고 합니다. 이것은 법계등류法界等流인 연기실상의 생명흐름 때문이며, 이 힘에 의해서 삶이 조화롭게 될 수 있습니다.

곧 긴장과 갈등이 있는 곳에 법계등류의 힘이 함께 흐르기 때문에, 눈을 돌리기만 하면 우리의 삶을 그 자체로 보는 힘이 커집니다. 그래서 지금까지 허구적이고 인위적이며 배타적이며 타율적인 삶들이 없어져 갑니다. 그리하여 우리의 삶을 생성과 소멸, 그 밖의 다른 여러 가지 요소들과 함께 어우러진 흐름으로 보게 됩니다. 이러한 마음이 됐을 때 비로소 분별과 불만족은 없어집니다. 스스로 자신의 마음을 열게 되면 세계도 또한 열리게 됩니다. 이와 같이 열린 마음을 지혜라고 합니다.

다른 삶들과 관계 맺음의 연기 속에서 개별의 나툼을 여실히 지켜보지 못할 때, 순간적으로 일어나는 하나하나의 삶의 모습을 추론하여 그 내적인 근거를 설정하고 그것을 자아라고 잘못 인식하는 사량, 곧 추론의 식장인 제7식에서 작용하는 네 가지 마음작용이 아치我癡·아견我見·아만我慢·아애我愛입니다. 이 마음작용의 근거는 나입니다.

술어인 '사랑' 등은 주어인 '나'를 빼놓고는 이야기할 수 없습니다. 앞서 '여실히 지켜보지 못할 때'라고 한 것은 바로 이 '나'가 무엇인지를 명확하게 알지 못한 것입니다. 지금 일어나고 있는 낱낱의 흐름을 부정하는 것이 아니라 그 흐름의 주체로 여기고 있는 '나'라는 것이 과연 정당한 인식의 근거인가라고 묻는 것이 '지켜본다'는 뜻입니다. 이와 같은 지켜봄이 없을 때 인식주체로서의 '나'를 세움과 아울러 흐름의 순간순간 현행하는 모든 것들에 대해서도 실체로서 '무언가'를 세우게 됩니다.

주체인 것과 주체에 소속된 어떤 것들도 주체만큼이나 실재하는 것으로 인식한다는 것입니다. 이와 같은 인식작용의 근거가 제7식, 곧 의입니다. 그러나 의가 잘못되고 허망한 인식근거로 존재하는 것은 생각이 일어난 순간순간의 흐름에 깨어 있지 못했을 때 의의 작용 가운데 현행의 낱낱이 다른 것과 다름으로써 이해되는 것을 실재한다고 반성 없이 받아들인 데 있습니다. 앎이란 어떤 것의 실체를 아는 것이 아니라 다른 것과의 차이를 아는 것이기 때문입니다.

여기서 보면 우리의 삶에 있어서 의의 작용의 중요성을 알게 됩니다. 다만, 깨어 있지 못했을 때 상대적 차이를 존재의 실성으로 이해하고, 나아가 존재 자체가 독립적인 실체로 존재하는 것처럼 여기는 데에 문제가 있습니다. 존재하는 어떤 것만이 아니라 그를 서술하는 낱낱, 예를 들면 '아름답다'라는 것조차 '아름다움'이 실체로서 존재하게 되는 것이지요.

이와 같이 인식주체나 인식대상으로서의 주체, 나아가 아름다움, 미움 등을 실체시 하는 힘이 사제四諦에서의 집集입니다. 이 집에 의해서 전6식이 현실생활에서 가지가지로 고苦를 불러일으키게 되니, 삶의 고는 어떤 것을 고정된 실체로 보려는 힘 때문입니다. 그 근본은 무명, 곧 나와 나의 소유에 대해서 무지하기 때문입니다.

보통 우리는 죽는 것은 싫어하고 태어나는 것을 좋아하지만, 태어남이 죽음의 원인이 되기 때문에 기뻐할 일만은 아닙니다. 삶과 죽음을 함께 보지 못하고, 삶은 기쁜 것, 죽음은 슬픈 것이라고 고정시키는 것이 우리의 삶이며, 이것 때문에 지금 일어나고 있는 삶을 제대로 보지 못하게 됩니다.

이와 같이 삶을 제대로 보지 못하고 삶의 주체로서 나를 아는 것이 곧 나를 모르는 것이며, 자기 삶에 대해서 무지한 것입니다. 이를 아치我癡 라고 하며 진정한 깨달음의 삶을 보지 못하는 것이지요. 그리고 그런 삶 속에서 '나와 너'의 개념이 생기는 것, 곧 '내가 있다'는 것이 아견我見입 니다. 그리고 '나는 잘났네, 너는 못났네' 하면서 나를 감싸는 것이 아애我愛

며, 서로서로 비교하는 가운데에 자신을 높게 세우는 것은 아만입니다.

아만我慢이 사회적으로 나타난 것이 집단적 아만으로서 직업이나 자리 등을 내세우는 것입니다. 사회의 집단적 아만에 의해 삶이 왜곡되고 사회적 무지에 의한 잘못된 가치추구의 삶으로 흘러가는 것이 현재의 우리입니다. 사회적 무지에 의해 자신과 타인을 비교해서 우위를 차지하려는 일을 열심히 하면 부모님과 선생님이 좋아합니다.

사회가 그 사람을 그렇게 살도록 밀어 주는 힘이 집단적 자아이며 증자증분證自證分입니다. 이 집단적 자아에 의해 개인이 최면에 걸리고, 개인적 자아에 의해 집단적 자아를 만들면서 서로가 동시대적 무지를 이끌고 있습니다.

내가 어떤 견해를 세웠습니다[自證分]. 그런데 다른 사람과 그 사회가 집단적으로 나의 견해를 긍정합니다[證自證分]. 삶은 자신이 인정하는 것[自證分]과 배후에 그 사회가 공통적으로 인정하는[證自證分] 데로 같이 흘러가고 있습니다. 따라서 아치·아견·아만·아애는 개인에게만 해당되는 것이 아니라, 그 사회가 공통적으로 안고 있는 제7식의 불만족스러움을 대표적으로 나타낸 것입니다.

사회가 전체적으로 가지고 있는 아견·아치·아만·아애가 증자증분의 역할을 하면서 역사의 힘으로 우리에게 다가오고, 우리는 거기에 충실히 따라갑니다. 이것이 삶을 이원화시키는 힘으로서 이때는 이원화되지 않는 삶에 대해서는 전혀 알지 못합니다. 그러나 살다 보면 우리의 삶이 이상할 때가 있습니다. 이때가 삶을 옳게 보게 되는 시점입니다. 실제로 '내가 훌륭하고 잘났다'라고 여기고 있지만 아치·아견·아만·아애, 그것은 자기 자신을 제대로 보지 않고 타자화시켜서 스스로 멀어져, 자기 자신을 등지는 모순에 놓여 있게 합니다. 스스로 자기 자신이 아니도록 만드는 이율배반적인 모습입니다.

이원화·타자화시키는 것이 제7식이 가지고 있는 힘입니다. 그러다 어느 날 보니까 문제가 생깁니다. 중년이 되어 이제 자기 자신을 돌아볼 때가 되니까 '무엇인가 문제가 있다'라고 생각합니다. 이때 삶을 명철하게 뚫고 관찰하는 힘이 있는 사람은 이 문제점이 보리, 깨달음으로 가는 역할을 하지만, 그렇지 않으면 업의 흐름으로 가서 '이것이 아닌데' 하면서 살게 됩니다. 이것도 저것도 아니면 자기의 삶에 대한 부정과 타자화로 허무가 극대화되어 미쳐 버리기도 합니다. 이런 제7식은 출세도에는 없다고 했습니다[出世道無有].

세상이라는 것은 넓은 것 같지만, 실은 '나 하나의 삶'인 좁고 닫힌 삶입니다. 나 하나의 삶 가운데서도 생과 사, 생성과 소멸 등 여러 가지 구조를 절대화시켜 버리는 것이 중생의 삶이기 때문입니다. 그런데 어느 날 보니까 불만족스러운 일들이 일어나게 되어, 그런 생활에서 근본적으로 벗어나는 방법을 찾게 됩니다. 이와 같이 세상을 벗어나는 길을 가다가 참된 삶의 흐름인 예류과預流果에 들어가서 살아가는 것이 출세도입니다.

출세도出世道로 가는 길이 팔정도입니다. 팔정도를 줄이면 계정혜戒定慧입니다. 계[戒:정어·정업·정명]는 밖으로 드러난 행동이나 말 등에서 자기 자신을 지켜 내는 것입니다. 예를 들면 말을 할 때 그 말을 명철하게 돌이켜 열린 삶의 말을 하는 것입니다. 우리가 지금 마음으로 생각하고 몸으로 활동할 때, 타율적이고 배타적이고 모순의 흐름으로 가는 대신에 열린 세계로 가게 하는 밖으로 드러나지 않는 고요한 힘을 정[定:정정진·정념·정정]이라 합니다. 이를 통해서 밖으로 드러난 말과 행동에서 자비심을 키워 가면 계가 완성되어 갑니다. 그러면 혜[慧:정견·정사유]가 생겨서 우리를 묶고 있는 견해로부터 자유롭게 됩니다.

무명이란 삶을 '생과 사로 이분화'시키는 힘입니다. 아라한이 되었을 때 생성과 소멸을 총체적으로 보는 힘이 분명해집니다. 그전에는 계속적으로 삶을 이분화, 삼분화시키고, 자신과 세계를 불만족한 상태로 만들어 갑니다. 곧 자신과 세계가 서로 어긋나 있기 때문에, 저절로 그 가운데 부딪힘이 있고 괴로움이 일어나는 것입니다. 이런 것이 커진 것이 집단적 자아이며, 집단적 자아가 가장 강렬하게 표출되는 것이 종교전쟁이나 국가간의 전쟁입니다.

개인적 자아가 자증분自證分의 형태로 항상 나타나고 있습니다. 기성세대가 어린이였을 때와 지금 커 가고 있는 어린이들을 비교해 봅시다. 어떻게 커 왔고 어떻게 커 가고 있습니까? 역사의 흐름에서 삶의 허무와 부정에 의한 구속적인 일들이 끊임없이 일어나 그들에게 증자증분證自證分으로서 심어져 왔으며, 다시 그들의 구속적 자증분이 되고 있습니다.

우리의 아치我癡·아견我見·아만我慢·아애我愛 속의 삶이 끊임없이 다른 사람들에게 영향을 주고, 나아가 사회환경에도 영향을 주면서 스스로도 불편할 뿐 아니라 이웃의 불편을 만들고 있으며, 민족이나 종교, 그 밖의 다른 것에 의한 집단적 자아에 의해서 갈등과 전쟁 등으로 인한 불편함이 계속되고 있습니다.

이러한 것은 누가 해결합니까? 이 지구상에 많은 성인이 나타났으나, 그 성인에 의해서 인류 전체가 동시에 편안해진 시기는 한번도 없었습니다. 그분들에 의해 인류가 동시에 구원될 수 있는 것은 아닙니다. 그것은 한 생각이 일어난 순간에, 자기 자신을 열린 마음으로 바꾸어 가는 노력에 의해서만 이루어집니다. 성인들의 외연外緣은 열린 만큼 이해되고 이해된 만큼 같이합니다. '자기 생각을 관찰하는 힘이 있느냐, 없느냐'에 따라서만 삶의 문제가 해결됩니다.

3장. 삶을 나누는 힘·제2능변

5. 다음은 두 번째의 능변식으로 말나라고 이름 하는 식입니다.
이 식은 아뢰야식을 의지하고 그것을 반연하면서 작용하는데,
사량이 자성이면서 활동내용입니다.

次第二能變 是識名末那 依彼轉緣彼 思量爲性相

다음은 두 번째의 능변식能變識인 말나[意]라고 이름 하는 식입니다.
능변이란 스스로 변화·조작하는 힘을 갖고 있다는 뜻입니다. 말나식은
제8식에 의지합니다[依彼]. 제8식의 견분을 반연하여 자아로 삼으면서
흘러갑니다[轉緣彼]. 제8식이란 '우리에게 총체로 드러난 삶의 장'입니다.
이 삶의 장場 속에서 가지가지가 얽히고 섞여져 있는 것을 주객대립의
흐름으로만 보는 힘을 말나라고 합니다. 그것은 본질상 삶의 진실에
접근하지 못하고, 개념이나 관념의 구조로만 파악되기에 사량思量을
근본으로 한다고 합니다. 사량으로써 하나 된 삶을 '나와 나의 것'으로
보게 된다는 뜻입니다. 나와 나의 것이 독립된 실체로 있는 것이 아니라,
다만 생각에 의해서만 있다는 것입니다.

6. 말나식은 아치·아견·아만·아애의 네 가지 번뇌와
항상 같이하며, 그 밖에 촉 등의 5변행심소 등과도 함께 작용합니다.

四煩惱常俱 謂我痴我見 幷我慢我愛　及餘觸等俱

말나식은 네 가지 번뇌와 항상 같이합니다[四煩惱常俱]. 사번뇌는 아치·아견·아만·아애입니다. 자아가 있게 되면 동시에 타인이 있게 됩니다. 자타가 분별되면서 서로 대립된 세계가 제7식의 장에서 일어난 것입니다. 분별대립이 없어지면, 자아도 없고 타인도 없어져 청정세계가 됩니다. 자아에 의해서 타인이 있기 때문에, '개인과 사회를 동시에 바꿔가야 할 의무가 어디에 있느냐'를 생각해야 합니다. 수행을 한다면서 다른 사람을 모른 체하면 안 되는 것은 사회적 아치社會的 我癡와 개인적 아치個人的 我癡가 항상 같이하기 때문입니다. '촉觸 등과 같이한다'는 말은 말나식이 사번뇌하고만 상응하는 것이 아니고, 마음작용이 있는 곳에 항상 있는 심소인 변행심소가 제7식의 장에서도 항상 일어나고 있다는 것입니다[及餘觸等俱].

7. 말나식은 유부무기이며 사량으로 세워진 아법에 의해서
스스로 얽매여 있으나 아라한과 멸진정 그리고 출세도에는 없습니다.

有覆無記攝　隨所生所繫　阿羅漢滅定　出世道無有

유부有覆란 '덮는다'는 말입니다. 제행무상諸行無常·제법무아諸法無我·일체개고一切皆苦·열반적정涅槃寂靜의 참모습을 덮기 때문입니다. 비록 고정된 실체의 개념이나 관념이 있다고 해도, 실제로 우리 삶의 흐름은 무상無常입니다. '고苦'라고 하는 말은 무상·무아의 또 다른 표현입니다. 삶이 우리 앞에 펼쳐져 있습니다. 펼쳐진 삶의 흐름 속에 들어가서 성인이 될 수 있는 것은, 우리의 삶 속에 성인의 모습이 같이 흘러가고 있기

때문입니다.

지금의 우리 흐름이 불만족스럽고 들떠 있지만, 본질적인 삶의 흐름 자체는 바로 무상·무아로서 유식성의 흐름과 더불어 함께합니다. 우리에게 드러난 삶의 불만족스러움을 극복하는 것은 제8식의 흐름인 현행기운에 의해서입니다. 제8식의 본질은 무부무기無覆無記로서 무상이나 무아를 덮지 않습니다. '무상이나 무아를 덮지 않는다'는 말이 무부無覆입니다.

그런데 의가 흐름을 고정시켜서 무상無常을 상常으로 여기고, 무아無我를 아我로 여깁니다. 진실된 삶의 흐름과는 달리 흐름을 덮어 삶을 아·법으로 고정시키는 것이 유부有覆입니다. 그러나 이것이 삶을 덮어서 왜곡시키긴 하지만, 아직 선악시비 같은 형태로 나타나지는 않습니다. 단지 선악시비를 조장하는 기본 바탕인 왜곡된 흐름이기 때문에 무기無記라고 하는데, 무기란 '선이나 악으로 기록되지 않는다'는 의미입니다. 선악이 밖으로 드러난 것은 아니기 때문에 유부무기有覆無記라고 하며, 이 흐름이 제7식입니다.

제6식이 일어나서 선이나 악의 행위를 할 때에, 그 바탕에는 '나와 너'와 '싫음과 좋음'이라고 하는 구조적인 아我와 법法의 분별이 숨어 있습니다. 고정된 실체는 선악을 일으키면서 현재의 삶에 미래의 삶과 과거의 삶을 연결하는 바탕이 됩니다.

개인과 사회는 아와 법의 고정된 실체를 바탕으로 살아갑니다. 아와 법은 만들어진 허상이며[所生], 우리는 이 허상에 의해 얽매여 있습니다[所繫]. 우리는 제7식의 '아법분별의 허상에 얽매여 살고 있다'는 말입니다. 이런 삶의 결과와 원인인 자증분과 증자증분의 힘이 끊임없이 우리에게 영향을 주고 있습니다. 그런 속에서 우리가 살아가기 때문에 변행심소도 제8식에서는 본질은 덮지 않는 작용을 하지만 제7식에서는 본질을 덮는 작용을 갖게 됩니다. 심소의 이름은 같지만 내용은 다릅니다. 아·법의 만들어진 허상[所生]과 허상에 얽매여 있는 삶을 따르는 것[隨所生所繫]은 타율적이고, 배타적이며, 불완전한 삶입니다.

말나가 작용하지 않는 곳은 아라한위阿羅漢位·멸진정滅盡定·출세도出世道입니다. 아라한에서 근본무명이 없어지므로 아상我相은 저절로 없어집니다. 멸진정은 욕계·색계·무색계의 선정 체험을 넘어섭니다. 색계 선정이 몸과 마음이 청정해지는 단계라고 한다면, 무색계는 몸의 기운은 전혀 없고 오직 마음만의 세계를 경험하는 청정한 상태입니다. 나아가서 멸진정에서는 몸과 마음이 완전히 멸하는 상태로서, 아상我相이 없어지므로 말나도 없습니다. 출세도에는 없다[出世道無有]란 출세도에 말나가 없다는 것입니다. 출세도란 세간의 중생을 넘어[出世] 성인의 길로 들어섰다는 말입니다. 예류과預流果·일래과一來果·불래과不來果·아라한과阿羅漢果가 곧 성인의 삶입니다.

성인의 첫길인 예류과에 들면 명철한 통찰력으로 무아를 경험합니다. 제7식의 본질인 아법의 분별이 허망한 것을 확실히 경험합니다. 예류과에서는 근본무명과 타고난 분별의 힘이 완전히 없어지지 않아 탐진치심이 일어나기는 해도, 바로 그 생각의 흐름을 바꿔서 참된 삶의 흐름으로 가게 합니다. 한 생각이 일어나는 순간 타고난 구생기번뇌가 일어나기는 하지만, 현행분별기로 가지 않고 바로 번뇌가 없어집니다. 마음이 일어나는 처음의 모습을 보기만 하면 행의 흐름이 바뀝니다. 아라한에 이를 때까지 수행방법은 같습니다.

한 생각이 일어났다가 사라져 가지만 일어남과 사라짐이 간격 없이 연속적으로 느껴져서, 현상은 다르지만 무엇인가 연속적인 것이 있는 것처럼 여기게 됩니다. 그러나 관찰력이 깊어져서 처음 일어나는 순간을 보게 되면, 연속적으로 보이는 것이 생각에 의해 만들어진 허상일 뿐 실체가 없다는 것을 확실히 알게 됩니다. 곧 무아를 알게 되면 '현상의 연속이 아니라 생성소멸의 상속'을 보게 됩니다.

수행 방법 중에 호흡 관찰이 있습니다. 호흡의 흐름을 정확하게 관찰하여, 숨을 쉴 때 길면 긴 대로, 짧으면 짧은 대로 숨의 흐름을 지켜봅니다. 생각이 다른 곳으로 가 버리면 그때에는 간 곳에 집중을 시킵니다. 생각 속에서 누구를 만났으면 '만남'이라고 하는 인식의 장을 대상으로 합니다. 그러다가 다시 호흡을 대상으로 합니다. 주된 관찰대상을 호흡으로 하되 '몸과 마음에서 일어나는 모든 것'이 대상이 됩니다. 즉 호흡 이외의 대상이 강하게 나타나면, 그것을 대상으로 하다가 다시 호흡을 대상으로 합니다. 호흡이 멈춰 있을 때는 '멈춰 있음'이 대상입니다. 이것을 아나빠나사띠[Ānāpāna-sati, 出入息念]라고 하며 염처수행念處修行 방법 중의 하나입니다.

염처수행은 팔정도 수행 중 정념正念수행, 육바라밀 중 반야바라밀에 해당되며, 이를 위빠사나라고 합니다. 수행의 특징은 흐름에 대한 관찰로써 불교의 깃발인 무상·무아·고를 볼 수 있는 방법입니다. 일상생활 가운데 고요히 앉아 있을 때는 호흡을, 걸을 때는 발의 감각을, 생각이 일어날 때는 생각을 주된 대상으로 합니다. 즉 수행 순간이 바로 삶의 활동 순간으로서, '순간의 활동에 명철하게 깨어 있는 것'이 염처수행의 특징입니다.

● 인식체계로서의 사분설에 대해 설명해 주십시오.

사분설四分說은 단순히 인식체계만 의미하는 것이 아니라, '연기의 본질'을 이야기하는 것입니다. 우리 몸을 예로 들면 차를 마시기 전과 마신

후는 다른 몸이라는 것입니다. 같은 내가 차를 마시거나 물을 마시는 것이 아니라, 물을 마실 때의 '나'와 차를 마실 때의 '나'는 다른 '나'라는 것입니다. 인식의 장이 성립되었다는 것은, '인식주관과 인식객관이 서로 영향을 주면서 변하고 있다'는 것입니다. 꽃을 볼 때의 눈과 컵을 볼 때의 눈은 다릅니다. 눈에 비춰지는 꽃과 그렇지 않은 때의 꽃은 다른 꽃입니다.

안식의 장이 성립되면 눈도 꽃도 변하면서 그 관계도 변하는데, 이러한 변화는 만남의 조건에 의한 장의 이동으로써 생기게 됩니다. 일반적으로 이 변화는 연기관계인 조건의 범주에서 상사相似한 이동을 합니다. 그러나 상호관계가 갑자기 변할 때는 예상을 뛰어넘는 변화를 하지만, 그것도 만남의 조건에 따라 다르게 됩니다. 이와 같이 우리 삶의 매순간의 변화는 상사相似 속의 다름이거나 혹은 전혀 다른 이동을 합니다.

유식에서 기본적으로 세상을 보는 관점은 식입니다. 식이라는 것은 인식주관과 인식대상이 맞물려서 어우러져 있는 장입니다. 둘 중에 어느 하나만 없어도 식이라는 현상은 일어나지 않습니다. 눈이 없는 색이 없고 색이 없는 눈이 없으며, 눈과 색은 안식眼識의 장에서 '하나 된 흐름'입니다. 눈을 감으면 안식의 장은 없으나, 제8식의 집수에 의해서 다음 눈을 뜰 찰나에 안식의 장이 이루어질 수 있는 관계를 지속시킵니다. 제8식의 상분 중 하나인 종자가 현행하여 그와 같은 관계를 이루는 것입니다.

인식주관과 인식대상은 하나 된 흐름 속에 놓여 있기 때문에 주관을 대상에서 떼어 낼 수 없고, 대상을 주관에서 떼어 낼 수 없습니다. 떼어 낼 수 없는 '하나 된 식장의 흐름'을 안혜 논사安慧論師는 자체분自體分이라 했습니다. 즉 연기실상은 자체분일 뿐이라는 말로서 일분설一分說입니다.

하나 된 식장에는 인식주관과 인식객관이 서로 맞물려 있습니다. 이 식장 속의 인식주관을 견분見分, 인식대상을 상분相分이라고 합니다. 이 두 가지가 식장을 형성하면서 인식이 끊임없이 일어나고 있습니다. 견분과 상분은 하나 된 식장에 있지만 견분은 견분대로의 흐름, 상분은 상분대로의 흐름으로서 내용이 서로 다른 흐름입니다. 즉 하나 된 식장이지만, 이것은 견분과 상분이라는 두 흐름에 의해서 형성된 장이라고 봅니다. 따라서 연기실상은 '견분과 상분관계의 흐름'이라고 보는 것이 난타難陀 논사의 이분설입니다.

견분과 상분이라는 서로 다른 두 변화의 흐름은 그것이 상대해서 나타나는 인식의 결과에 의해 알게 됩니다. 그러나 결과는 견분에 속하는 것도 아니고 상분에 속하는 것도 아닌 하나의 다른 흐름으로서, 견분과 상분이 만나서 만들어진 새로운 흐름입니다. 하나 된 인식의 장은 이와 같이 서로 다른 셋에 의해서 유지된다고 봅니다.

인식의 결과는 전찰나의 견분과 상분의 화합이지만, 이것은 바로 후찰나의 견분과 상분에 영향을 주어 그 흐름의 내용을 바꾸면서 새로운 후찰나의 인식결과를 만들어 갑니다. 이 인식의 결과를 자증분自證分이라고 이름합니다. 자증분이란 말은 전찰나의 셋[견분·상분·자증분]의 관계와 후찰나의 셋의 관계를 스스로 증명한다는 말입니다. 전찰나의 견분과 상분의 결과가 후찰나에 영향을 주면서, 후찰나의 견분과 상분이 전찰나의 결과를 이어받아 전후에서 스스로를 긍정하는 흐름이라는 뜻입니다. 즉 견분과 상분과 그 관계에서 파생되는 결과는 서로 다른 흐름으로 보아, 하나의 식장을 셋으로 나누는 것이 진나陣那 논사의 삼분설三分說입니다.

앞에서 위와 같은 내용은 연기관계인 실상의 흐름에서 이야기한 것이라

132

고 했습니다. 전찰나와 후찰나의 관계, 매찰나 상호관계인 자증분自證分은 전찰나와 주변으로부터 영향을 받으면서 흐릅니다. 자증분은 전후찰나의 인식결과의 다름과 같음, 주변의 영향으로부터의 다름과 같음이라는 이중구조 속의 인식결과입니다. 전후찰나의 시간적인 인식결과와 동시에 주변의 공간적인 인식결과가 상호관계하고 있는데, 관계의 중심점에 있는 결과는 자증분이요, 주변의 연緣으로부터 파생된 결과는 증자증분證自證分입니다.

한 인식결과가 일어나면 스스로 그것을 긍정하고[自證分:전찰나의 결과를 증명], 주변의 동시대 사람들도 그것을 긍정합니다[證自證分]. 한 인식은 자신과 주변이 동시에 긍정할 수 있는 두 힘의 결합으로서, 자신이 긍정하는 것은 자증분이요, 주변이 긍정할 수밖에 없는 자증분 안의 흐름은 증자증분이 됩니다. 하나의 식장은 인식주관과 인식객관, 인식결과인 자증과 증자증이라는 네 가지 요소로 나누어지며, 이들이 흐르는 관계가 식장에서 보는 연기관계라는 것이 호법護法 논사의 사분설四分說입니다.

위와 같은 네 가지 설은 '식의 연기관계'에 대한 설명이지 단순한 인식체계가 아닙니다. '인식 자체를 삶의 전체'로 보아 식을 자체, 이분, 삼분 혹은 사분의 연기관계로서 보고 있는 것입니다. 특히 지난 역사와 현 시대의 공간에서 인식의 공통범주를 나타내는 증자증분證自證分의 내용은 곧 중동분衆同分이 됩니다.

연기관계가 전체 삶이기 때문에, 인식주관과 객관 등을 분리시켜서 독존적 요소로 봐서는 안 됩니다. 그러나 우리는 관계를 잊고 '하나 속의 나눔을 보지 못하는' 중생입니다. 이와 같이 생각 속에서만 나누어지는 것이 사량思量입니다.

● 식변에 대해 말씀해 주십시오.

식변識變이란 말은 '인식의 장에서의 변화'라는 말입니다. 사분설의 대답에서 이미 이야기했듯이, 견분과 상분이 함께하고 있는 인식의 장을 부득이 나누면 견분과 상분이지만, 이것은 선후의 관계는 아닙니다. 이 장 속에서 서로 영향을 받으며 변해 가기 때문에, 장의 내용이 순간순간 바뀌어 갑니다. 전후찰나의 상속인 시간과 관계의 장인 공간에서 앎의 장이 변해 가는 것입니다. 이미 이루어진 장의 내용이 다음 장을 결정하는 가장 큰 힘이 됩니다. 분별된 현상이 지속적으로 분별을 만들어 가는 식장의 변화는 중생의 번뇌의 흐름이요, 여래는 일체지一切智, 무분별지無分別智의 흐름입니다. 분별과 번뇌의 흐름을 무분별지의 흐름으로 바꾼 것을 전식득지轉識得智라고 합니다.

5강

참으로 열린 삶

1장. 행行을 닦기[修], 수행

『금강경』에 '형상이나 소리[언어의 의미체계]로 여래를 구하는 사람은 잘못된 길을 가는 것으로 여래를 볼 수 없다[若以色見我 以音聲求我 是人行邪道 不能見如來].'라는 구절이 있습니다. 여기에서 여래를 석가모니 부처님 한 분의 고유명사라고 생각해서는 안 됩니다.

자신의 참모습을 회복했을 때 누구라도 부처님이기 때문이며, 여래란 '어느 시대에 있어서나 깨달음으로 살아 있는 분'이라는 뜻이기 때문입니다. 그래서 여래라고 하는 말은 부처님이 '그 시절에 잘 왔다'고 하는 의미와 '이 시대에 있어서도 잘 왔다'라는 의미가 됩니다. 어느 시대에 있어서나 '우리의 참모습이 바로 여래如來'라고 하는 것입니다. 여如는 참으로 평온한 연기실상의 세계에서 함께 흐르는 동반자로서 자기 자신의 모습이기 때문입니다.

그런데 이런 여래의 모습을 우리가 만일 색[형상]으로써 보려고 하거나, 소리[언어]로써 들으려고 하면 잘못된 태도입니다. 이는 색과 소리의 구속력에 의한 왜곡이기 때문입니다. '색色을 통해서 여래를 본다'고 하는 것은 구체적으로 결정된 형상이나 인종을 통해서 또는 남녀의 차별을 통해서 완성된 자기를 보려고 하는 태도입니다. 민족의 모습으로 소유를 키워 가는 형상의 구속으로부터 오늘날 많은 전쟁이 일어나고 있습니다.

또 가지가지 이념이나 주의주장을 통해서 여래를 보려 함은 언어의 구속을 벗어나지 못합니다. 이런 사람들은 자신의 참모습을 볼 수 없습니다. 그 사회가 가지고 있는 인종이나 사상체계 속에 여래를 매몰시켜서, 결정적으로 자기 자신을 보지 못하게 합니다. 그와 같이 어떤 형상이나 사상 등에 의해서 자기 자신의 참모습을 보려고 하는 것은 헛된 일이라고 이야기합니다.

형상과 언어의 구속이 구체화되면, 계급간의 우위나 집단적 열등감을 형성시킵니다. 이와 같은 구속이 곧 법으로서 어떤 범주를 결정하여 '삶을 왜곡시키는 일차적인 의미체계'입니다. 실제의 삶이 아닌 어떤 의미체계 속에서 우리를 살게 만드는 것을 법이라고 합니다. 여기서 말하는 색[형상]과 음성[말, 언어]으로써 우리를 구속하는 것이 법의 의미체계에 해당하며, 곧 삿된 길[邪道]입니다. 삶의 본래 모습에는 우월감이나 열등감이 있을 수 없는데도 불구하고, 인위적인 사량분별의 나눔에 의해서 도리어 여래의 참모습을 볼 수 없게 됩니다.

우리 삶의 본질인 여래의 모습을 보지 못하고, 법의 의미체계 속에서만 작용하는 것이 의의 흐름으로서, 우리 중생의 범주를 결정하는 힘입니다. 이 힘이 자기 내부로 작용할 때 제7말나라고 하는 의로서 자아의식을 그 내용으로 하는 의意의 장이 됩니다.

이때도 의는 독립된 것이 아니라, 상분으로 제8식의 견분을 취하여 작용하고 있습니다. 의가 법이라는 의미체계를 상분으로 취해 작용했을 때 제6의식이라고 하는 장을 형성하는 것과 같습니다. 그러나 제8식의 견분과 상대하는 의와 제6식에서 법을 상대한 의는 동일한 의가 아닙니다. 왜냐하면 제7식의 견분으로서의 의가 상분인 제8식의 견분에 독립되어 따로 있는 것이 아니라, 단지 제8식의 견분을 보고 자아의

식, 즉 아애·아만·아치·아견을 끊임없이 일으키는 흐름일 뿐이기 때문입니다.

마찬가지로 법法이라는 의미체계에서 독립된 제6식의 견분으로서의 의라는 것이 따로 있는 것이 아닙니다. 우리 중생의 삶은 의가 법이라는 의미체계와 상대해서 지속적으로 흘러가는 의식意識의 분별만 있기 때문에 의미체계 속에서 의나 법을 따로 떼어 낼 수 없습니다.

이와 같이 서로 다른 만남의 장이 이름을 달리하면서 흐르기 때문에 제7식으로 제6식으로 부르는 것이지, 동일한 말나가 제7식과 제6식에 똑같이 작용하는 것이 아닙니다. 이 둘은 서로 다른 흐름이지만, 단지 구속력에 의해 제6식과 제7식이 서로 영향을 주고받으면서 분별과 갈등을 더욱 굳게 하는 것입니다.

법法을 '스스로의 특성을 갖고서 그것으로 사물에 대한 이해를 하는 것[任持自性 軌生物解]'이라고 했습니다. 자성이란 앞에서 말한 색色이면 색, 성聲이면 성이라고 하는 독립된 의미체계를 의미합니다. 따라서 색과 소리는 서로 다릅니다. 소리는 소리라고 하는 어떤 범주를 결정짓는 힘을 가지며, 색은 색이라고 하는 의미를 결정짓는 힘을 가지기 때문에, '색과 소리는 다르다'라고 할 수 있습니다. 그것은 색과 소리가 서로 다른 특성을 가지고 있기 때문이며, 이와 같이 서로 다른 특성을 자성自性이라고 합니다. 우리는 이러한 자성을 한결같다고 여겨서 판단의 척도로 삼아 사물에 대한 이해[物解]를 합니다.

궤軌라는 말은 두 줄의 철로가 나란히 계속되어 있는 모습과 같습니다. 그와 같이 어떤 현상을 보기만 하면 우리는 늘 똑같은 생각을 일으키게 됩니다. 예를 들어 '부처님'이라는 소리를 들으면 누구나 부처님에 대한 형상을 연상하게 되는데, 그것이 법의 궤칙입니다.

우리가 어떤 현상을 보고 그것을 이해한다고 하는 것은 실은, 법의 의미체계에 따라 그 현상에서 하나하나를 독립시켜서 보고 있는 것입니다. 법은 우리의 삶 자체를 법화시키는 의의 분별에 의해서 나온 것이면서, 다른 한편 의意 자체를 한정짓게 됩니다. 곧 의의 법화는 상분을 한정지음과 동시에 스스로를 한정하는 것이지요. 이 의의 힘이 내부적으로 자기 자신을 다른 것과 독립시켜서 아애나 아치 등을 키워 가는 것은 제7식의 흐름이고, 법화된 것[法]과 의가 상대해서 만들어진 흐름은 제6의식이라고 합니다. 따라서 제6의식과 제7식은 상당히 비슷하지만 내용은 전혀 다른 흐름으로, 의를 독립된 요소로 파악한다면 생각에 의해 집착된[遍計所執性] 분별에 지나지 않습니다.

반드시 의意의 분별이 개재되어야만 법화가 일어납니다. 우리의 삶을 크게 나누면 18계가 되어 의계意界와 법계法界 등으로 나누지만, 이것은 나눌 수 있는 요소가 아닙니다. 의와 법이 만나서 이루는 의식계意識界라는 범주 속에서만 의와 법이 의미가 있는 것이지, 그것을 떠나면 의미가 없기 때문입니다.

이와 같은 만남이 있는 곳에 마음이 일어납니다. '마음이란 인식주관과 인식객관이 더불어 함께 작용하는 것'이기 때문이지요. 이 마음을 둘로 나누면 심왕과 심소가 됩니다. 만남이라는 장이 심왕心王이고, 여기에서 일어나는 여러 가지 마음의 작용이 심소心所입니다. 인식주관은 대상과의 작용에서만 파악되는데, 인식주관은 볼 수도 없고 들을 수도 없기 때문입니다. 보고 듣는 것은 이미 작용이 일어났고, 그것은 마음과 마음의 작용에 해당되기 때문입니다. 이와 같이 주관은 항상 대상과 같이 관계를 형성하고 있으며, 주의해서 수행하면 그 관계의 흐름을 알 수 있습니다.

우리 삶을 다섯 가지의 관계로 파악하는 것이 오온입니다. 오온五蘊이란 색·수·상·행·식입니다. 여기서 색[色蘊]이란 대상으로서 관계 속에서 분명히 드러난 형상 등 5근과 6경입니다. 식이란 만남의 관계이지만 그 만남의 속성이 변화인 만큼 전찰나와 후찰나가 서로 다르게 되며, 이 다름을 통해서 앎이 일어납니다. '앎은 작용이면서 동시에 식장의 내용'으로서 그것이 바로 식입니다.

심소란 식장의 작용으로 수受·상想·행行입니다. 우리 눈앞에 어떤 대상이 나타나면 그 대상을 받아들여서[受], 무엇인가를 연상시켜 눈앞에 놓게 됩니다[想]. 그리고 받아들일 때[受] 좋아함과 싫음과 덤덤한 심리상 태의 흐름이 있습니다. 받아들이고[受] 떠오른 대상[想]과 이미 어우러진 의식계의 범주 속에서 새로운 의지의 흐름·조작하고 움직이는 흐름, 갖고 싶은 흐름이나 버리고 싶은 흐름이 일어납니다[行].

우리가 마음집중을 한다는 말, 즉 수행을 한다는 말은 의지의 흐름[行] 을 닦는다[修]는 의미입니다. 상想까지 떠오른 상태에서 상의 흐름을 지켜보기만 할 뿐, 탐심이나 진심의 분별을 일으키지 않는 것이 상과 행 사이의 마음집중입니다. 그러면 우리 앞에 식과 수상受想이라는 관 계만 떠오릅니다.

수행을 계속하면 수受도 일어나지 않고 상想도 일어나지 않는 삼매현상 을 경험하게 되는데, 그것을 무상정無想定 또는 무수상정無受想定이라고 합니다. 이때는 심왕, 즉 식장의 흐름뿐으로서 수상이라는 심소가 식장 가운데 떠오르지 않습니다. 우리의 삶을 전체적으로 보면 무엇인가 있는 것처럼 보이지만, 마음의 작용은 텅 비어 있어서 타심통한 사람도 마음을 읽을 수가 없습니다. 견분과 상분의 교류관계만 있는 심왕에서는 심소가 일어나지 않더라도 항상 식계識界가 형성되어 있습니다. 이때는 식계라고 하지만 다른 것과의 비교해서 다름을 아는 분별인식이 사라지기 때문에 말로 하자면 앎의 장이지만, 앎이면서도 앎을 떠나 있습니다. 오직 전체로서의 앎만 있을 뿐입니다.

번뇌에는 구생기번뇌俱生起煩惱와 분별기번뇌分別起煩惱가 있습니다. 수상의 심소가 일어나서 행온으로 흐르기 전까지가 구생기번뇌로서 한 생각이 떠오른 상태입니다. 바로 전찰나까지의 힘에 의해 우리에게 드러난 상태입니다. 한 생각의 일어남[生]과 함께[俱]한다는 말입니다. 어떤 것을 결정하는 앎의 힘인 인식에 의해서 한 생각이 떠오를 때, 그것을 좋아하는 탐심貪心과 싫어하는 진심瞋心으로 작용하는 것을 분별기번뇌라고 합니다.

상상想과 행온行蘊 사이에서 번뇌를 지속시키기도 하고 번뇌를 단절시키기도 하는 작용이 일어납니다. 유전문流轉門과 환멸문還滅門의 흐름입니다. 유전문이란 무명으로부터 생노사生老死에 이르기까지 지속적인 번뇌와 갈등의 흐름입니다. 번뇌와 갈등을 위에서부터 끊든, 밑에서부터 끊든, 중간에서부터 끊어서 바꿔 가는 과정을 환멸문이라고 합니다. '상상想과 행 사이에서 어떻게 행을 이끌어 가는가'에 따라 유전문과 환멸문으로 달라집니다. 보통 상상想이 떠오르게 되면, 바로 거기에서 탐심貪心이나 진심瞋心으로 작용하는 것이 유전문의 흐름입니다.

이러한 번뇌 흐름의 근본이 되는 것은 바로 의와 법이 만나는 의식계意識界입니다. 아집我執과 법집法執에 의해서 내가 있고 또 나의 것을 만들려고 합니다. 내가 좋아하는 것을 나의 것으로 만들려는 탐심과, 싫어하는 것을 나의 것으로 만들지 않으려는 진심이 상과 행온 사이에서 일어나고 있습니다. 탐심도 나의 것이며 진심도 나의 것입니다.

지속적인 번뇌의 흐름이 있지만, 여기에 정신을 집중시킵니다. 정신을 집중시키다 보면, 어떤 현상이 올라와도 탐심이나 진심이 일어나지 않습

142

니다. 그냥 지켜만 보고 있으면 다른 것과 다른 것임을 형상하는 상온이 힘을 잃고 저절로 소멸해 갑니다. 탐심이나 진심으로 이끌어 가는 의지작용인 행온의 분별이 일어나지 않음에 따라 삶의 참모습으로 바뀌게 됩니다.

매순간 삶 전체의 모습이 전부 드러나기 때문에, 우리의 행온이 번뇌로 작용하면 번뇌의 흐름으로 가는 것이요, 수행의 힘으로 작용하면 고요한 흐름으로 가게 됩니다. 떠오르는 한 생각 속에는 여래의 청정본연淸淨本然의 모습과 번뇌의 모습이 함께하기 때문입니다.

수행의 힘이 커지면 번뇌에 묶인 생사의 힘이 약해집니다. 자기 소유를 키워 가는 분별력이 점점 약해지면서, 상온과 행온 사이에 일어나고 있는 '나와 나의 것'이라는 범주화의 분별이 약해집니다. 이것은 아주 쉽게 경험할 수 있는데, 정신집중이 되는 순간 그런 마음이 사라집니다. 그러다가 수행의 힘을 얻게 되면, '나와 나의 것'의 탐심과 진심이 일어날 때마다 바로 고요한 흐름으로 바뀌어 갑니다.

분별기번뇌分別起煩惱가 끊어지면 통달위[通達位, 見道]입니다. 통달위에 오르게 되면 청정의 힘이 굉장히 강해지고, 번뇌의 근원인 '나와 나의 것'이 없음을 보게 됩니다. 이렇게 무아를 확실히 볼 때부터 행行의 흐름이 번뇌 쪽으로 흐르지 않습니다.

그러나 구체적으로 몸과 마음을 가지고 있는 한 끊임없이 수상受想의 작용이 떠오릅니다. 통달위 이후로 수습위修習位에서 번뇌를 끊어 간다는 말은, 남아 있는 번뇌의 힘이 작용할 때마다 그 흐름을 청정한 흐름으로 바꾸어 구생기번뇌俱生起煩惱에 연료를 제공하지 않는 과정이란 말입니다. 이와 같이 통달위의 견도見道와 수습위의 수도修道가 이루어지면, 궁극적으로 욕계·색계·무색계의 삼계를 벗어납니다. 수행을 통해 삼계가 현재 우리의 삶 속에서 경험됩니다.

욕계欲界는 상과 행온 사이의 흐름이 늘 욕심으로 흘러가는 세계입니다. 한 생각이 일어나면 그것을 항상 탐심이나 진심으로 소유합니다. 항상 무엇인가를 소유하여 흘러가는 것을 욕계라고 합니다. 욕에는 선욕善欲과 악욕惡欲 두 가지가 있습니다. 선욕은 소유를 무소유로 바꿔 가려는 것이며, 악욕은 번뇌 쪽으로 흘러가려는 것입니다.

소유를 무소유로 바꿔 보려는 힘에 의해 상과 행 사이에서 일어나는 분별기번뇌가 사라지면서 마음이 고요하게 되면, 몸과 마음이 가볍고 편안하게 변하는 경안輕安 등을 경험합니다. 칠각지 중의 하나인 경안은 몸과 마음의 번뇌가 줄어들어서 가벼워진 것입니다. 가만히 앉아 있거나, 걸어가거나, 생각할 때마다 우리를 누르는 번뇌의 무거움이 가벼워진 상태로서, 몸과 마음이 욕계의 범주를 점점 벗어나는 것입니다.

그래서 가만히 앉아 있으면 몸은 있으나 그 범주가 현저하게 달라지는 상태를 경험하게 되는데, 그것이 색계色界에 대한 간단한 경험입니다. 이때의 색이란 청정하게 된 색입니다. 이때 지금까지 느끼지 못했던 현상들이 몸과 마음에서 일어납니다. 욕계를 벗어나서 색계가 현재의 삶 속에서 경험되는 순간들로, 그것을 부처님께서는 초선, 제2선, 제3선, 제4선이라고 하셨습니다. 이 욕계의 범주를 벗어나 제4선에 올라섰다 내려섰다 다시 올라섰다 하면서 번뇌가 모두 사라집니다.

어느 순간에 수受와 상想조차도 일어나지 않습니다. 이제 분별기번뇌 뿐만 아니라 구생기번뇌의 힘도 현저하게 줄어듭니다. 앎이라고 하는 장은 있지만 장 속에서 수나 상이 일어나지 않는 세계를 무상천無想天이라고 합니다. 제4선의 광과천인 무상천은 색계의 17천 가운데 하나로서 제4선까지 올라가 있기 때문에, 우리가 경험하기는 상당히 힘듭니다.

그런데 몸과 마음이 가벼워진 경안의 상태는 경험하기 쉽습니다. 높은 단계의 생존체험은 아니지만, 바로 색계의 어떤 부분을 경험하게 되는 것입니다.

지속적으로 수행을 하다 보면 몸이 가지고 있는 한계를 완전히 벗어나 전5식이 일어나지 않게 됩니다. 의식만 있어서 집중과 관찰은 계속됩니다[定中意識]. 서 있는 상태에서도, 걷고 있는 상태에서도, 몸을 통해서 일어나는 감각기능이 없어집니다. 그런 세계를 경험하면서 '우리의 삶이 마음만으로 살아가는 것'을 경험하는 것이 무색계입니다.

욕계에 살면서도 색계色界나 무색계無色界를 경험할 수 있는 것은 '상想과 행온行蘊 사이의 마음집중'을 통해서 가능합니다. 우리가 인간의 몸을 버리는 순간, 마음집중의 힘에 따라서 다음 생에 무상천이나 무색계에 태어날 수도 있습니다. 수행을 하면 현재 인간의 몸을 가지고 색계나 무색계를 경험할 수 있습니다. 이와 같은 것들이 수행하는 과정에서 경험되는 것은, 색·수·상·행·식의 작용 가운데 '상과 행온 사이에 마음집중과 관찰이 잘 됐기 때문입니다.

제6의식이란 바로 의와 법이 만나서 이루어진 세계입니다. 일반적인 의식의 세계는 의의 분별에 의해 삶의 범주가 결정되어 있기 때문에 갈등과 번뇌로 흘러가게 됩니다. 그러나 한 생각이 일어날 때마다 그 속에 삶과 죽음을 함께하는 근본모습이 같이 흘러가기 때문에, 청정세계의 모습도 아울러 일어납니다. 그 때문에 우리는 마음집중과 관찰을 통해서 깨달음의 세계로 갈 수 있습니다.

2장. 분별 속에 나타나는 선악시비·제3능변

8. 다음은 세 번째 능변식으로 여섯 종류가 있습니다.
이 식은 경계를 요별하는 것을 특성으로 하며
선과 불선과 무기에 다 통합니다.

次第三能變　差別有六種　了境謂性相　善不善俱非

제3능변식에는 여섯 종류가 있습니다. 이 식은 여섯 종류의 경계를 요별[了境]하는 것을 특성[性相]으로 합니다[了境爲性相]. 제3능변의 경계는 의의 고정화에 의해서 법화된 색·성·향·미·촉·법의 여섯입니다. 전5식의 경계는 형상 등이기 때문에 제6식의 대상인 생각만의 법과는 다르지만, 법의 범주를 크게 벗어나지 않습니다.

　형상[色]과 눈이 만나 안식의 장이 이루어지는 순간 바로 의가 가지고 있는 자타의 분별력을 수상受想이 동반합니다. 자타의 분별력은 법이라는 개념으로서 나타나는데, 예를 들어 붉은 색, 푸른 색이라고 하는 범주로 색깔을 개념화하는 것입니다. 색은 눈의 경계지만, 의에 의해서 고정화된 형상으로 표상된 것입니다. 따라서 우리는 색을 보는 것이 아니라 법화되어 고정화된 형상을 보는 것입니다. 이와 같이 형상[色]이 법으로, 소리가 법으로, 다른 대상들이 법으로 조작된 것과 형상[色] 등을 직접 대하지 않더라도 생각만으로 경계를 만들어 내는 것이 법에 속합니다.

의가 형상 등과 더불어 같이할 때도 법을 만들어 내고, 형상 등과 더불어 같이하지 않을 때도 법을 만들어 냅니다. 법은 자기 자신의 속성을 가지는 것[任持自性]으로서, 다른 것과 구별시켜 무엇인가를 알게 하는 힘[軌生物解]입니다. 그러므로 제3능변[스스로 식장을 변화시키는 세 번째의 식]인 전6식을 경계를 분별하여 아는 식[了別境識]이라 하여, 경계를 요별하는 것을 특성으로 한다고 했습니다.

제3능변식은 선과 불선과 무기[無記=俱非]에 다 통합니다. 『금강경』에 있는 '형상[色]이나 언어의 의미체계[聲]로써 여래를 보려는 자는 잘못된 길을 가는 사람으로 여래를 볼 수 없다[若以色見我 以音聲求我 是人行邪道 不能見如來]'라는 구절을 앞에서 이야기했습니다. 붉은 장미꽃에 들어 있는 붉음, 햇빛, 물, 단단함 등 여러 가지 요소들이 모인 총체적인 모습으로 삶을 보는 것이 아니라, 그 가운데 어떤 하나만을 떼어 내어 그것만으로써 세계를 보는 것이 잘못된 길[邪道]입니다. 개인이나 집단이 한 가지 척도로써 세상을 재고 소유를 늘리면서 탐진치 삼독과 상응하는 길을 가는 것은 착한 삶이 아닙니다[不善]. 잘못된 가르침은 아집과 법집으로 흐르도록 만들어 바른 삶을 살 수 없게 합니다.

아집과 법집으로 사는 삶으로부터 벗어나려는 노력을 바른 길[正道]이라고 합니다. 바른 길[正道]은 구생기의 수상受想에 대한 행온行蘊의 흐름을 면밀히 관찰하고 있는 상태입니다. 그러면 행온의 흐름이 공空·무상無常·무아의 힘으로 바뀌면서 아집과 법집이 없어져 개인과 집단의 소유가 없어집니다. 이것이 착한 삶[善]이며 공의 세계이며 열린 마음입니다.

색이 색법色法으로 변했다는 것은 색을 보는 우리의 인식이 일정한 틀로 고정화됐다는 것입니다. 색이 색법으로 변하면서 색 자체로부터도 소외되며 다른 것과의 관계에서도 소외됩니다. 색이 법으로 되는 것은 붉은 꽃 속에 들어 있는 푸름, 붉은 꽃 속에 들어 있는 붉음, 노란 것을 아울러 볼 수 있는 힘을 잃은 것입니다. 붉은 꽃이 가지고 있는 검붉음, 푸름, 햇빛과의 관계, 물과의 관계를 놓친 것입니다.

각각의 관계에 의해서 가지가지 형상으로 나타난 모습은 열린 세계인데, 법화[고정화]되면서 관계가 단절됩니다. 형색을 보는 우리의 인식이 형색과 단절되면서 인간과 인간, 인간과 환경과도 단절되게 됩니다. 이와 같이 삶이 이중, 삼중으로 단절되어 있는 것을 아집과 법집이라고 합니다.

그러나 수행을 통해 단절된 마음이 없어지면 붉은 것 가운데 노랑, 노란 것 가운데 푸름, 푸름 가운데 물, 물 가운데 햇빛의 요소를 실질적으로 느끼고 함께 열어 갑니다. 색[형상]이 색법으로 변하는 것이 사라지면서 색의 참모습을 봅니다. 색의 참모습 속에서 독립된 색법으로 여겨지던 요소가 사라집니다. 우리의 삶이 하나하나 독립되어 있다는 고정된 사고인 아집과 법집의 요소가 사라지고 삶의 참모습을 보게 됩니다. 색 자체로부터 소외되어 있고 다른 것으로부터도 소외되어 있는 우리의 삶을 제 모습으로 돌이킵니다.

고정된 사고의 틀인 아집과 법집이 사라진 열린 마음이 공空입니다. 이와 같은 색법色法·성법聲法·향법香法·미법味法·촉법觸法·법법法法이 사라져 가면서 열린 세계인 공空이 드러납니다. 법화된 현상이 완전히 없어지면 해탈입니다. 고정된 틀로부터 완전히 벗어나면 무상無常이 되면서 상常이 없어지는데, 상이란 법화에 의해서만 생기기 때문입니다.

고정된 틀[법화]로부터 벗어난 해탈의 열린 세계[空·無常·無我]를 맛보지 못한 중생들은 눈[眼]과 형상[色], 의와 법을 나누어 '이것은 나와 나의 것, 저것은 너와 너의 것'이라고 분별하면서 살아갑니다. 이것을

'경계를 요별하는 것[了境]으로써 특성[性相]을 삼는다'라고 합니다. 그런 가운데에서도 욕심내지 않고 성내지 않으며 삶을 여실히 지켜보는 힘과 상응하는 선한 삶과 이것과 상응하지 않는 선하지 못한 삶 그리고 선과 선하지 않은 것으로 규정할 수 없는 것과 상응하는 무기無記의 삶이 있습니다.

9. 요별경식의 심소에는 변행심소·별경심소·선심소·
번뇌심소·수번뇌심소·부정심소가 있으며,
이들 모두는 선과 불선과 무기와 상응합니다.
　　　　此心所遍行　別境善煩惱　隨煩惱不定　皆三受相應

심왕心王은 바로 심소心所작용이 일어나는 식장인 식계[識界, 마당]입니다. 식계에서 일어나는 가지가지 마음작용을 심소라고 합니다. 심소에는 변행遍行·별경別境·선善·번뇌·수번뇌隨煩惱·부정不定 등 여섯 다발이 있으며, 이들은 삼수三受, 즉 선·악·무기無記와 상응합니다.

　의란 우리의 삶을 '나와 너, 저것과 이것'으로 분별시키는 힘이라고 했습니다. 법은 의의 분별에 의해서 하나하나 나누어진 일체一切입니다. 그러나 의와 법이 있다고 해서 그 자체가 선악은 아닙니다. 수상受想의 작용이 일어나는 순간, 즉 현행하는 순간은 무기無記이지 선악이 아닙니다. 바탕을 이루는 제8식의 무부무기無覆無記인 종자로부터 나타나는 현행 가운데 '나와 너'로 분별하는 것이 의意의 작용이지만, 분별이 발생했다고 해도 그 현상이 일어나는 식계가 선이나 악으로 결정되어 있는 것이 아니고, 여기서 '행온의 흐름을 어떻게 하느냐'에 따라 선이나 악으로 결정됩니다.

그러므로 수상의 일어남 자체는 선이나 악의 상태가 아닙니다. 제8식의 종자에 감춰져 있는 전찰나까지의 번뇌력에 의해서 일어나는 구생기 번뇌라고 할지라도 현행 행온의 흐름이 깨어 있게 되면 구생기 번뇌가 더 이상 번뇌일 수 없기 때문입니다.

선천적으로 타고난 구생기의 아상일지라도 행온의 흐름에 의해서 선이나 악으로 작용하기 때문입니다. 곧 구생기가 일어나는 순간 행온行蘊의 흐름이 번뇌심소로 작용하면 악의 흐름이라 하고, 선심소로 작용하면 선이라고 합니다. 이와 같이 의식이 일어난 상태에서 '행온行蘊의 흐름이 수행으로 가느냐, 분별시비로 가느냐'에 따라 선과 악이 결정됩니다.

이와 같이 행온이 '현재의 삶을 선악으로 결정하는 마음작용이므로, 이를 통해서 구생기로부터 일어난 수상受想을 선이나 악으로 흐르게 만듭니다. 수상이 일어나는 순간이 전생의 구생기가 총체적으로 일어나며 여기에서 행온이 '분별로 가느냐, 아니면 고요함의 수행으로 가느냐'에 따라 후생[내생]이 결정된다는 뜻입니다. 이것이 전생과 후생의 상속으로서 윤회입니다.

보통 삶을 태어남부터 죽음까지라고 길게 보고 있지만, 실제로는 바로 '상과 행의 흐름에 의해서 전생과 후생이 결정'됩니다. 일정한 모양이 지속되는 일기생사[一期生死:사람의 일생]나, 모양을 바꿔 가면서 계속 이어 가는 전생·후생을 하나의 흐름으로 보는 궁생사[窮生死:윤회를 마칠 때까지의 생사]나, 수상의 흐름인 순간적인 찰나생사刹那生死나 의미는 똑같습니다. 찰나생사나, 일기생사나, 궁생사나 삶의 시간적인 의미체계로서는 길고 짧음을 말할 수 있지만, 그 본질은 똑같습니다.

즉 상想과 행온行蘊 사이의 흐름이 전생과 후생을 결정짓습니다. 상과 행온 사이에 일어나는 선악의 작용이 생사를 이끌어 내면서 다음 생의

150

업을 만듭니다[業種子]. 상과 행온 사이에 일어나는 삶의 모습은 전생의 일어남으로서, 이것이 후생을 결정하는 업종자를 만듭니다. 업종자業種子는 '선악의 경향성'으로서 현행의 연緣에 따라 내용이 바뀝니다. 이것이 생사윤회의 기본입니다.

선악의 활동으로 가기 이전에 수상受想으로 나타난 것은 법法의 고정화에 의한 구생기의 분별로서 명언종자名言種子가 일어난 것입니다. 명언종자의 현행이 분별기의 선악과 더불어 작용하는 관계가 동시에 후생을 일으키면서 살아가는 것이 우리의 삶으로, 전찰나와 후찰나의 흐름은 그 내용이 닮았습니다. 전체적인 장에서 보면 변화이지만, 하나하나의 상속은 전후찰나가 닮았기 때문에 등류습기等流習氣라고도 합니다.

다음 수상受想이 일어날 때 '분별의 경향성'인 명언종자와 '선악의 경향성'인 업종자가 계속해서 자기를 닮게 만들어 갑니다. 우리에게 계속 같은 상을 띄워 주면서 분별을 키워 가는 것이 명언종자입니다. 띄워 준 명언종자의 현행에 대해서 우리는 탐심으로 작용하거나, 진심으로 작용하거나, 정심靜心으로 작용합니다. 분별에 의한 선악시비와 갈등은 소외를 불러 진실한 삶을 보지 못하게 하여 이숙습기異熟習氣가 커 갑니다.

아뢰야가 함장하고 있는 이숙의 무기無記의 경향성은 열린 세계인 진실한 삶과 달리 흐르며, 아집과 법집에 의해서 닫힌 세계를 상속시키고, 현행이 다시 분별의 명언종자와 업종자를 키워 가는 것입니다. 이것이 종자생현행種子生現行, 현행훈종자現行熏種子, 종자생종자種子生種子의 윤회 내용입니다. 이와 같은 것이 전6식이 삼수[三受:선·불선·무기]와 상응하는 내용입니다.

10. 첫 번째 변행심소는 '촉·작의·수·상·사'이며,
두 번째 별경심소는 '욕·승해·염·정·혜'입니다.
별경심소의 하나하나는 각기 특별한 경계에 따라 반연하므로
그 대상이 서로 다릅니다.

初遍行觸等　次別境謂欲　勝解念定慧　所緣事不同

첫째는, 변행심소로 촉觸·작의作意·수受·상想·사思입니다. 이 심소들은
근본의根本依인 아뢰야식, 염오의染汚意인 말나식, 요별경식의 장에서
항상 작용하기 때문에 변행심소라고 합니다. 우리가 잠에서 깨어나는
순간 전6식의 식계가 열리면서 항상 함께 작용합니다. 제8식이나 제7식의
흐름은 깊은 잠 속에서도 계속되지만, 전6식은 깊은 잠 속에서는 작용하지
않기 때문입니다. 근본의지처[根本依]인 제8식과 분별로 물든 흐름을
이어가게 하는 제7식[染汚意]이 잠에서 깨어나 작용하는 제6식의 흐름을
유지시키는 것이며, 이때 항상 촉 등의 심소가 함께 작용합니다.

　두 번째는, 별경심소로 욕欲·승해勝解·염念·정定·혜慧입니다. 심소의
하나하나가 각기 특별한 경계[別境]를 만났을 때 작용하기 때문에 그렇게
이름 붙였습니다. 별경심소가 선심소 앞에 있는 것에 주의를 기울여야
합니다. 전6식의 장에서 대상이 특별하게 정해져 있는 별경심소는 수행을
통해 우리의 모습을 회복할 수 있는 근거입니다. 보통은 선악번뇌의
흐름인 데 대하여, 별경심소는 이 흐름을 바꾸는 특별한 경계에서 작용하
는 심소도 되기 때문입니다. 물론 하고자 하는 것[欲] 등의 대상이 여럿이
있겠지만, 여기서는 수행하는 마음작용을 가지고 설명하고자 합니다.

　욕欲이란 하고자 함입니다. 참된 생명으로 살고자 함입니다. 물론
자신의 업에 따라서 착하게도 살고 악하게도 살게 됩니다. 여기에서는

152

'생명의 본질을 알고자 하는 정진의 의미'로서 파악하고 있습니다.

승해勝解도 같은 흐름으로 파악해야 합니다. 수승한 이해입니다. 스승이나 부처님의 가르침을 통해 삶의 본질을 이해하는 것입니다. 아직 몸과 마음으로 익히지는 않았지만 '삶을 무상無常·무아·공空으로 이해'하는 것입니다.

염[念]이란 승해된 가르침을 잊지 않고 분명하게 기억하여 다른 것에 의해서 마음이 산란하지 않은 것을 말합니다. 이를 통해서 염수행念修行이 일어납니다. 생명 본질의 흐름을 파악해 들어가서, 그 흐름과 일치하여 의심 없이 분명하게 알아차리는 것입니다. 번뇌로 물든 행온行蘊으로 흐르지 않게 주시하고 잡아내는 힘입니다. 한 현상이 일어나면 그 현상을 명철하게 알아서 고요하게 흐르는 힘입니다. 마음 가운데 일어나는 수상受想까지의 내용을 명철하게 잡아 알아내어 행온의 흐름을 볼 수 있게 합니다. 그것을 놓치지 않고 지속적으로 알아차리는 것이 염念입니다.

이렇게 알아차리다 보면 이제는 마음이 고요한 상태로 흘러갑니다. 심소의 작용이 하나의 대상을 갖게 되어 '심왕인 식계 상태를 경험'하게 되는 것이 정定입니다. 이런 상태가 되면 완전히 고요한 마음의 상태이기 때문에 한 생각이 일어나서 소멸해 가는 내용을 명확하게 알게 되어 빈 마음으로 바른 이해를 하게 됩니다. 그것이 혜慧입니다. 변행심소가 모든 대상에서 작용하고 있는 데 반해, 별경심소는 특별한 경계에 따라 심왕과 상응하여 따로따로 작용합니다[所緣事不同]. 예를 들면 고요한 상태는 정의 심소만이 작용하고 있는 것이며, 대상에 대한 의심없는 분명한 이해는 혜심소만이 작용하는 것과 같이 별경심소는 각각이 지향하는 대상이 같지 않다는 것입니다.

11. 세 번째 선심소는 신·참·괴·무탐·무진·무치·근·안·
불방일·행사·불해입니다.

善謂信慚愧 無貪等三根 勤安不妨逸 行捨及不害

선善은 우리의 삶을 공空·무상無常·무아無我 속으로 흘러가게 만드는
마음의 작용입니다. 선의 첫 번째는 신信입니다. 상온과 행온 사이를
잘 관찰하면 마음이 고요해집니다. 이 말을 들으면 누구나 다 "그런
것 같다"라고 생각하지만, 그것은 신이 아닙니다. 바로 상온에서 행온으로
의 흐름을 명확히 잡아내서 그 가운데 고요함을 경험하는 것이 신입니다.
체험 가운데 드러난 명확한 현상이 신으로서, 체험한다고 해도 다 신뢰할
수 있는 것은 아닙니다. 흥분 상태에 있거나, 집단적 최면 상태에 있거나,
가지가지 이상 징후에서 나타나는 경험을 조심해야 합니다.

여기에서 참된 믿음을 낳게 하는 경험이란 사물을 가장 냉철하게
파악할 수 있는 조건을 전제로 한 것입니다. 불이 난 집에 가 보면 그
집 사람들은 정신이 나가서 어떻게 할 줄을 모르고 다른 사람들이 대신
불을 꺼 줍니다. 마치 불이 난 상태에서 정신이 나간 집주인 대신 다른
사람이 와서 불을 끄듯이, 우리 내부에서 번뇌의 불꽃이 일어나는 심리적
변화를 명철하게 관찰하면서 생기는 경험이 신입니다.

이런 신을 통해서 공부를 해 나가면 염정혜念定慧의 세 가지 마음작용을
잘 알게 됩니다. 믿음은 이와 같이 자기 자신이 한 발 뒤로 물러서서
자기 내부의 상과 행온 사이의 흐름을 명확하게 관찰하는 데서 일어나는
것입니다.

◉ 명언종자는 오온에서 수상受想까지를 말하며, 업종자는 행온行蘊에서 일어나는

154

것입니까?

종자란 분별의 경향성으로 드러나지 않는 마음이며, 이 경향성이 인연을 만나 드러난 것이 현행의 분별하는 마음이므로 종자가 마음으로 현행했다[種子生現行]고 합니다. 따라서 현행과 종자는 분별이라는 뜻에서는 같습니다. 우리 중생의 마음은 분별심이기 때문입니다. 현행은 분별이 일어남이요, 종자는 분별로 이루어진 세력입니다. 종자가 현행하는 것과 현행이 종자로 훈습될 때 종자와 현행, 현행과 종자는 동시에 두 모습으로 있습니다. 곧 종자이면서 현행이고 현행이면서 종자입니다.

이 뜻은 종자 그 자체는 현행이 아니며, 현행 그 자체도 종자는 아니지만 현행과 종자의 관계는 하나 된 흐름에서의 시간차 없이 서로가 서로에게 영향을 주고받는다는 것입니다. 그리고 현행하지 않는 종자가 그 힘을 잃지 않고 상속돼 가는 것을 종자생종자種子生種子라고 합니다. 종자는 법화로 인한 아집과 법집의 결과입니다. 이것은 구체적으로 언어문자화된 드러나지 않는 생각의 흐름이기 때문에 명언종자名言種子라고 합니다. 그러므로 종자가 현행한다는 것은 아집과 법집의 법화가 나타났다는 것입니다.

이 명언종자의 일어남이 수상受想입니다. 여기서 '아집과 법집의 세계[중생의 세계]로 계속 갈 것인가, 여래의 세계[부처님의 세계]로 갈 것인가'는 행온行蘊의 흐름에 의해서 결정됩니다. 중생의 세계를 결정짓는 선악의 분별을 특별히 업이라고 하는데, 이것에 의해서 다음 장면과 다음 생의 모습이 결정되기 때문입니다.

행온에서 중생세계의 모습을 결정하는 세력을 갖는 것이 업종자業種子입니다. 물론 이것도 아집과 법집의 명언종자가 바탕이 되지만, 특히 중생의 모양을 결정하는 것에 중점을 두었기 때문에 업종자라고 합니다.

법화가 분별뿐만 아니라 '탐심과 진심, 선과 악으로 작용할 수 있는 힘을 동반한다'는 것입니다. 분별의 경향성인 명언종자의 힘 가운데 이 부분을 특별히 업종자라고 합니다.

예를 들어 친구와 이야기하는 과정을 잘 들여다보면, 나를 세우고 상대에게 인정받으려는 뜻이 끊임없이 일어나는 것을 알 수 있습니다. 이와 같이 자신을 내세우려고 하는 마음작용이 제7말나인 의의 작용입니다. 이를 통해서 의를 압니다. 나를 세우면 동시에 타인은 절대적 타자로 대립됩니다. '관계 속의 나와 너'가 '독립된 나와 너'가 됐습니다. 이것은 분별에 의해서만 있기 때문에 의라고 하는 식은 사량思量을 본성으로 한다고 했습니다.

　'나와 너'의 대립에서 일어나는 선악시비의 활동이 제6의식입니다. 의가 나를 세우면 곧 자타의 분별이 되며, 이것을 바탕으로 갈등이 있게 됩니다. 이와 같이 낱낱의 타를 구별하고 갈등 속에 사는 모습이 전6식의 여섯 가지 경계에서 일어나기 때문에 경계를 요별하는 것[了境]을 본성으로 하는 식이라고 하여 전6식을 요별경식了別境識이라고 합니다.

예를 들어 무상無常이라는 언어개념을 떠올리는 순간 상常이라는 개념과 상대된 무상을 생각하는 것은, 무상이나 무아의 흐름에 일치하는 것이 아니라 단지 관점을 바꾸는 것뿐입니다. 즉 상에서 무상이라는 관점으로 바꾸고, 그 관점을 중요시하면서 또 다른 분별의 근거를 만듭니다. 삶의 변화에 따르는 것이 아니고, 상이라는 견해와 무상이라는 견해를 사유의

156

토대로 삼는 것입니다. 즉 상이라는 견해가 변하여 무상이라는 견해를 갖게 됐다고 해도, 변화가 갖는 무상의 공空과 상常의 공空을 전혀 알지 못합니다.

이와 마찬가지로 의와 법의 관계에서 일어나는 인식결과[自證分]의 변화도 단지 견해의 차이일 뿐 진정한 공空의 세계가 아닙니다. 인식결과는 순간순간 다르지만, 언어분별에 의한 구획 자체까지 변하는 것은 아닙니다. 그러나 수행이 깊어져서 언어의 고정화로부터 자유롭게 될 때, 비로소 진정한 자증분의 변화가 옵니다.

● 고요함으로 바꾸는 행온의 수행에서 그 대상은 신수심법이라고 했는데, 방하착은 무엇을 방하착하는 것입니까?

신수심법, 즉 몸, 느낌, 가지가지 마음의 일어남과 사라짐, 그리고 삶 속에서 일어난 여러 가지 인식체계[법화에 의한 중생계의 흐름 또는 법화를 허무는 깨달음의 흐름]가 인식주관과 만날 수 있는 대상의 전부입니다. 때문에 인식이 있는 곳에 수행, 곧 행行의 흐름을 바꾸는 작용이 있습니다. '방하착한다'는 것은 인식의 장에서 일어나는 법화, 곧 '명언종자名言種子'의 영향력에서 벗어난다'는 것입니다.

법화에 의한 인식체계는 우리가 살아가는데 당장에 편리하고 좋기는 하지만, 한편으론 주관과 객관이 의미체계화되어 가는 세계입니다. 우리의 삶이 더불어 함께 살아가는 눈이 열려 온 생명으로 살아갈 때는 문제가 되지 않지만, 법화의 의미체계 속에만 갇혀 있을 때는 문제가 됩니다. 이런 체계에서 일어나는 대상화는 주관의 소유형태로 나타납니다. 앞에서 상常과 무상無常의 관계에서 말했듯이, 무엇을 안다는 것은 '나는 이런 견해를 가지고 있다'는 것으로 나의 소유를 뜻합니다.

상想에서 행온行蘊으로 흘러갈 때 지금까지는 소유하고 있는 생각을 이어갔지만 수행에 의해서 진실한 삶의 흐름을 보게 되면, 상에 대한 행온의 작용에서 아법의 소유가 없어지면서 소외를 바탕으로 한 견해의 이동이 아니라 공空을 체험하게 됩니다. '견해의 버림[空]이 흐름으로 나타나는 것'이 곧 방하착放下著입니다. 소유의 집착을 버리는 것이지요. 그렇게 되면 상에 대한 행온의 작용에서 소유의 번뇌 흐름은 사라지고, 무소유의 깨달음으로 삶을 보게 됩니다.

● 의식 자체는 우리의 주관이 개입된 것입니까?

의식은 의와 법이 관계하고 있는 장으로서 자신과 자신의 소유를 통해 분별하는 것을 본성으로 합니다. 이와 같은 의식의 장은 진실한 삶의 장에서 소외된 자기만의 세계로서, 이 상태에서 이루어진 삶의 흐름은 무엇인가 불만족스럽게 개인과 사회에서 나타나는데, 이것은 의와 법이 가지고 있는 주객의 대립 때문입니다. 주관이 새삼스럽게 개입되는 것이 아니라, '이미 주관화와 객관화에 의해서 이루어진 관계'가 의식세계입니다. 이때 자기 삶을 바꿔 보고자 하거나 불만족스런 상태를 직시하고 그것으로부터 벗어나려는 사람에게 참답게 살아 보려는 욕欲심소의 작용이 일어나 정진하게 합니다. 별경심소에서 이야기했습니다.

● 상想과 행行의 흐름에서 무엇이 일어나든지 지켜보기만 하는 것이 맞습니까?

상에 대해서 수행 없이 흘러가는 의지작용[行蘊]이란 탐심을 내어 따라가든지 또는 진심을 내어 따라가는 것입니다. 지켜본다는 것은 예를 들면, 말을 하고자 할 때 '그 말이 자아의식을 키워 가는 말인가, 욕심에서 일어나는가, 진심에서 일어나는가'를 명확히 알고 그쪽으로 일어나는 말을 중지하는 것입니다. 번뇌를 걸러내기 위해서 '현행을 고요히 정지'하는 것입니다. 수행을 하는 중에 어떤 생각이 일어나더라도 그 생각을 따라가지 않고 지켜보는 것입니다.

● 수습위 전까지는 상상想에 대한 행의 작용에서 탐심과 진심이 계속 현행합니까?

업의 활동과 수행의 차이는 '한 생각이 일어나면 그에 따라 활동하느냐, 아니면 명확하게 지켜보느냐'입니다. 한 생각이 일어남을 지켜보면 자기도 모르게 고요함으로 갑니다. 그 상태에서 행온[의지작용]을 바꿔 가는 것이 위빠사나가 가지는 마음집중과 관찰의 힘입니다. 그 힘을 얻지 못했을 때는 자기도 모르는 사이에 탐심 등으로 흘러갑니다. 흘러가는 것을 관찰하면 다시 탐심 등에서 벗어나 자유스러워지고, 관찰한만큼 번뇌의 흐름이 약해집니다.

수행을 집중적으로 할 때에도, '나[我]와 나의 것[我所]'의 분별로 일어나는 망상 속에 빠져 있는 것을 한참 지나서야 알 때가 많습니다. 그러나 걱정할 필요 없이 다시 관찰을 시작하면 됩니다. 그런 수행에 의해 점점 '나와 나의 것'이라는 소유의 힘이 약해져서 구생기의 힘이 점점 소멸되어 갑니다. 문제는 우리가 번뇌에서 깨달음으로 이끄는 행온行蘊의 흐름을 명확히 보는 것, 곧 '관찰하고 있느냐, 없느냐'입니다. 수습위修習位에 들면 구생기俱生起의 탐심과 진심은 일어나지만, 분별기分別起의 탐심과 진심은 일어나지 않습니다.

● 분별을 중지하는 방법은 무엇입니까?

사실 사회생활은 매순간 우리에게 판단을 요구하고 또 판단을 해야 합니다. 판단을 할 때에 '나 또는 내가 누군데 등등의 생각이 들었는가, 그렇지 않은가'를 잘 봐야 합니다. '나 잘났다, 나 못났다'라는 생각은 판단을 흐리게 하기 때문에, 나의 본질을 알 때까지 '나'에 대한 판단을 미뤄야만 합니다. 나의 견해에 의한 판단이 아닌 유연한 사고가 필요합니다.

집중적인 수행을 할 때는 '삶의 흐름만을 보게 되지' 판단을 하지 않습니다. 고요히 혼자 있을 때 견해로부터 자유로워지면 분별은 절로 중지됩니다. 우리가 판단을 할 때는 판단근거가 있습니다. 보통 판단이라고 하는 것은 나와 삶에 대해서 명확히 모르면서도 그 근저에 '나[我]'를 두고 있습니다. 근저에 있는 타고난 판단근거인 '나'가 구생기이며, 태어나서 학습된 판단근거가 분별기입니다. 이 근거에 대한 명확한 이해가 필요하며, 명확한 이해를 돕는 것이 유연한 인식태도입니다.

◉ 생각을 관찰할 수도 있습니까?

여기서 다시 한 번 강조해야 할 것은 내가 있어서 생각이 일어난 것이 아니라 '생각의 흐름[앎] 속에 나와 대상이 있다'는 것입니다. 생각[앎]이 이어져 가면서 순간순간 자신과 대상의 전체가 변하면서 흐릅니다. 이것이 앎의 흐름이며, 우리의 삶은 매순간 앎 밖에 없습니다. '생각이 바로 앎'으로서, 무엇이 생각을 관찰하는 것이 아니라 '저절로 알고 관찰되는 흐름'이 있습니다.

◉ 부처님께서는 왕자 시절에 피리인가를 잘 불었는데 '깨닫고 나서 더 잘 불 수 있게 되었다'라고 들었습니다.

업과 무상無常과 깨달음의 공통적인 의미는 살아가는 것이며, 삶을 창조할 수 있는 힘이라는 것입니다. 업은 활동한다는 말이며 이는 무상을 특성으로 합니다. 깨달음은 어떤 장소, 어떤 시간, 어떤 처지에 있을 때도 '가장 자기다운 표현으로 모든 것을 원만하게 창조하는 것'입니다.

우리가 피리를 불 때는 궁상각치우, 도레미파솔라시도라는 음의 체계 속에 놓여 있습니다. 그러나 완전한 깨달음에 이른 사람은 자기 세계를 마음대로 표현하는데, 이것이 피리를 잘 부는 사람으로 비유됩니다. 진정한 자기 세계에 대한 막힘없는 표현이 '구멍 없는 피리를 분다[無孔笛]' 고 하는 것으로, 정해진 범주 속의 음계를 벗어나서 피리를 부는 것입니다. 깨달음은 자유로운 상태에서 표현된 자기의 세계이며, 그것이 구멍 없는 피리를 부는 것입니다. 매순간 그 상황에 따라 창조적 활동이 정확하게 나타납니다. 따라서 잘한다는 의미가 기능의 향상만을 이야기하는 것이 아닙니다.

⦿ 수행이 잘되면 자비심이 항상 드러나게 됩니까?

자비를 막는 것은 삶을 자타로 구별시키는 힘인 제7말나입니다. 우리가 수행을 하면 서로를 가로막던 벽이 무너지고 마음이 열리면서 자기의 세계가 넓어집니다. 자비란 열린 세계[지혜]에서 나타나는 행동이며, 자비를 통해 열린 삶을 표현합니다. '자비와 지혜는 참된 삶의 양면'이기 때문입니다. 지금까지 자기 자신도 받아들이지 못했던 것들이 무아의 체험과 더불어 사라집니다. 제일 먼저 자기 자신에게 자유로워지며, 이 힘이 다른 대상에게 펴시는 것이 자비심입니다.

수행이 깊어지면서 서로를 구별하고 있던 소외의 세계가 없어지는 것을 자비의 세계라고 합니다. 우리 삶이 가장 삶답게 표현된 것이 자비의 세계인데, 지혜의 열린 세계에서 일어나는 활동이 자비이기 때문입니다. 우리 삶의 근본이 흐름이고 흐름은 움직임이기 때문에, 깨달음 또한 정지된 상태가 아닙니다.

⦿ 자기 마음에 일어나는 자비를 확실하게 관찰하지 못했기 때문에 혼란스럽고 고민 하게 됩니다. 여기에서 벗어나는 상태를 자각하고 '왜 그렇게 혼란스러워졌는가' 그 원인을 분석하는 것도 관찰입니까?

원인 분석과 관찰과 자각은 서로가 영향을 주고 있습니다. 사유한다고 할 때 그 근거는 견해입니다. 어떠한 견해나 판단근거로부터 논리적 전개를 하는 것을 사유라고 하는데, 이 과정이 바르게 이루어져야 합니다. 혼란하다고 할 때는 판단근거인 견해가 분명하지 못한 것이므로 그 근거에 대해서 다시 생각해야 합니다.

그러기 위해서는 마음의 움직임에 따르지 말고, 혼란한 마음에 대해서 객관적으로 관찰해야 합니다. 이때 방법이 올바르다면 분명한 관찰이 이루어져서 삶의 근거가 분명해지는데, 그것을 정견이라고 합니다. 이 근거가 분명해지면 마음이 열리는데, 마음의 열림이 자비와 지혜로 나타납니다. 따라서 원인 분석은 판단의 근거인 '나'로부터 출발해야 합니다. 수행할 때 우리의 불분명한 사유근거인 '나'에 대해서 관찰해야 합니다. 그리고 그 '나'는 마음으로 판단되고 설정되었기 때문에, 마음의 구조와 흐름에 대해서 관찰해야 됩니다.

『금강경』에서는 모든 현상이 일어날 때마다 '꿈같이 구름같이 보라'고 합니다. 어떤 것에 집착하는 생각이 나면 "꿈이나 구름, 이슬 같은 것에 현혹됐구나"라고 여기라고 합니다. 이것이『금강경』에서 가리키고 있는 판단근거인 '나'라는 생각을 퇴치하는 방법입니다. 물론『금강경』의 가르침이라 해서 우리 생활이 금방 그렇게 되는 것은 아니나,『금강경』을 학습하여 그 내용을 생각생각 잊지 않고 잘 기억하여 마침내 삶이 그렇게 될 때 스스로가『금강경』이 되며, 집착의 근거가 완전히 사라지게 됩니다. 이와 같이 원인분석은 관찰을 낳고, 관찰은 판단근거를 제공하면서 서로에게 영향을 주고 있습니다.

◉ 관찰해도 분별이 바로 없어지지 않습니다.

162

대부분의 수행자들이 처음에는 다 그렇습니다. 살아오면서 익혀온 습관들의 기운과는 다른 방향으로 가기 때문입니다. 그러나 몸과 마음에서 일어나는 모든 현상에 대해 그 일어난 순간을 보려고 노력하다 보면 점점 힘들지 않게 될 때가 있습니다. 수행의 결과를 얻으려 하지 말고 그냥 지켜만 보십시오. 그 자체가 그대로 수행의 결과가 될 것입니다.

● 처음으로 수행을 시작할 때 각을 이루겠다든지 부처가 되겠다든지 생각하면 정도가 아니라고 들었습니다. 그것은 어느 정도 높은 단계가 됐을 때 해당될 것 같습니다.

그렇습니다. 대부분의 사람들이 살아 보니까 만족스럽지 않은 것이 있습니다. 그 만족스럽지 못한 상태를 만족스러운 상태로 바꾸려고 수행을 시작합니다. 처음 수행을 할 때는 방편으로 여러 가지 방법이나 목표가 주어집니다.

그러나 수행이 깊어지면 불만족의 근거가 바로 '나[我], 각覺, 부처[佛]'니 하는 언어에 의해서 파생된 분별임을 알게 됩니다. 기본적인 이야기는 지금 내가 무엇인가 만족스럽지 못한 상태에 있다는 것입니다. 이 상태를 바꾸기 위해 정진하고자 하는 것이 욕欲심소의 작용입니다. 이 상태로부터 벗어나는 수행 방법으로 팔정도와 육바라밀이 있습니다.

6강

열린 세계와 닫힌 세계의 흐름

1장. 번뇌와 지혜의 갈림길

불교 공부를 하는 것은 '스스로 익혀서 열린 삶[佛]을 이루려는 것'입니다. 그렇기 때문에 '무슨 이야기를 들었다, 무엇을 알고 있다'가 아니라, 직접 수행을 하여 자기의 몸과 마음으로 경험한 현상들을 통해서 앎이 깊어져야 합니다. 이와 같은 수행방편이 37조도품이며, 여기에 사념처四念處가 포함됩니다.

사념처는 신수심법身受心法입니다. 염처란 '마음을 두어야 할 곳'이라는 말입니다. 첫 번째 신념처身念處는 몸에서 일어나는 현상에 집중하는 것입니다. 앉아서 호흡 관찰을 할 때는 배의 일어남과 사라짐, 또는 호흡의 들어오고 나감, 길고 짧음을 대상으로 삼습니다. 앉아 있을 때 호흡은 지속적이고 가장 큰 움직임이기 때문입니다. 호흡 관찰에도 몇 가지 방법이 있습니다.

한 가지 예를 들면 배가 일어날 때는 '일어남', 배가 내려갈 때는 '사라짐', 아픔을 느낄 때는 '아픔', 이런 식으로 현상 하나하나에 이름을 붙여 주면서 하는 것입니다. 이름을 붙여 주게 되면 하나하나의 현상에 대해서 좀더 분명하게 일어나고 사라져 가는 과정을 살펴볼 수 있기 때문입니다.

그와 같이 현상들에 대해 이름을 붙이면서 지속적으로 공부를 하면, 어느 순간 새로운 상태를 경험하게 되면서 집중력과 관찰력이 커집니다.

이 힘에 의해 앎의 장 속에서 현상들이 일어나고 사라지는 것을 여실히 보게 됩니다. 그때에 '명칭과 생성·소멸의 관계가 얼마만큼 일치하지 않는가'를 스스로 알게 됩니다.

생성과 소멸이 하나인 삶의 흐름 가운데 어떤 특징을 하나 잡아서 이름을 붙여 한 현상의 처음과 끝을 명확하게 구별하지만, 염처수행으로 모든 현상은 앎 속에서 일어나고 사라지면서 다른 것과 관계하고 있음을 명확히 알게 됩니다. 이때부터는 이름을 붙이지 않고 현상만을 지켜보게 됩니다. 이렇기 때문에 처음부터 이름 붙이지 않고 현상만을 지켜보는 것을 강조하는 수행처도 있습니다.

또 느낌을 관찰하고[受念處], 마음을 관찰하며[心念處], 법을 관찰하는[法念處] 경우도 마찬가지로 이름이 사물을 진실로 가리키지 못함을 알게 됩니다.

이를 통해서 모든 것에 이름을 붙여 주면서 이름의 절대구조 속에서 살고 있는 우리의 삶, 곧 '나와 법'이라는 분별로 살고 있는 삶이 허망한 줄을 명확히 알고 진실한 삶의 흐름을 보기 시작합니다.

삶은 고정적인 실체들의 위화감이 아니고, '매순간 관계 속의 흐름'일 뿐입니다. 그와 같은 흐름을 법신法身이라고 하는데, 이 흐름의 본질은 연기입니다. 유식에서는 '앎은 연기의 드러남'이라고 봅니다. 앎은 삶의 흐름으로서 서로서로 인과 연이 되면서 흘러가고 있습니다.

또 이 흐름은 넓은 곳을 만나면 넓게, 좁은 곳을 만나면 좁게 자기를 변화시켜 가면서 인연처에서 가장 조화로운 모습을 나타낼 수 있는 힘을 가지고 있습니다. 그것을 보신報身이라고 하며, 우리 삶이 다양한 형태로 나타날 수 있는 가능성입니다. 이 가능성이 현상으로 나타나는 것이 화신化身입니다.

신수심법身受心法의 사념처四念處를 명확히 관찰하면, 우리의 삶이 절대적인 명언名言의 업력 속에 있지 않음을 알게 되어 우리의 삶을 개념화되지 않는 삶으로 봄으로써 참다운 삶의 흐름을 봅니다. 지금 놓여 있는 이 상태가 바로 우리 삶의 모든 것인데도 불구하고 이름의 허망성에 의해서 삶의 흐름을 놓칠 때, 그 가운데 갈등구조가 형성되면서 여러 가지 불만족한 일들이 일어나게 됩니다.

그러나 우리 삶의 흐름에는 조화롭고 아름다운 삶의 세 가지 모습인 법신·보신·화신의 삼신이 언제나 함께하고 있습니다. 마음의 작용을 잘 관찰하면 삼신이 함께하고 있음을 알게 됩니다.

삶의 본질적인 흐름과 같이하면서 언제 어디서나 창조적인 자기표현을 하는 것이 삼신이기 때문입니다. 변행심소와 별경심소는 법신·보신·화신의 흐름을 삶 속에서 체험하게 하는 근거입니다. 삼신을 체험했다는 것은 우리의 삶이 흘러가는 것을 명확하게 보아 분별에 의한 대립과 갈등의 세계에서 벗어나 윤택한 삶이 됐다는 것입니다.

선심소는 삶을 왜곡되지 않게 하는 자량입니다. 수행으로 '어떤 것이든 그 자체로 독립되어 존재하지 않는다'는 것을 알게 되고, 나아가 어떤 '한 가지 특성으로서 삶의 흐름을 한정할 수 없다'고 하는 것을 알게 될 때, 생성과 소멸을 동시에 보고 타자와의 관계 속에서 함께 사는 삶을 열어 가게 됩니다. 선심소는 바로 함께 사는 삶을 열어가는 공덕을 갖는 마음작용을 말합니다. 한 생각이 일어나는 순간 무분별의 지켜보는 마음 챙김을 할 수 있는 바탕을 일구는 것입니다.

번뇌심소는 반대로 더 굳건히 '나는 나, 너는 너'라고 구별하고 한정한 데서 일어나는 마음작용입니다. 생성과 소멸의 두 가지 측면과 그것의 상호관련 속에서 흐르고 있는 측면이 무시되고, '이것만이다'라고 결정하는 쪽으로 흐르게 하는 마음작용입니다. 이 마음의 작용이 강하면 강할수록 우리의 삶의 본질인 법신·보신·화신의 흐름이 드러나지 않기 때문에 갈등이 일어나게 되어 있습니다.

거기에는 아상·인상·중생상·수자상으로 대표되는 사상四相의 악견惡見이 포함됩니다. 즉 공·무상·무아를 알지 못한 전도된 견해입니다. 아집과 법집에 의해 나타나는 많은 견해들 때문에, 우리의 삶을 삶답게 보지 못하고 번뇌를 일으킵니다. 한 생각이 일어날 때 아법의 분별로 인한 갈애가 더욱 커집니다.

공空이란 탐진치인 삼독심의 갈애로부터 자기 자신을 지켜 낸 것으로서, 마음 가운데 갈애가 사라진 상태입니다. 갈애가 사라진 삶이란 본질적인 삶의 흐름인 법신·보신·화신이 매순간 제대로 잘 드러나는 삶을 의미합니다. 한 생각이 일어날 때 그것을 갖고 싶어하거나[탐심] 싫어하는 쪽[진심] 등으로 작용하면 지속적으로 자신을 갈애로 몰고 가며, 갈애는 곧 갈등을 불러일으킵니다.

삶 가운데에서 한 생각이 일어난 것을 명확히 지켜보는 염처수행을 하지 않으면, 삶의 제 모습을 회복시키는 힘이 길러지지 않습니다. 삶의 제 모습을 회복시키는 것이 환멸문의 수행으로 갈애를 끊는 힘이 작용하는 것을 말합니다. 한 생각이 환멸문 쪽으로 흐르게 되면 우리의 삶이 윤택하게 됩니다. 반대로 유전문 쪽으로 가면 번뇌와 갈등의 삶을 살아갑니다.

부정심소不定心所는 회悔·면眠·심尋·사伺 네 가지입니다. 회悔란 후회하는 마음으로 좋은 일을 하고 나서 또는 좋지 않은 일을 안하고서 후회하는 좋지 않은 경우도 있고, 좋은 일을 하지 않고서 또는 좋지 않은 일을 하고서 후회하는 좋은 경우가 있습니다.

수면睡眠이란 마음이 혼미하여 자재하지 못한 상태인데, 이 상태로 인연처에서 좋은 일과 상응하는 경우도 있고, 좋지 않은 일과 상응하는 경우가 있습니다.

심尋이란 대상에 대해 '그것이 무엇인가'라고 판단을 내리는 마음작용인데 대상을 개관하여 변별하는 것으로 거친 마음작용입니다.

사伺란 이전에 경험할 것에 대해 '그것은 이것이다'라고 판단을 내리는 마음작용인데 대상에 대해 더 자세하게 변별하는 마음작용입니다. 거친 판단에도 욕망 등을 향한 것과 욕망 등을 벗어난 것이 있고, 자세한 판단에도 다른 이에 해를 주는 것과 이익을 주는 것이 있습니다.

이와 같이 위의 네 가지 심소가 그때그때 어떻게 작용하느냐에 따라서 우리의 삶을 윤택한 방향으로 흐르게도 하고 번뇌와 갈등 속으로 몰아넣기도 하기 때문에 그 특성이 결정돼 있지 않는 심소[不定心所]라고 합니다.

삶을 갈등 속으로 몰아내는 근본적인 근거는 탐진치貪瞋癡이며, 반대로 삶을 윤택하게 만드는 것은 무탐無貪·무진無瞋·무치無癡가 됩니다. 탐심이나 진심이나 치심의 공통점은 전부 무엇인가를 소유하고 있다는 데 있습니다.

육바라밀의 첫째인 보시는 '몸과 마음의 소유를 줄이는 것'으로서 신구의身口意 삼업을 다스리는 방편입니다. 재물과 노동력을 이웃과 나누면서 신업身業을 다스리고, 지혜의 말을 나누면서 구업口業을 다스리고, 포근한 마음을 나누면서 의업意業을 다스립니다.

탐심貪心의 소유나 진심瞋心의 소유가 줄어들면 보시가 일어나는 것입니다. 또 치심癡心의 소유가 줄어들면 윤택한 삶을 보시하게 되는 것입니다. 소유로 점철되어 있는 삶이 보시를 통해서 무소유가 되면, 우리의 삶이 욕심내지 않고[無貪]·성내지 않으며[無瞋]·어리석지 않는[無癡] 흐름으로 바뀝니다.

소유로 되어 있는 우리의 삶을 무소유로 바꿔가는 것이 수행입니다. 수행으로 한 생각이 일어날 때 명확하게 깨어 있다는 말은, '그 순간에 법신·보신·화신의 제 모습이 드러났다'는 말입니다. '깨어 있음' 자체가 우리 삶의 전부로서 내가 깨닫는 것이 아니고, 깨달음이 바로 근본적인 삶입니다. 여기에는 '나와 나의 것'이 있을 수 없는데, 깨달음은 소유를 벗어난 것이기 때문입니다.

'화를 내지 않은 나'와 어쩌다 '화를 내는 나'가 따로 있다고 생각하기 쉬운데, 매순간의 흐름이 삶의 전체를 이루기 때문에 화를 낸 순간에는 바로 화가 삶의 전부입니다. 행온의 흐름이 '깨어 있음으로 가는가, 아니면 탐심·진심·치심으로 가는가'에 따라 무소유의 삶과 소유의 삶이 결정됩니다. 이 관계를 명확하게 관찰해서 한 생각이 일어나고 사라짐을 보는 힘이 강하면 강할수록, 자기 삶을 깨어 있음의 삶으로 만들어서 해탈을 맛보는 것입니다.

잘못된 마음의 흐름을 번뇌장煩惱障과 소지장所知障으로 나눴습니다. 탐심과 진심은 번뇌장, 치심은 소지장입니다. 소지장이란 '알아야 할 바에 대해서 장애를 일으킨다'는 말입니다. 삶의 흐름을 명철하게 보는 것이 알아야 할 바이므로 소지장이란 삶의 흐름을 잘못 본다는 말입니다.

삶의 흐름에서 명철하게 깨어 있지 못하는 데서 파생되는 탐심이나 진심의 번뇌 때문에 우리는 편하지 못합니다. 삶의 흐름을 명철하게 관찰하여, 깨어 있는 순간 곧바로 소유의 흐름 대신 무소유의 청정한 흐름으로 살게 됩니다. 그리고 바른 앎의 흐름 속으로 가면 갈수록 번뇌가 줄어들고, 상相에 머물러서 갈등하고 있는 것이 없어집니다.

한 생각이 일어날 때마다 집중과 관찰을 하여 탐욕이 없어져, 나와 나의 소유로 인한 욕심이 없는 것이 무탐無貪입니다. 한 생각이 일어날 때마다 집중과 관찰을 하여 성냄이 없는 것이 무진無瞋입니다. 탐심이나 진심을 소유하고 있으면 삶의 관계가 닫히게 되고 삶의 흐름에 깨어 있으면 반드시 열린 마음이 일어납니다. 열린 마음에서 일어나는 앎이 무치無痴이며, 이 마음에서 나오는 행동을 자비라고 합니다.

자신과 다른 사람의 마음을 편안하게 하는 자비를 심해탈心解脫이라고 하며, 삶의 흐름을 명확히 보는 것을 혜해탈慧解脫이라고 합니다. 수행을 하여 깨어 있는 순간에는 몸과 마음의 전체적인 힘이 깨어 있습니다. 생각은 깨어 있고 몸은 깨어 있지 않은 것이 아니고, 생각이 깨어 있으면 경안, 즉 몸과 마음이 이완되고 아주 편안해집니다. 깨어 있음이 지속되면 마음만 편안해지는 것이 아니고, 몸 자체도 편안함으로 흐르게 됩니다. 화가 나면 마음만 화가 나 있는 것이 아니고, 몸 전체가 화를 내는 상태로 바뀌어 버립니다. 곧 몸과 마음이 전체적으로 탐진치 삼독을 소유한 상태가 되거나 삼독이 완전히 사라진 상태가 되는 것이지요.

우리의 삶은 몸과 마음과 대상이 하나가 되어 흘러가고 있습니다. 깨어 있음이 되면 될수록 소유가 줄어들고, 몸과 마음 가운데서 자기화되어 있는 영역이 줄어듭니다. 몸과 마음이 청정해지고 보시하는 마음이 일어나면서 번뇌가 줄어들어 즐거움으로 가는 것이 해탈의 길입니다.

2장. 마음작용의 하나하나

제3능변의 심소에 대해서 하나하나 풀어 봅시다. 변행遍行과 별경別境 심소는 앞에서 이야기했습니다. 선심소란 삶을 윤택하게 만들어서 소유의 삶을 무소유의 삶으로 바꾸어 가는 강한 근거입니다. 신信에 대해서 앞에 이야기했습니다만, 신이 갖는 중요한 뜻은 '누구를 믿는다, 무엇을 믿는다'라는 뜻보다는 '자기 삶이 총체적인 깨달음의 삶'이라고 믿는 것입니다. 불교에서 신이 완성된 순간은 출세도出世道에 들어갔을 때입니다. 예류과預流果에 들어갔을 때 우리의 삶이 무상·무아·공이며, 법신·보신·화신 전체의 흐름인 것을 알게 됩니다. 예류과에 들기 전에 믿음이라고 하는 것은 불완전한 것입니다.

참괴慚愧에서 참慚이란 내면적으로 뉘우치는 것이며, 괴愧는 밖으로 드러난 대인관계를 의식해 부끄러워하면서 행동을 바꿔가는 것입니다. 무탐등삼근無貪等三根에서 등等 속에 무진·무치가 들어 있으며, 탐진치가 없는 것입니다. 탐진치가 없도록 활동하는 것은 바로 소유에서 무소유로 흘러가는 수행을 의미합니다. 이것은 마음 지켜보기를 함으로써 일어나게 됩니다.

생활에서 무탐無貪·무진無瞋·무치無癡가 확실히 일어난다는 것은 행위적 의미에서 신입니다. 그리고 그렇지 못한 것에 대해서 내외적으로 부끄러워하는 것이 참괴慚愧입니다. 근勤은 정진精進으로 한 생각이 일어

174

났을 때, 소유를 무소유로 바꿔가는 행위를 끊임없이 하는 것입니다.

한 생각이 일어나고 한 동작이 일어날 때마다 그 행위와 동작을 소유에서 무소유로 가도록 지켜보는 마음의 작용이 계속되어 몸과 마음이 편안하게 되는 것을 안安이라고 합니다. 바른 수행을 하기만 하면 누구나 다 경험할 수 있습니다. 소유가 줄어들고 무소유의 삶이 되면 저절로 편안하고, 이완되고, 일을 하고 싶고, 즐거움이 일어나는 것이 안의 상태입니다. 안심소는 우리 삶을 지속적으로 윤택하게 만들어 가는 작용을 하게 됩니다.

다음에 불방일不放逸이란 제멋대로 행동하지 않는 것입니다. 그러기 위해서는 수受와 상想의 흐름을 명확하게 지켜보는 힘이 있어 생각이 일어나서 사라지는 전 과정에서 깨어 있어야 합니다. 곧 한 생각이 일어날 때 행의 흐름을 계戒의 형태로, 정定의 형태로, 혜慧의 형태로 명확히 지켜서 탐진치를 버려 가는 것을 불방일不放逸이라고 합니다. 불방일은 어느 한 가지 마음가짐이라기보다는 탐진치 삼독이 일어나지 않게 지속적으로 정진하는 모습입니다.

행사行捨는 평등심입니다. 한 생각이 일어나서 갈등이나 번뇌로 흐를 때, 집중과 관찰력의 깨어 있음으로 인하여 마음이 고요하게 되면 평등심이 일어납니다. 평등심이 일어나는 곳에서는 남을 해치려는 마음이 일어나지 않습니다.

우리가 상相에 집착되면 자신과 타인의 대립이 가장 큰 특성으로 나타납니다. 개인적으로나 사회적으로 평등심이 일어나지 않게 됩니다. '얼굴이 둥글었으면 좋겠다'고 생각하면, 둥글지 않은 상태에 대해서는 마음이 평안하지 못합니다. '머리가 좀 좋았으면 좋겠다'고 생각하면, 그렇지 않은 것에 대해서 짜증이 납니다. 스스로가 이중구조를 갖추고,

'지위가 높았으면, 돈이 많았으면' 하고 바랍니다. 이 모두는 자신과 타인의 비교에서 지배적 우위를 차지하려는 자아의식 때문입니다. 한 생각이 일어날 때마다 고정된 '나'라는 실체를 중심으로 타인과 비교하면서 살아가기 때문입니다.

나와 나의 것을 버리는 데서부터 평등심이 일어나고 배타적 지배관계가 수그러듭니다. 비교와 대립이 없어지면서 다른 이의 삶을 해롭게 하지 않는 것을 불해不害라고 합니다. 한 생각이 일어날 때 '이것은 이것, 저것은 저것'이라고 분별하고 탐심, 진심, 치심으로 흘러가는 삶이 아니라 평등과 자비가 행해지는 윤택한 삶으로 작용하는 것이 선심소입니다.

12. 네 번째 번뇌심소는 탐·진·치·만·의·악견이고, 다섯 번째 수번뇌는 분·한·복·뇌·질·간

煩惱謂貪瞋　癡慢疑惡見　隨煩惱謂忿　恨覆惱嫉慳

번뇌심소는 모든 번뇌의 근간인 근본번뇌와, 그것에 의해서 일어나는 구체적인 활동인 수번뇌隨煩惱로 나눕니다. 탐·진·치·만·의·악견이 근본번뇌입니다. '장미꽃이 붉다'고 할 때 붉은 색이 가지고 있는 여러 가지 상황 속에서 붉음만 떼어 내어 붉음 자체가 장미꽃의 생명체계에서 소외되고 인간의 인식체계에 의해서 소유된 붉음이듯, 삶의 장에서 소외된 '나'는 '나의 소유'를 키워 가려고 합니다. 그것이 탐심의 소유, 진심의 소유, 치심의 소유입니다. 소외의 관계에서는 평등심이 일어나지 않기 때문에 자기가 높다거나, 낮다거나, 내 생각이 옳다거나, 그르다거나 등등의 생각을 일으키게 되는 것이 만慢입니다.

행사行捨의 평등심이 일어나지 않으면 의심[疑]을 하게 됩니다. 내가

176

소유를 하면서 내 것을 뺏기지 않으려는 것, 또는 내 것을 계속 가지려는 것, 이런 식으로 자기 삶을 만들고 자타의 구별 속에서 타인의 삶을 내 삶 속에 받아들이지 못하기 때문에 의심이 일어나게 됩니다. 이때 큰 의심 중의 하나가 '자신의 삶이 법신인 연기의 흐름이고[法身], 모든 것을 창조할 수 있는 능력을 가지고 있으며[報身], 실제로 창조하고 있는 것[化身]'을 믿지 않는 것입니다. 자기 자신을 오히려 소외현상인 대립의 갈등 속에 집어넣습니다. 출세도에 들어가야 '지금 여기의 삶이 법신·보신·화신의 청정한 흐름'인 것을 알게 되어 의심이 없어집니다. 누구로부터 구속받는 것도 아니요, 누구로부터 구원받을 것도 아닙니다. 자기 삶이 이미 청정하며 살 만한 삶으로 되어 있음을 확신하기 때문에 의심이 없어집니다. 그전에는 자기 스스로를 잘난 사람에 예속시키거나 못난 사람에 예속시켰습니다. 이와 같이 상대적인 비교나 배타적 관계에 있을 때는 반드시 의심이 일어나게 됩니다.

아법의 분별을 바탕으로 내세우는 견해가 악견으로 바른 것을 보지 못하는 미혹한 마음[顚倒夢想]입니다. 『반야심경』에서 반야바라밀수행을 깊게 하면 미혹한 마음으로부터 멀리 벗어난다고 했습니다. 어떤 일이 일어났을 때 그 일을 명확히 판단하려면 내 마음이 평온해야 합니다. 평온해야 삶의 일어남을 명확하게 관찰합니다. 흥분하면 삶을 명확하게 관찰할 수가 없습니다. 지금 일어나고 있는 현상에 자신이 끄달리면, 일어나고 있는 한 생각의 흐름이 무엇인가를 명확히 알지 못합니다.

그래서 어제도 그렇게 일어난 것 같고 오늘도 그렇게 일어난 것 같으니까, 그것을 결정적으로 '존재한다'라고 생각합니다. '존재한다'라는 잘못된 생각을 가지면서, 삶을 구별하고 서로 소외된 관계를 이루게 됩니다. 이때 마음을 가라앉히고 관찰해 보면 잘못된 견해라는 것을 알게 됩니다.

잘못에 빠져 있는 견해가 악견으로서, 무아·무상無常·공空에 대해 알지 못하는 것입니다.

악견에 다섯 가지가 있습니다. 첫째는 아견으로 나의 존재를 고집하는 것이며, 둘째는 변견邊見으로 단견이나 상견을 고집하는 것이며, 셋째는 사견邪見으로 잘못된 견해를 고집하는 것이며, 넷째는 견취견見取見으로 자기의 견해를 최고라고 고집하는 것이며, 다섯째는 계금취견戒禁取見으로 잘못되고 거짓된 계율을 고집하는 것입니다.

13. 광·첨·해·교·무참·무괴·도거·혼침·불신·해태

誑諂與害憍　無慚及無愧　掉擧與惛沈　不信幷懈怠

수번뇌隨煩惱는 근본번뇌와 더불어서 일어나는 구체적 활동들이기 때문에 수번뇌라고 부릅니다. 분노[忿]·적대감[恨]·번민[惱]·질투[嫉]·다른 이를 해침[害]은 근본번뇌의 진심瞋心과 연결되고, 자기 잘못을 은폐함[覆]·인색함[慳]·속이는 것[誑]·다른 이를 혼란케 함[諂]·자신의 성취에 대한 자만[憍]은 근본번뇌의 탐심貪心과 연결되고, 복覆·광誑·첨諂은 치심癡心과도 연결됩니다.

무참無慚은 잘못에 대해 스스로에게 뉘우치지 않는 것이며, 무괴無愧는 잘못에 대해 다른 사람에게 부끄러워 않는 것으로 선심소의 참괴慚愧와 상대되는 것입니다. 도거掉擧는 마음이 들떠 있어 내면적으로 안정이 안 된 상태입니다. 혼침惛沈은 도거와 반대상황으로 사물에 대한 명확한 판단을 하지 못하는 혼미하고 무거운 상태입니다. 불신不信은 앞에서 말했듯이 '우리 삶이 법신·보신·화신 전체의 흐름임'을 명철하게 믿지 않는 것입니다. 해태懈怠는 선을 닦지 않고 악을 방지하지 않는 것입니다.

14. 방일·실념·산란·부정지입니다.

여섯 번째 부정심소는 회·면·심·사입니다.

회와 면 그리고 심과 사의 두 쌍[二]은 각각 선 또는 번뇌의

두 가지[二]로 작용합니다.

　　妨逸及失念　散亂不正知　不定謂悔眠　尋伺二各二

방일放逸은 정진하지 않는 것으로 상온과 행 사이의 흐름을 명철하게 보지 않는 것입니다. 한 생각이 일어난 것을 명확하게 바로 알아차리는 것이 염念입니다. 한 생각이 일어나면 그 생각에 따라가지 않고, '무슨 생각이 어떻게 일어나는가'를 명확히 알아차려야 계정혜戒定慧가 살아 있게 됩니다. 알아차림이 없는 것이 실념失念입니다. 별경심소의 염과 상대해서 생각해 보십시오.

　산란散亂은 마음이 이곳 저곳으로 흩어져서 무상·무아·공인 연기실상의 방향으로 가지 못하는 것입니다. 부정지不正知는 대상을 잘못 파악하는 것입니다. 정지正知는 삼법인의 흐름을 아는 데 반하여, 부정지는 아집과 법집을 바탕으로 아는 것입니다. 부정不定심소인 회·면·심·사悔眠尋伺는 앞에서 이야기했습니다. 선으로 작용할 수도 있고 번뇌로 작용할 수도 있어 부정不定입니다.

　이와 같이 심소의 내용을 자세히 아는 것도 의미가 있지만, 더 중요한 것은 언제나 깨어 있는 마음으로 총체적으로 선심소의 작용이 일어나게 해야 할 것입니다. 그리하여 번뇌에서 깨어나 지혜의 열린 관계인 자비의 삶이 완전히 드러날 때 법신·보신·화신이 우리의 삶에서 빛으로 나툴 것입니다.

15. 근본식에 의지해서 전오식이 인연 따라 나타나는데
함께 나타나거나 따로따로 나타납니다.
이는 마치 파도가 물에 의지하는 것과 같습니다.

依止根本識 五識隨緣現 或俱或不俱 如濤波依水

근본식이란 '근본적인 앎의 흐름인 아뢰야식으로 삶의 바탕'을 의미합니다. 앎이라는 것이 없다면 살아 있음 또한 있을 수 없습니다. 살아 있음은 앎이라는 영역 속에서의 살아 있음을 의미하기 때문입니다. 제3능변인 전6식도 근본적인 앎의 흐름에 의지해서 일어납니다. 그래서 제8식을 근본의根本依라고 합니다. 그렇기 때문에 전5식도 근본식에 의지하면서 연에 따라 같이 나타나거나 따로따로 나타나는데, 마치 파도가 물에 의지하는 것과 같습니다. 눈을 통해서 일어나기도 하고 귀를 통해서 일어나는 등, 그때그때의 반연攀緣이 무엇인가에 따라서 일어납니다. 전5식은 항상 의와 더불어 같이 일어나기 때문에, 제6의식과 함께 제3능변인 요별경식了別境識이라고 합니다.

16. 의식은 무상천, 무상정과 멸진정, 수면, 기절을
제외하고는 항상 일어납니다.

意識常現起 除生無想天 及無心二定 睡眠與悶絶

상과 행온[의지작용] 사이의 흐름에서 의지작용으로 소유를 줄이면 몸과 마음이 가벼워지는 경안輕安을 경험하게 됩니다. 경안을 경험했다는 말은 욕계가 가지고 있는 탐진치의 무거운 흐름이 청정한 흐름으로 바뀌었다는 것을 의미합니다. 지금까지 있었던 번뇌의 무거운 속성이

줄어들어서 몸과 마음이 가벼운 것을 느끼게 되는 것입니다.

그와 같이 몸과 마음이 가벼워진 것이 청정함이고, 극도로 청정해지면 색계를 이룹니다. 한 생각이 일어날 때 명확하게 마음집중과 관찰을 통해서 몸과 마음을 바꿔 가는 것이 욕계에서 색계의 흐름으로 가는 것입니다. 색계청정의 힘이 더욱 커지면 무색계의 현상을 바로 경험합니다. 너무 청정하고 편안해서 이제는 몸과 마음이 가지고 있는 욕계와 색계의 업이 아무런 작용을 하지 않게 됩니다. 욕계와 색계의 업에 의해서 이루어진 몸은 없는 것과 같으며 의식의 흐름만 경험하게 됩니다.

무상천無想天은 색계 제17천, 제4선정의 광과천 가운데에 있는 세계로 의식이 없다고 합니다. 무상정無想定이란 상[想:표상작용, 명언종자의 분별에 의해서 구별되어 나타냄]이 없는 선정을 말합니다. 한 생각이 일어날 때마다 소유의 흐름이 지속되어야 명언名言의 이전이 계속되는데, 수행을 통해서 무소유로 흘러가면 언젠가는 상이 전혀 작용하지 않는 상태를 경험하게 됩니다. 앎과 삶의 흐름은 있으나 상의 개념작용이 없습니다. 그것을 무상정 또는 무수상정無受想定이라고도 합니다.

이것은 인간의 몸을 가지고 있을 때는 상想이 없는 선정이요, 수상受想이 없는 선정이지만 인간의 몸을 가지지 않는 이들의 세계인 색계의 이야기라면 무상천無想天 중생의 삶이라고 해야 할 것입니다. 색계의 제17천 중 하나인 무상천에 사는 중생들은 상의 흐름이 없기 때문에 의식이 일어나지 않는다는 것입니다. 인간의 모습을 가지고 청정수행을 해서 무수상정이나 멸진정滅盡定을 경험할 때도 제6의식은 일어나지 않습니다.

깊은 잠을 잔다거나 기절할 때[悶絶]도 의식이 일어나지 않습니다. 중요한 것은 색계·무색계에 대한 체험을 그 세계에 태어나서만 하는 것이 아니라 수행이 익어 청정하고 고요한 삶이 됐을 때 '현재 우리의 삶에서도 색계와 무색계를 경험'한다는 것입니다. 또 무심인 두 가지 선정 가운데 하나인 멸진정 상태에서도 의식이 일어나지 않습니다. 무상정에서는 제6식만 일어나지 않기 때문에 유루정有漏定이라 하고, 멸진정에서는 제7식도 일어나지 않기 때문에 무루정無漏定이라고 합니다.

● 알아차리는 훈련을 계속하면 '마음'이나 '생각' 또는 '느낌'이 어떤 것인가를 알게 됩니까?

그렇습니다. 지금 상태에서 '정신이 무엇이다, 마음이 무엇이다'라고 해도 중생의 이해범주를 벗어나기 힘듭니다. 또 이해는 된다고 해도 돌아서면 그전처럼 살고 있는 우리를 보게 됩니다. 그러나 마음챙김을 통해서 '마음'이나 '생각' 또는 '느낌'을 확실히 알면 삶이 변해 갑니다. 삶은 매순간마다 변화하기 때문에 '느낌이다, 생각이다, 정신이다' 하는 것으로 구분된 앎이 아닙니다. 한 생각이 일어나는 것 자체가 살아 있는 삶 전체입니다. 마음의 작용이 일어나는 것이 곧 자신을 모두 드러낸 것입니다. 깨어 있으면 삶을 전체적으로 이해하고 편안하게 만듭니다.

● 반야란, 일어나고 사라짐이 무상임을 아는 것입니까?

반야는 보통 수행을 통해서 나타난 결과인 지혜라고 생각하는데, 지금까지 이야기했듯이 '삶의 흐름에 대한 마음챙김'이 반야입니다. 반야를 통해서 공·무상·무아임이 드러나고 삶의 연기실상을 알게 됩니다. 수행의 결과만 반야가 아니고 '수행의 전 과정이 반야'입니다.

● 수상受想의 일어남이 구생기俱生起의 전생이요, 행行의 흐름이 분별기의 후생이라고 하셨습니다. 식이 삶을 결정하면서 동시에 후생을 불러일으킵니까?

그렇습니다. 구생과 분별 또는 전생과 후생이라는 관계의 흐름이 지속됩니다. 상온과 행온을 주시해야 합니다. 행온을 닦는 것이 수행입니다.

◉ 윤회는 삶의 경험이며 경험의 기억과 같은 것입니까?

그렇습니다. 아我와 법法에 의한 잘못된 기억과 상속에서 비롯됩니다.

◉ 심왕과 심소를 구별해 주십시오.

안식眼識을 예로 들어 봅시다. 눈과 색은 별개라고 여기기 쉽지만 그렇지 않습니다. 눈이 없으면 색이 없고, 색이 없으면 눈도 없습니다. 그러나 눈과 색은 다릅니다. 이 다른 두 가지가 만나서 만드는 새로운 장이 안식이며 곧 심왕心王입니다. 만나면 그 장 가운데에서 여러 가지 심리현상이 일어나는데, 이것이 심소心所입니다. 관계[心王]는 있지만 작용[心所]은 일어나지 않을 수 있으므로 심왕이 중심이 됩니다.

심리현상은 심왕의 장이 소유하므로 심소유법心所有法이라고 하며, 줄여서 심소라고 합니다. 우리는 심리현상의 분별만을 따지며 살아왔기 때문에, 만남의 장인 심왕에 대해서는 생소합니다. 그러나 항상 6근과 6경은 함께 만남의 장인 식[識, 心王]을 이루고 있습니다. 일상생활 속에서 보고 듣는 관계의 장이 있어야만 그 가운데에서 심리현상[심소]이 일어납니다.

◉ 심왕에서 심소가 어떻게 작용하는지 말씀해 주십시오.

심왕은 언제나 마음의 작용을 있게 하는 장의 흐름이며, 심소는 그 가운데 작용으로 나타납니다. 인식의 장이 형성되면 그때그때마다 적의적절한 심소의 작용이 저절로 일어나고 있습니다. 물론 작용이 일어나기 전에는 종자라는 갖가지 심소작용의 경향으로 있다가 식장이 형성되면 그 색에 맞게 경향성인 종자가 저절로 현행하는 것입니다. 그래서 심소를 통해서 '현행하는 윤회를 여실히 보는 것'입니다. 관계[심왕]는 작용[심소]을 통해서 제 모습을 보이기 때문입니다.

● 인식의 작용을 찰나생멸이라고 해석하는 것이 맞습니까?

우선 인식의 전환이 필요합니다. 관계란 서로 영향을 주고받기 때문에 어느 한 쪽이 완전히 주도할 수 없습니다. 안식眼識을 예로 들면, 눈도 매순간 변하고 대상도 매순간 변하며 공간·햇빛 등등도 매순간 변하기 때문에, 이들의 관계도 서로서로 영향을 주고받으면서 변해 가는 것입니다. 생각만 굳어지지 않으면 쉽게 알 수 있습니다. 이것은 해석이 아니라 삶의 본질이기 때문입니다.

그래서 근본식을 폭류처럼 흘러간다고 했습니다. 앎은 변화이며, 변화는 찰나간에 달라집니다. 나아가 집중과 관찰력이 깊어지면 찰나에 생하고 멸하는 간격을 경험합니다. 이때도 역시 생각만 생멸하는 것이 아니라, 나와 대상의 전체가 동시에 생하고 멸하면서 변화합니다.

● 별경심소 중에 작의심소가 없는 이유는 무엇입니까?

작의作意란 대상으로 주의를 기울여 가는 마음작용을 뜻하며 변행심소에 들어 있습니다. 변행심소는 모든 식에 항상 동반되어 작용합니다. 때문에 제6식의 심소인 별경심소의 작용이 있을 때도 작의심소는 항상 동반되고 있습니다.

● 전생의 식이 사라지고 후생의 식이 일어난다고 하셨지요?

전생과 후생이란 식이 흘러감에 있어서 자기를 닮게 상속하는 것을 의미합니다. 이 순간을 놓치기 때문에 연속으로 보이나, 집중과 관찰이

깊어지면 상속의 전후생멸을 보게 됩니다. 찰나생멸의 전생과 후생을
볼 수 있습니다.

⦿ 식이 업을 만들고 그 업이 수상으로 나타납니까?

업이란 '분별의 경향성이 상속해 가는 것'을 말하며, 분별의 경향성인
업이 현행하는 것이 식의 분별이기 때문에 업과 식은 다른 것도 아닙니다.
현행은 식이면서 동시에 분별의 경향성을 남겨 상속해 가기 때문에,
후찰나에서 보면 업이 됩니다. 현행의 식이 업을 상속시키고[現行熏種子],
이 업은 다시 현행의 식을 규정하면서[種子生現行] 서로간에 영향을 주고
받습니다.

이와 같은 관계에서 본다면 식이 업을 만들고 그 업이 다시 수상受想으로
현행한다고 할 수 있습니다. 그러나 제8식에서 보면 분별의 경향성인
업은 단지 상분의 하나인 종자에 해당됩니다. 이 종자는 7전식에 의해
훈습되기 때문에 제8식에서 본다면 식이 업을 만드는 것은 아닙니다.
또한 7전식으로 현행하지 않는 종자는 찰나에 멸하면서 다시 종자를
만들어 가기 때문에 현행 /선식에 의해 훈습되어 만들어진다는 것과는
다릅니다. 그러나 제8식은 그 자체가 전부 종자라고 이야기하는 경우도
있기 때문에 식이 종자를 만든다고 이야기할 수도 있습니다.

그리고 업이 수상으로 현행한다고 했습니다만, 그것은 행을 닦는 수행
면에서 수상의 흐름을 지켜보는 의지작용은 업의 흐름과는 달리 법계등류
의 흐름과 함께하기 때문에 이 행의 작용은 업과 다른 것이지만, 습관적인
의지작용[行]이라고 한다면 수상만이 아니고 오온 전체가 다 업에서
일어나는 것입니다.

7강

나를 버림으로 나타나는 네 가지 지혜

1장. 분별과 시비 속에서 깨어 있기

우리가 심청정心淸淨을 회복하게 되면 전5식은 성소작지成所作智, 제6식은 묘관찰지妙觀察智, 제7식은 평등성지平等性智, 제8식은 대원경지大圓境智가 됩니다. 이렇게 하면 마치 인간의 삶 속에 네 가지 지혜가 따로 작용하고 있는 것처럼 생각하기 쉽습니다. 그러나 이와 같은 네 가지 지혜는 따로 작용하는 것이 아니고, '우리 삶의 제 모습을 나타내는 네 가지 특성'입니다. 이 네 가지는 삶을 표현하는 네 측면의 서로 다른 모습입니다. 이것을 한마디로 '연기'라고 합니다. 연기실상에서의 삶은 한정적인 것이 아니라 대칭적인 모습으로 파악하고 있기 때문에 어떤 하나가 최고의 위치를 차지하지 않습니다.

누구나 동시대에 최고 가치인 생명의 모습을 드러내면서 흘러가는 것을 불교에서는 무상無上이라고 합니다. 모두 연기관계 속에서 자기 삶을 표현하기 때문에, '잘나고, 못났다'고 하는 구조 속에서 삶을 살아가지 않습니다. 삶 그 자체는 비교해서 잘나고 못났다는 분별의식이 개입할 틈이 전혀 없습니다. 이러한 평등을 정등正等이라고 합니다. 이와 같은 삶의 구조 속에 누구나 제 모습이 최고의 가치를 발현하면서 살아가고 있는 것입니다. 누구나 삶이 제 모습으로서 가치가 있기 때문에 평등에 바를 정자를 써서 정등正等이라고 부릅니다. 무상과 정등은 각覺, 깨달음 속에 살아 있습니다. 이 깨달음에 이름을 붙여서 정각正覺이라고 합니다.

깨달음으로 나툰 생명의 모습이 무상정등정각無上正等正覺, 곧 아뇩다라[無上]삼먁[正等]삼보리[正覺]입니다. 삶의 자기 모습을 회복하면 누구나 함께 같이하는 평등 속에서 자타를 구별하지 않고 깨어 있게 됩니다. 이것이 우리의 진정한 삶인 함께 어우러져 있는 삶으로서의 대원경지大圓境智입니다.

장소, 시대, 문화, 인종 등 여러 가지 조건에 따라서 시시각각 삶이 제 모습을 가지면서도 가장 조화로운 삶, 함께 살아가는 삶을 여는 지혜를 성소작지成所作智라고 부릅니다. 코로 가는 기운은 코의 모습으로, 눈으로 가는 기운은 눈의 모습으로, 몸으로 가는 기운은 몸의 모습으로 키워 갑니다. 한국인은 한국인의 모습으로, 미국인은 미국인의 모습으로 키워 가고 있습니다. 그것은 그때그때 우리가 해야 할 일[所作]을 완성[成]하는 것으로 연기의 함께 사는 삶으로 모두를 이끄는 지혜입니다. 제 모습을 나투게 하면서도 그 자체로 완성된 삶을 열게 하는 부처님의 지혜가 관계 속의 이룸에서 모두를 깨닫게 하는 작용입니다. 그렇기 때문에 대원경지와 성소작지는 부처님이 됐을 때 실현되는 지혜입니다.

조화로운 연기의 삶을 이루려면 마치 혀가 맛을 정확히 알아차리듯, 우리와 만나는 관계에 대해서 한치의 빈틈도 놓치지 않고 알아차려야 합니다. 빈틈없이 놓치지 않고 관찰하여 관찰대상에 대한 바른 통찰을 이룬 지혜인 묘관찰지妙觀察智에 의해 삶의 흐름 속에 한 순간도 소유가 끼어들지 않습니다.

부처님께서 돌아가시면서 "빈틈없이 깨어 있어라"고 하셨습니다. 빈틈없이 깨어 있게 되면 우리 속에 자타를 구별하고 '못났다, 잘났다'라는 생각이 끼어들 틈이 전혀 없습니다. 이와 같은 활동을 평등성지平等性智라고 부릅니다. 통달위에 이르면 무아에 대한 확실한 체험으로 분별기의

190

번뇌가 작용하지 않기 때문에 미묘한 관찰이 일어나고 자타가 평등한 관계임을 실천적으로 증득하게 되므로 묘관찰지와 평등성지가 일어나게 됩니다. 따라서 연기실상의 관계 속에서 조화롭게 제 모습을 나투면서 살아가는 삶을 대원경지·평등성지·묘관찰지·성소작지의 네 가지 지혜로서 이야기하는 것입니다.

17. 분별하는 것[分別]과 분별되는 것[所分別]은 모두
식의 전변에 의한 것으로 그 자체가 실재하는 것이 아닙니다.
그러므로 모든 것이 오직 식일 뿐이라고 합니다.

　　是諸識轉變　分別所分別　由此彼皆無　故一切唯識

18. 일체종식으로 말미암아 이와 같이 전변하며,
전전력 때문에 가지가지 분별이 생깁니다.

　　由一切種識　如是如是變　以展轉力故　彼彼分別生

삶은 흘러가고 있습니다. 이 흐름 속에 성소작지·묘관찰지·평등성지·대원경지의 깨어 있음이 지속되지 않는 순간도 있게 되는데, 이 순간에 잘못된 생각[분별]이 들어오면서 원만한 세계가 깨집니다. 그러나 매순간 삶의 흐름은 '항상 자신의 전 흐름을 드러내며', 또한 관계 속의 변화이기 때문에 시작과 끝이 없고, '매순간 다르기 때문에 늘 새롭습니다.'

　그러나 중생의 분별과 고정화가 계속되는 이유는, 후찰나의 심리작용이 전찰나의 심리작용[과거]을 닮기 때문입니다. 따라서 과거의 시점과 모양 등이 고정되고 분별되지만, 이것은 분별의 상속에 의한 허상일 뿐입니다. 한 생각의 일어남은 다만 현재의 상태이기 때문에, 과거의

어느 시점부터 분별을 파악하려는 것은 오류의 자기 상속입니다. 분별의 오류가 나타나는 시점이 곧 중생의 삶의 시작이며 끝입니다. '순간의 분별이 전체의 드러남'이기 때문에 무시무종無始無終이라고 합니다.

지금 여기에 분별을 일으켜 관찰하는 자와 관찰된 대상으로 나누는 힘을 의意라고 합니다. 분별에는 의가 저절로 개재되어 나를 세우기 때문에 평등이 깨집니다. 나아가 자타분별 가운데 선악시비 등 가지가지 양상이 일어나는 삶을 전6식이라고 부릅니다. 여기에서 진실된 삶의 관찰이 이루어지지 않게 되면 이루는 것마다 허망할 뿐입니다.

분별하는 힘과 선악시비는 지속적으로 자기 힘을 상속시키는데, 이때 드러나지 않는 상속을 종자라고 부릅니다. 현행이 분별과 소분별所分別에서 이루어졌기 때문에, 종자도 역시 분별과 소분별의 흐름입니다. 분별하는 힘[分別]과 분별되는 대상[所分別]이 드러남[현행]과 드러나지 않음[종자]으로 상속됩니다. 우리의 삶 속에서 제8식이 이런 종자를 놓치지 않고 더불어 같이하면서 흘러가는 관계를 집수執受라고 부릅니다.

삶의 흐름은 매순간 생성과 소멸을 되풀이합니다. 곧 한 생각의 일어남 속에 전찰나의 모든 것이 드러남[현행]과 동시에 드러나지 않음[종자]을 생성하고 바로 소멸합니다. 드러남도 생성소멸하고 드러나지 않음도 생성소멸합니다. '생성소멸 속에서 인연의 흐름으로 나타나는 것'이 우리의 삶일 뿐입니다.

중생에게 있어 생성소멸의 상속은 '분별하는 것과 분별되는 대상이 있다'고 여기는 힘 때문에 일어납니다. 현행의 나타남과 종자의 드러나지 않음이 서로 현행훈종자現行熏種子, 종자생현행種子生現行으로써 분별과 소분별을 훈습시킵니다. 드러나지 않음[종자]의 흐름도 종자생종자種子生種子로써 분별과 소분별을 상속합니다.

192

전찰나가 소멸하고 후찰나를 생성하면서 전후찰나에 분별과 소분별의 관계를 상속하기 때문에, 분별과 소분별의 대립이 저절로 나타난 것이 중생의 현행입니다. 소멸은 앎[식]이 없어진 것이며, 생성 즉 현행은 앎이 일어난 것입니다. 현행 때마다 중생은 주관[分別]과 객관[所分別]을 분리시킵니다.

그러나 주관과 객관의 관계는 매순간 변하기 때문에 앎이 있게 됩니다. 이러한 앎의 변화를 식의 전변轉變이라고 합니다. 인식주관과 인식대상이 식장에서 함께 전변하는데, 인식주관만의 전변이 아니라 주객이 함께 전변합니다. 앎은 분별과 소분별이 관계하면서 변화하는 하나의 장으로서, 분별과 소분별이 앎 속에서 하나가 되기 때문에 앎을 떠나서는 분별도 소분별도 없습니다[由此彼皆無]. 그러므로 분별과 소분별의 모든 것이 식일 수밖에 없으며[故一切唯識], 식 안에서의 분별과 소분별입니다.

총체적으로 '왜곡되어 나누어진 일체의 분별력'을 제8식의 이름 중 하나인 일체종식—切種識이라고 합니다. 종자의 구성력이 분별과 소분별입니다. 그렇기 때문에 분별과 소분별은 일체종식에 의하며[由一切種識], 이와 같은 전변은 서로서로 영향을 주면서 지속적으로 전개하는 힘 때문입니다[以展轉力故]. 따라서 가지가지 분별이 있을 수밖에 없습니다[彼彼分別生]. 곧 분별하여 아는 어떤 실체가 있어서 아는 것이 아니라 앎을 이루는 식장의 내용이 분별과 소분별의 흐름이며 이것이 인연처에서 서로서로 영향을 주면서 그렇게 나타날 뿐입니다. 서로서로 영향을 준다고 하는 것은 종자가 현행하거나 현행이 종자를 훈습할 때와 전찰나의 종자가 멸하고 후찰나의 종자가 생겨날 때 전찰나와 후찰나가 달라지게 영향을 주고받는다는 것이며, 이것을 전변이라고 합니다.

이것은 종자와 현행·현행과 종자·종자와 종자가 서로서로 영향을
주고받으면서 전체적인 식장이 변화한다는 것입니다. 이와 같이 상호간
에 변화의 원인이 되는 힘을 전전력이라고 합니다. 곧 전후찰나가 다르게
변화하는 전변은 종자와 현행 자체가 갖고 있는 전전력에 의해서 자체적으
로 이루어지고 있다는 뜻입니다. 그러므로 현행하는 우리의 삶은 왜곡된
분별의 세력이 모습으로 나타난 것이며, 분별의 세력이 식을 이루는
근간이기 때문에 모든 것이 식 뿐[唯識]이라고 합니다.

2장. 길을 잃은 사람

**19. 모든 업습기가 이취습기와 함께하기 때문에
앞의 이숙이 다하면 다음 이숙이 생깁니다.**

由諸業習氣　二取習氣俱　前異熟旣盡　復生餘異熟

분별[能取]과 소분별[所取]을 이취二取라고 합니다. 연기실상 속에서는 서로 생명을 주고받으면서 관계하고 있지만, 중생의 분별 속에서는 능취能取와 소취所取가 타자로만 있습니다. 하나인 식장을 둘로 나누어서 주관과 객관, 자신과 타인으로 이원화시킨 것이 이취습기二取習氣입니다. 이와 같이 능취와 소취로 나눠지면서 일어나는 선악시비와 갈등으로 업습기業習氣가 증장됩니다.

습기라는 말은 습관적으로 그렇게 하는 기운이라는 뜻입니다. 여기에서 우리의 삶이 왜 분별로 있는가를 알 수 있습니다. 순간순간 깨어 있지 못한 습관적인 흐름에 맡겨진 삶이 중생의 삶이라는 것이지요. 습관적으로 선악시비를 일으키는 기운인 업습기가 그 자체로 다음 이숙을 생기게 하는 것이 아니라 반드시 이취습기와 함께해서 다음 이숙을 생기게 하는 것입니다. 이 때문에 삶에서 매순간 깨어 있지 못하면 이취습기와 업습기, 곧 명언종자名言種子와 업종자가 현행하며, 이들이 남긴 힘[由諸業習氣　二取習氣俱]이 순간적으로 후찰나에 영향을 주면서 분별과 선악시비의 모습을 끊임없이 이어가게 됩니다[前異熟旣盡 復生餘異熟].

명언종자는 사물의 이름을 붙여 주면서, 그 사물을 다른 것과 전혀 다른 독자적인 것으로 여기는 분별의 힘입니다. 한 낱말 속에 여러 가지 뜻이 동시에 들어 있으면 이해할 수 없으며 '이것은 이것이고 저것은 저것이다'라고 분별되어야만 이해되는데, 그와 같은 힘을 명언종자라고 합니다. 명언종자가 바탕이 되어 일어나는 선악시비의 활동을 업습기라고 합니다. 이취습기와 업습기가 함께하면서 계속해서 습관적인 분별과 시비의 기운을 이어가는 것입니다.

삶의 흐름 속에 한 생각이 떠오르는 것을 구생기俱生起라고 했습니다. 종자가 현행하면서 동시에 인식주관과 인식객관의 분별을 지속해 갑니다. 연기실상인 우리 삶 속에서 분별도 끊임없이 변하면서 흘러가지만[諸行無常], 상속력에 의해 자기 인식을 계속해 나아가는 것이 윤회입니다. 윤회라면 굉장히 오랜 시간이 걸릴 것처럼 생각하지만, 그렇지 않습니다. 삶의 흐름인 한 생각이 일어나고 사라지는 과정은 명언종자와 업종자의 현행과 소멸의 반복인데, 이 반복이 바로 윤회입니다.

전이숙이 다하면 다시 다음 이숙이 생겨납니다[前異熟旣盡 復生餘異熟]. 이숙이 반복되는 이숙의 생성소멸에 의해 삶의 본질이 왜곡되어 갑니다. 네 가지 지혜가 진정한 삶의 모습이지만, 삶을 분별된 모습으로 왜곡시켜서 잘못 보는 경향성으로 현행의 습관을 이어가는 이숙異熟의 힘과 이 기운이 현행으로 나타나 삶을 왜곡시킨다는 뜻에서 분별과 소분별所分別로 이루어진 종자의 힘이 습관적인 기운이 되어서 삶을 왜곡시켜 갈등과 소외로 가게 하기 때문입니다.

한 생각에 떠오른 이숙이 우리 삶 자체를 총체적으로 왜곡시키며, 이숙의 이 힘이 마찬가지로 다음 생각의 흐름을 총체적으로 왜곡시키면서

196

그 흐름을 물들게 합니다. 삶을 왜곡시키는 전찰나의 한 생각이 떠오르면 후찰나의 삶도 마찬가지로 왜곡되어 갑니다. 이숙에 의해서 우리 삶이 끊임없이 분별과 소분별로 왜곡되어 가고 있다는 말입니다.

한 생각의 일어남을 자세히 관찰하여 생성과 소멸을 명확하게 보는 것을 깨달음이라고 합니다. 불도佛道란 깨어 있는 삶의 길을 의미하며, 중생이란 이 길을 잃은 사람입니다. 곧 '무엇이 우리 삶의 길인지, 어떻게 살아야 할 것인지'에 대해서 명확하게 알지 못한 상태가 무지이며, 자기의 삶을 명확하게 보는 상태가 명明, 불佛, 깨달음입니다.

그러나 깨달은 삶이 외부의 부처 속에서 일어나는 것이 아니고, 내가 한 생각하고 한 발 뛰는 속에서 일어나고 있습니다. 불도란 한 생각 일으키고 한 발짝 뛰는 속에서 깨어 있는 삶의 길입니다. 삶을 여실히 보게 되는 변화를 '의지처가 바뀌었다[轉依]'라고 합니다. 우리가 삶을 왜곡시키건 왜곡시키지 않건 간에, 삶의 바탕이 연기의 흐름이기 때문에 전의가 가능합니다. 이 연기의 흐름이 법계등류法界等流이며, 이때 법계란 불佛이며, 깨어 있음의 흐름입니다. 삶이 왜곡되어 있으면 괴로움을 느낍니다. 우리가 삶 속에서 괴로움을 느낄 수 있는 것은 평안과 안락인 법계등류의 흐름에서 이탈되어 있기 때문입니다. 괴로움이 깨어 있음의 출발입니다. 법계등류의 힘에 의해 깨어 있는 삶의 길을 걸어가려는 자각운동이 불도佛道입니다. 그런데 자기 삶을 놓치고 이름이나 형상으로써 가치를 추구하는 것은, 삶을 자기 쪽에서 찾는 것이 아니고 밖에서 찾으려고 하는 것입니다. 이것은 내 속에 흘러가고 있는 법계등류의 힘을 전혀 보지 못하는, 잘못된 흐름입니다. 무명이 깨어 있음으로 바뀌는 한 생각의 관찰, 한 동작의 관찰로부터 법계등류의 힘을 일으키는 것을 불도佛道라고 합니다.

불도를 법신法身·보신報身·화신化身의 삼신과 연결시켜서 이야기했습니다. 그리고 전5식의 흐름이 바뀌었을 때 모두에게 조화로운 삶을 열게 하는 지혜로서의 자기가 표현되는 것을 성소작지成所作智라고 했습니다. 화신이 자기 모습을 만들어 갑니다. 지금의 삶을 살아가는 이 모습 그대로가 철저한 법계등류의 자기표현이므로, 우리 몸은 버려야 할 대상이나 탓해야 할 대상이 아닙니다. 마음만이 추구해야 할 대상이 아닙니다. 몸과 마음이 함께 자기 모습을 만들어 가는 힘이며, 나아가 법계 모두에게 조화로운 삶을 이루게 하는 지혜입니다. 이러한 법계등류의 힘 속에 흐르는 법신의 흐름을 연기라고 합니다. 법신인 연기는 순간순간 보신과 화신으로 자기표현을 하고 있습니다. 제6식이 변한 묘관찰지妙觀察智와 제7식이 변한 평등성지平等性智 흐름도 바로 삼신이 어우러져서 나타난 것입니다.

곧 지금 나의 몸과 마음의 흐름이 바로 유식성인 깨달음의 모습이며, 이 모습을 왜곡시키는 습기에 의해서 만들어지는 세계는 분별된 가상에 지나지 않습니다. 그렇지만 청정성도 식이고, 이것을 왜곡시켜서 잘못되게 하는 힘도 마찬가지로 식입니다. 그것이 잘못된 상태로 어우러져 있건 잘된 상태로 어우러져 있건, 우리의 삶은 철저하게 인식주관과 인식대상이 어우러져 있습니다. 분별·소분별과 더불어 자기 창조와 자기 표현인 연기실상이 같이 어우러진 것이 유식입니다.

법계등류法界等流의 흐름을 매개로 하여 분별과 깨어 있음이 같이 흘러가는 것이 전의轉依가 일어날 수 있는 가능성입니다. 한 생각의 흐름 속에 전6식, 제7식, 제8식이 동시에 나타납니다. 한 생각의 일어남 속에 전6식, 제7식, 제8식이 따로 일어나는 것이 아니라 ‘8식이 동시에 총체적으로’ 일어납니다. 즉 한 순간에 자기의 모든 모습을 총체적으로 나투기 때문에, 한 순간에 깨어 있음으로써 분별과 선악시비를 줄여갈 수 있습니다. 분별과 선악시비를 깨어 있음과 마음챙김으로 바꿔가는 것이 불도입니다. 불도가 명확히 살아 있으면 분별과 선악시비가 사라지고, 연기적 창조성과 자기표현이 가능해집니다.

분별과 소분별所分別의 전이숙前異熟이 떠오르면 다시 의의 작용에 의해서 분별되어 선악으로 흘러가는 것이 후이숙後異熟입니다. 전이숙이 다하면 다시 후이숙이 떠오릅니다. 전이숙은 전생이며 후이숙은 금생으로서, 금생이 다시 전이숙이 되고 후이숙을 키워 갑니다.

전이숙이 떠오른 것을 생이라고 하며, 전이숙이 멸해서 후이숙으로 갈 때 공간이 한 번 비는 것을 멸이라고 합니다. 생멸이 찰나에 있다고 하는 말은 전이숙이 찰나에 사라지고, 후이숙이 찰나에 일어나는 것을 말합니다. 앞에서 이야기한 개미의 비유와 같습니다. 한 생각이 일어나는 순간에 전체의 자기 모습을 나타냅니다. 현행이 가장 강한 힘을 갖기 때문에 '한 순간의 바른 깨달음이 바로 부처의 모습'입니다.

한 생각이 일어나는 것을 생이라고 하고, 한 생각이 사라지는 것을 멸이라고 합니다. 한 생각이 전체로 일어나고 전체로 멸하면서 찰나의 생멸이 연속되는데, 이러한 '생멸들의 다양한 집합을 연기'라고 부릅니다. 우리는 자기 자신뿐만 아니라 타인과의 관계에서도 생멸의 단계를 절대 벗어날 수 없습니다.

이 속에서는 유일불변의 어떤 요소도 전혀 찾아볼 수 없으니, '일체유식'이라는 말은 거기서부터 나옵니다. 일체유식이란 말에서 일체란 하나하나의 실체인 존재로서 삶의 흐름 속에서 생과 멸을 하지 않는 어떤 것을 의미하나, 정신집중을 하고 보면 생멸을 뛰어넘는 존재란 없으며, 그런 존재는 바로 분별 속에서만 있기 때문에 일체유식입니다.

한 생각이 일어날 때마다 정신집중을 하고 지켜보면서 그 흐름을 따르지 않으면 이 생을 끌고 온 분별의 흐름이 바뀌면서, 후이숙에서 총체적으로 분별력이 줄어듭니다. 분별의 흐름이 바뀐다는 것은 전찰나의 종자가 갖고 있는 분별의 경향성이 약해지면서 후찰나 종자에 무분별의 경향성이 그만큼 증가했다는 것입니다. 전찰나의 생이 일어나는 순간 우리가 분별력을 더하면 후이숙에서 분별력이 커집니다. 사실 매순간 전이숙과 후이숙의 전변은 분별력으로 흘러가도 다르고 깨어 있음으로 흘러가도 서로 다름에도 불구하고, 이것을 일정한 상태로 여기는 것은 바로 우리의 분별에만 있습니다. 이 분별에 의해서 나와 법이 일정한 형태로 흘러가고 있는 것처럼 생각되는 것은 삶의 실질적인 흐름이 아닙니다.

전이숙에서 후이숙으로 흐를 때, 그 내용이 매순간 다름에도 불구하고 그것을 바뀌지 않는 것처럼 여기는 것은, 업습기와 이취습기의 속성입니다. 한 흐름 속에는 인식주관과 인식객관이 이루는 앎의 흐름만 있습니다. 여기서 깨어 있음의 흐름은 참된 길로 가는 것이요, 분별의 흐름은 중생의 길로 가는 것입니다. 한 찰나의 흐름에 분별 또는 깨어 있음의 차이만 있을 뿐이며, 이 상태가 모두 식입니다.

행선行禪에 대해서 이야기하겠습니다. 앞에서 호흡 관찰 때도 그랬습니다만, 먼저 동작에 이름을 붙입니다. 처음에는 이름을 붙여 주는 것이 생성과 소멸의 관계를 알아차리는 데 도움을 주기 때문입니다. 천천히 걸으면서 '듦, 옮김, 놓음' 이렇게 이름을 붙여 주면서 다리에서 일어나는 감각을 명확히 관찰합니다. 그러다가 흔들리면 잠시 중지하면서 '흔들림'을 알아차립니다. 또 걷다가 갑자기 큰소리가 나면 '들음'을 알아차리고 다시 걷습니다. 벽에 가까이 다가가 서려는 순간에는 서려고 하는 의지가 일어나는 것과 서는 과정을 전부 인식하면서 '섬'이라는 이름을 붙여 줍니다. 다음에 '돌려는 생각'이 일어나는 것을 명확히 관해야 하고, 몸을 돌리면서 그 동작을 잘 알아차려야 합니다. 다시 앞으로 가면서 '듦, 옮김, 놓음'을 계속해서 관찰합니다. 좌선할 때와 마찬가지로 행선할 때도 현상을 명확하게 집중 관찰합니다. 좌선과 행선으로 정동靜動의 균형을 맞춰 줍니다. 그러나 수행이 익어지면 이름이 필요 없다는 것을 저절로 알게 됩니다.

● 오온의 색[色蘊]을 유식으로 말씀해 주십시오.

인간이라고 하면 절대적인 인간의 요소를 가지면서 다른 것과 확연히 구별되는 존재로 태어나 죽기까지 불변하는 요소가 있다라고 생각하는데, 그런 것은 열린 세계에서는 없습니다. 우리 인식의 범주 속에서만 분별하여 갈등하고 번뇌를 일으키고 다투는 삶이 있습니다.

불교에서는 인간을 '오온五蘊의 만남'이라고 보며, 이것 이외에 다른 절대적 요소는 없다고 합니다. 여기서 만남이란 단순히 만난다는 것이 아니라 '앎의 관계'를 의미합니다. 따라서 유식에서 오온이란 '다섯 가지의 만남'이라는 뜻뿐이 아니라, '다섯 가지가 앎으로 통한다'는 의미입니다. 5근과 6경[色蘊]과 마음[受想行]은 앎의 장[識]에서 하나[인간]라는 것입니다. 나누면 다섯이요, 합치면 하나인 관계입니다. 앎의 장[識]에서의 색[色蘊]이요, 앎의 장에서의 수상행受想行입니다.

따라서 앎의 장이 바뀌면 형상 등의 모습과 내용이 다르게 되기 때문에, 인간의 조건을 넘으면 지금과 전혀 다른 형상 등으로써 앎의 장을 이룹니다. 전체의 관계에서 형상 등의 변화를 보지 못한 우리는 늘 일정한 형상 등이지만, 정신집중을 통해 앎의 장이 달라지면 우리의 형상 등도 달라집니다. 따라서 식 밖에 따로 색경色境이 있다는 것이 아닙니다. 식 밖에 따로 색경 등의 대상이 존재한다고 하고, 그 대상을 식이 안다고 여기게 하는 분별의 경향성이 이취습기二取習氣입니다.

● 유식에서 말하는 색온과 자연과학에서 말하는 색[물질]의 차이는 무엇입니까?

자연과학에서 말하는 물질의 정의도 시대에 따라 변해 왔으며, 연구자의 신념체계나 인식태도에 따라 다른 것 같습니다.

유식에서는 '관계 속에서의 색으로 보며, 색 그 자체도 독립된 실체가 없다'고 봅니다. 예를 들면 욕을 들으면 기분이 나쁘고, 반대로 칭찬을 들으면 기분이 좋아집니다. 이와 같이 소리의 내용이 어떠냐에 따라서 반응이 달라집니다. 욕을 하면 언제나 기분이 나쁘고, 칭찬을 하면 언제나 기분이 좋은 것도 아닙니다. 듣는 쪽의 조건이 바뀌면 반응도 달라집니다. 색깔도 마찬가지입니다. 빨간 색이라 해도 몇 가지 조건이 갖춰졌을 때만 그 색이며, 조건이 바뀌면 금방 변합니다. 또 색깔과 만나는 사람의 상태에 따라 다르기도 합니다.

미세한 차이를 놓치기 때문에 잘 모르고 있지만, 만남이 있을 때마다 나와 색이 동시에 변합니다. 색에 의해서 내가 변하고, 나에 의해서 색이 변합니다. 관계 속에서 변화의 흐름만 있기 때문에 변화하지 않는 색이 없습니다. 우리의 삶이 매순간 다르면서도 거의 유사한 조건에 놓여 있기 때문에, 욕이면 욕, 색이면 색을 일정하게 여깁니다. 따라서 색을 명확하게 보지 못하고, 소리를 명확히 듣지 못하는 것이 우리 삶의 모습입니다. 이런 것으로부터 우리가 자유롭게 되었을 때, 비로소 있는 그대로의 색을 보게 됩니다.

● 그래도 욕을 들으면 기분이 나쁩니다.

수행을 계속해 나가면 전에는 기분이 나빴는데, 오늘은 기분이 나쁘지 않은 것을 경험하게 됩니다. 앞에서 말한 '인간[중생]'의 조건을 벗어났느냐, 말았느냐'의 차이입니다.

● 유식에서 색온[色蘊]은 형상·소리·향·맛·촉·느낌 등으로 무가 아닌 어떤 것입니까?

색은 5근과 6경으로 대표되는데 인간의 인식과 주변 관계에 따라 변하기 때문에, 관계를 떠나서 어떤 것이라고 정의할 수 없습니다. 관계는 연기·무상·공 등으로 나타냅니다. 비록 색이 일정한 형상 등을 갖췄지만, 이는 인간과 색의 관계에서 인식조건이 비슷하게 흘러가고 있기 때문에 같은 것으로 인식될 뿐입니다. 그러므로 색은 무도 아니고 유도 아니며, '인식의 관계에서 변화일 뿐'입니다.

● 복이란 무엇입니까?

'막힘없이 흐르는 맑고 따뜻한 기운'입니다. 예를 들어 부부 사이가 나쁠 때는 쳐다보기도 싫고 목소리도 듣기 싫은데, 이것은 복이 아닙니다. 부부 사이에 따뜻한 기운이 막힘없이 흐르는 것이 복된 삶입니다. 막힌 마음은 분별과 선악시비로 나타나며, 막힘이 있으면 삶이 왜곡됩니다. 이 막힘이 분별입니다. 내 마음을 열어 놓지 못했기 때문에, 대상을 명확하게 파악할 수 있는 준비가 전혀 되어 있지 않습니다.

그러나 열린 세계에서 열린 마음으로써 대상을 파악하면 따뜻한 기운이 교류되는데, 이 교류를 복이라고 합니다. 열린 마음의 세계가 복입니다. 마음을 열어서 따뜻한 기운으로 손을 잡아 줄 때 기분이 좋고, 어떤 소리를 하더라도 마음이 열려 있기 때문에 기분이 나쁘지 않습니다. 마음을 여는 수행을 계속하면 조건이 변해서, 전에 기분 나빴던 소리가 더 이상 기분 나쁘지 않습니다. 이때 비로소 연기적 교류에서 대상을 파악하기 시작합니다. 색이라는 것이 나와 동떨어져 있다고 파악되면 될수록 닫힌 세계 속에서 살게 되어 색에 대해서 알 수가 없습니다. 그러나 자기를 열면 열수록 열린 기운들의 흐름 속에서 더불어 살게 되어 색을 제대로 파악하게 됩니다.

● 전5식을 오온의 수에, 제6식을 상, 제7식을 행, 제8식을 식에 대비할수 있습니까?

아닙니다. 왜냐하면 오온은 각 식에 다 흘러가고 있기 때문입니다.

● 전변과 전전력은 어떻게 구별됩니까?

전변轉變은 '변화의 현상', 곧 전찰나와 후찰나가 다르다는 데에 초점을 맞춘 것이며, 전전력展轉力은 '관계의 장에서 서로간에 영향을 주면서 자체적으로 변하게 하는 힘'에 초점을 맞춘 것입니다.

● 수受를 보통 감각이라고 해석하는데 어떻습니까?

어떤 현상이 우리의 인식주관과 마주치면[識場] 기분 좋거나, 기분 나쁘거나, 덤덤한 마음이 일어나는 것이 수受입니다. 마주친 내용이 이름과 형태로 구별되는 것이 상想입니다. 이 상태에서 좋은 쪽을 가지려고 하고 나쁜 쪽을 버리려고 하는 것이 행行입니다. 이미 드러난 수와 상을 분별하여 가지려고 하거나 버리려고 하면 다음 인식의 장이 결정됩니다 [후찰나의 식장]. 인식의 장이 이루어지면 행의 결정에 따라 그 다음 수와 상의 내용이 달리 나타납니다. 식은 낱낱의 마음의 작용[心所]이 아니라 그것들이 활동하는 장[마당, 識場]입니다. 그래서 수행이란 행의 흐름을 닦는 것[修]이라고 이야기했습니다.

● 한 생각이 일어나고 사라지는 것을 지켜보는 것도 식의 작용입니까?

앞에서 식은 마당이고 마음의 작용인 심소가 그 가운데 활동한다고 했습니다. 여기서 주의해야 할 것은 무엇이[인식주관], 무엇을[인식대상] 아는 것이 아니라 '이 두 가지 관계로 형성된 앎만 있다'는 것입니다. 따라서 무엇이 수受나 상想이나 행行하는 것이 아니고, 그저 수상행受想行 만 있을 뿐입니다. 마당을 펴면 그 가운데 저절로 수상이 있게 되는데, 이때 분별의 행으로 가지 않고 수상의 흐름을 지켜보는 것이 수행입니다. 즉 식[마당]에 수상[활동]만 있는 것으로서, 인식주관과 인식객관이 만나서 [識] 수상으로 모양을 나타낸 것입니다. 이때 무엇이 있어서 수와 상을 아는 것이 아니라, 수와 상이 저절로 앎으로 나타납니다. 앎[식]은 저절로 아는 것이 속성입니다. 그렇기 때문에 한 생각의 일어남과 사라짐을 지켜본다고 하면 그 생각을 지켜보는 무엇이 있는 것처럼 이해되기 쉽습니다만, 그와 같은 것이 있는 것이 아니라 지켜보는 것 자체가 식장이 되고 그곳에서 생각 자체가 인식주관과 대상으로 나뉜 듯이 일어나고 사라질 뿐입니다. 주관이 대상을 대상이게 하고 대상이 주관을 주관이게 하면서 흐르기 때문에 앎이 앎의 대상이면서 앎 그 자체가 주관이 된 하나의 식장에서 그렇게 보일 뿐입니다.

● 행行에서는 아와 법의 명확한 분별을 할 수 없고, 식에서만 합니까?

수상행受想行이 순서적으로 어떤 관계를 갖기는 하겠습니다만, 나름대로 특성을 가진 마음작용 중의 하나입니다. 수受는 수 나름대로 이미 의意의 분별을 동반하며, 상想과 행行도 마찬가지입니다. 아와 법의 분별은 식장 이 이루어지자마자 작용하고 있습니다. 현행의 식장[眼識 등]이 이루어지 기 전에는, 종자로서 '분별의 경향성을 상속'합니다.

아와 법을 분별할 수밖에 없게끔 구조적으로 가꾼 힘을 무명이라고 합니다. 식에 와서 분별하는 것이 아니고, '이미 우리 앞에 분별되어서 수상受想으로' 일어납니다. 근본적인 무명의 힘에 의해서 분별된 식의 흐름으로 볼 수밖에 없도록 되어 있습니다. 이 힘을 거슬러 올라가면 됩니다. 우리가 마음을 열어 간다는 것, 지켜본다고 하는 말은 지금 생사의 유전문을 환멸문으로 바꾼다는 것입니다. 환멸문으로 지켜보는 수행, 틈틈이 마음을 지켜보는 것, 파수꾼, 지킴이 역할을 해내야 합니다.

그렇게 하면 분별의 제6식은 사라지고, 무분별인 묘관찰지의 힘이 살아납니다. 전에 수상행이 저절로 앎으로 나타난다고 했습니다. 유식에서 각 심소心所는 오온의 수상행受想行을 자세하게 나눈 것이기 때문에, 수상행과 마찬가지로 저절로 자기표현을 아는 속성이 있습니다. 따라서 식만 아법의 분별을 알고 행은 모르는 것이 아니라 행 그대로가 앎입니다.

● 전5식에서도 분별이 일어납니까?

전5식에서도 분별이 일어납니다. 실제로 자기를 키워 가는 힘은 온몸에 퍼져 있습니다. 전5식도 제 모습을 키워 가는 힘을 동반하는데, 전5식 속에는 제8식의 힘이 같이 들어서 자기를 키워 가게 만들고 있습니다. 그러나 전5식과 제6식은 분명히 다릅니다. 의와 법이 만난 의식意識은 의와 눈과 색이 만나서 이룬 안식眼識과는 다른 흐름입니다. 즉 안식에는 안식의 분별이 있고 이식耳識 등에는 이식 등의 분별이 있지만 그것들을 전5식으로 묶는 것은 유사하기 때문입니다.

안식의 분별이 있다는 말은 눈과 색이 만나 이룬 안식의 장에 의意의 분별이 들어 있다는 뜻입니다. 이때의 색은 이미 색법화色法化로 의에 의해서 색이 법화된 것입니다. 색色 등의 법화를 상대할 때는 전5식이 되지만, 법화된 뒤의 법만을 상대할 때는 제6식이 됩니다.

◉ 찰나윤회와 일기윤회는 어떤 관계가 있습니까?

우리가 성을 내게 되면 성낸 마음상태가 가장 큰 현행으로서, 몸의 기운도 성냄의 기운으로 바뀝니다. 한 찰나에 몸과 마음의 내용이 전부 바뀝니다. 순간순간 몸과 마음의 상태가 다르게 흐르는 것이 찰나생멸利那生滅입니다. 순간적인 몸과 마음의 변화는 있지만 태어나서 죽을 때까지 유사한 상속이 계속되는 것을 일기생사一期生死라고 합니다. 이것은 찰나윤회의 상속이 몸과 마음의 한계 내에서 이루어지고 있는 것입니다. 찰나가 순간의 변화라면, 일기一期는 유사한 형태의 상속의 변화입니다.

나아가 다음 생을 불러일으키는 업의 상속은 모습을 바꿔 가도 지속됩니다. 해탈하여 생사를 벗어날 때까지 업의 상속이 계속되는 것을 궁생사온窮生死蘊이라고 부릅니다. 그러나 일기윤회나 궁생사온 모두 찰나윤회의 내용을 벗어나지 않습니다.

◉ 일기윤회는 어떤 모양을 가지지만, 찰나윤회는 허깨비 같지 않습니까?

아닙니다. 마음이 바뀌면 몸에서 흐르는 기운이 완전히 바뀝니다. 보통 몸은 바뀌지 않고 마음만 바뀐다고 생각하는데 그렇지 않습니다. 순간적으로 몸에서 흐르는 기운이 바뀝니다. 그것이 인간의 모습을 유지하는 동안 그 한계 내에서 계속되기 때문에 일기一期라고 말할 뿐입니다.

◉ 식의 연기를 삼세양중인과로 말씀해 주십시오.

우선 대승과 소승에 대해서 잠깐 언급하겠습니다. 보편적인 시대 구분으로 부처님 시대부터 오백 년은 정법, 다음 천 년은 상법, 다음부터는 말법 시대로 구분합니다. 부처님을 진실한 삶의 길, 즉 깨어 있음의 길을 제시한 가장 큰 스승으로 여깁니다. 가장 큰 스승 밑에서 가장 좋은 시대에 여럿이서 수행을 합니다. 그러면 그런 시대가 깨달음을 얻을 수 있는 시대이겠습니까? 아니면 상법 시대부터 말법 시대인 오늘날까지가 좋은 시대이겠습니까? 대승 쪽에서 소승이라고 부르지만, 그 쪽에서는 대승 쪽을 무엇이라고 부르겠습니까? 중요한 것은 시대나 장소의 문제가 아니고 '산 사람들의 깨달음이 문제'입니다. 깨어 있는 사람에게는 시대나 장소가 관계없습니다.

바꿔 말하면 기분 나쁜 소리를 걸러서 들을 수 있는 열린 마음이 대승이며, 그 말을 거르지 못할수록 닫힌 마음인 소승입니다. 부처님께서 우리에게 마음을 여는 법을 가르치셨습니다. 부처님 시대가 마음을 열 수 있는 조건이 가장 잘 구비된 시대입니다. 그 시대에 가르침을 받은 사람들의 대부분은 근기가 열악해서 대승법을 알 수 없었다고 하는데, 이런 말을 반성 없이 받아들여서는 안 됩니다. 부처님과 그 시대에 대한 모독입니다. 별 생각 없이 대승과 소승을 구분하는데, 실제 그것이 아닙니다. 스스로 다른 사람을 받아들일 수 있는 공간의 폭이 넓은 만큼 대승이라고 합니다. 우리들의 삶을 열어 가게 만드는 부처님의 가르침은 대승·소승의 나뉨이 없습니다.

예를 들면 자녀가 100점 맞으면 기분이 좋지만, 그 이면에는 0점 맞으면 기분 나쁘다는 것이 숨어 있습니다. 100점에서 기분 좋아하는 것은 대승심이 아닙니다. 그 말은 0점을 싫어하는 것입니다. 비교해서 받아들이는 것이 아니고, 삶 자체를 넉넉히 받아들이는 마음이 클수록 대승이며, 그때 비로소 부처님의 자비가 스며 나오게 됩니다.

일상생활을 하면서 보고 듣는 데서 깨어 있어야 합니다. 깨어 있지 않으면 선악시비 속에서 업을 증장시킵니다. 기분 나쁘고 기분 좋은 흐름을 명확히 보지 못하면 안 됩니다. 0점을 맞고 집에 터덜터덜 돌아온 아이의 마음을 받아 줄 수 있는 부모가 되어야 합니다. 그렇지 않으면 아버지나 어머니가 매일 절에 가 봐야 아들 대에 가서는 부처님의 가르침을 받아들이지 않습니다. 이런 가르침을 통해서 마음이 열리지 않으면 의미가 없습니다. 열린 가족은 사회를 여는 복입니다. 복이란 '막힘없이 흐르는 맑고 따뜻한 기운'이라고 했습니다. 그 사람으로 인해서 그 가족으로 인해서 다른 사람들이 따뜻함을 맛보기 때문입니다.

삼세양중인과三世兩重因果에 대해 이야기하겠습니다. 삼세三世를 줄이면 전찰나·현찰나·후찰나가 됩니다. 태어나서 죽음까지의 일생을 기준일기생사하면 전생·금생·후생이 됩니다. 12인연[無明·行·識·名色·六入處·觸·受·愛·取·有·生·老死]은 찰나생멸과 삼생의 생멸에 모두 적용됩니다. 왜냐하면 찰나생멸도 자기 상속을 하므로, 찰나가 독립된 것이 아니고 전후찰나가 걸쳐 있으며, 일생을 봐도 전후생이 걸쳐 있기 때문입니다. 그것을 양중兩重이라고 합니다.

12인연은 생사를 가름하는 무명의 흐름을 이야기하는 것이므로, 이 흐름도 또한 양중일 수밖에 없습니다. 따라서 12인연과 삼세양중인과는 찰나생사·일기생사·궁생사에 모두 적용되며, 대승과 소승 어느 한 쪽의 견해가 아닙니다. 그것은 연기·무상·무아·공을 알지 못하는 생사유전을 설명하는 하나의 과정입니다.

식을 나누면 12가지가 되며, 여기서 식이란 12인연의 세 번째인 식만을 뜻하는 것이 아닙니다. 식 안에 12가지의 모습을 다 담고 있으면서, 전후찰나나 전후생의 삼세 양쪽에 걸쳐 상속되고 있습니다[三世兩重]. 식은 견분과 상분의 만남의 장으로서, 그 가운데 무명이 개재되어 주관과 객관으로 나누어집니다. 그러면서 자기를 닮게 상속시키는데, 이러한 일들이 찰나에 이루어집니다. 하나인 만남의 장을 주객으로 나눔과 동시에 6근六根과 6경六境이 벌어지고, 그 가운데 12가지 내용이 동시에 함께 일어나고 순간적으로 사라지면서 의지작용[行]을 하기 때문입니다. 식은 매 찰나마다 자기의 모습을 전부 드러냅니다. 현행現行과 종자가 매 찰나 전체적인 자기 모습을 드러냈다가 사라지면서 상속되기 때문입니다.

우리 삶의 넉넉한 자리

1장. 하나 속의 셋

오늘은 삼성[三性: 원성실성·의타기성·변계소집성]과 삼무성[三無性: 相無性·生無性·勝義無性]에 대해 맛을 비유로 해서 설명하겠습니다. 음식을 먹을 때 어떤 기준치를 정해서 반드시 '짠 것은 얼마, 매운 것은 얼마'라고 이야기할 수가 없습니다. 그 사람이 '지금 어떤 상태에 놓여 있느냐'에 따라서 짠 것이 많이 필요하기도 하고, 신 것이 많이 필요하기도 하고, 떫은 것이 많이 필요하기도 합니다. 상황에 따라서 필요한 맛이 달라집니다.

이와 같이 상황에 따라서 살아가는 모습은 어느 절대치에 기준을 두는 것이 아닙니다. 또한 상황에 따른다고 해서 그때그때 상황에 따라 아무렇게나 해도 좋다는 것이 아닙니다. 음식이 우리 몸과 마음의 기운을 잘 돋워서 윤택하게 하는 데 의미가 있듯이 상황의 흐름에서 중도中道의 바른 길을 열어 삶을 윤택하고 복되게 하는 쪽으로 이끌어야만 참으로 상황의 흐름에 따르는 것입니다.

'짠 것이 나쁘다'라고 생각하여 짠 기운이 아무리 부족해도 짠 것을 먹지 않고, '단 것이 나쁘다'라고 생각하여 단 것이 아무리 부족해도 단 것을 먹지 않으면 몸과 마음에 병이 생기게 됩니다. 몸은 이와 같은 것들을 적절히 조화시켜서 더 맛있게 느끼고 잘 받아들이려고 하지만, 몸에 좋다는 생각이나 인공으로 맛을 낸 것에 의해서 조화로운 맛을 잃고 우리의 몸과 마음을 어그러뜨리게 됩니다. '짠 것이 나쁘다'는 생각은 몸의 흐름과 동떨어져 있을 수 있습니다. 몸의 흐름 속에는 '짠 것이 나쁘다'라고 정해져 있는 것이 아니기 때문입니다.

조화로운 삶, 중도中道의 삶을 사는 데 장애가 되는 것이 결정된 생각[相]이며, 이 생각은 삶을 중도로 이끌어 가는 연기의 흐름과 동떨어져서 저 혼자 그냥 흘러가고 있습니다. 이처럼 조화로운 삶에서 동떨어진 생각이 변계소집성遍計所執性, 곧 분별된 것으로서 변계소집성은 우리의 가장 구체적인 삶의 표현인 몸의 흐름과도 일치하지 않습니다. 또 앞에서 계속 이야기한 법화된 것도 모두 변계소집성에 해당됩니다.

상호관계 속에서 흘러가고 있는 모습, 그때그때 몸과 마음의 균형을 유지하면서 서로의 삶을 키워 가는 것이 의타기성依他起性입니다. 변계소집성의 흐름이 없어졌을 때, 비로소 자기 삶을 알 수 있습니다.

그러면 어떻게 해야 되겠습니까? 우리가 지금까지 가지고 있는 모든 생각의 흐름을 명철하게 보아야 합니다. 그리하여 법화가 사라지면 원성실성圓成實性을 보게 되어 변계소집성이 사라지면서 의타기성이 곧 원성실성의 나툼임을 알게 됩니다. 따뜻한 기운이 흐르게 된 삶, 법화로 인한 단절이 없는 삶이 원성실성이며, 이때 비로소 의타기성을 제대로 알게 됩니다. 바꿔 말하면 의타기성을 제대로 아는 것이 원성실성이므로 깨닫지 못하면 의타기성을 알 수 없고 분별된 세계인 변계소집성의 삶만을 산다고 하겠습니다.

변계소집성의 삶이란 자신의 벽 속에만 머물러 있게 됩니다. 그러면 평안하고 따뜻한 삶과 내 삶은 서로 분리되어 고통이 따릅니다. 진실한 삶의 흐름에서 동떨어져 있기 때문입니다. 이 떨어진 간격이 소외이며, 소외는 갈등을 일으키고, 갈등은 고통을 뒤따르게 합니다. '짠 것이

나쁘다'라는 생각 때문에 짠 것이 필요해도 짠 것을 먹지 않아 병이
난 것과 같은 것이 변계소집성에 의한 왜곡입니다.

의타기성依他起性인 우리의 삶을 바로 보는 쪽을 원성실성圓成實性이라
하고, 법화하여 왜곡시켜 보는 쪽을 변계소집성遍計所執性이라고 합니다.
우리의 삶이 셋으로 보여지는 것 같으나, 실은 하나의 흐름[의타기성]에
깨어 있음[원성실성]과 닫혀 있음[변계소집성]에 따라 이름만 다를 뿐입니다.

20. 가지가지 허망분별에 의해서 온갖 사물을 실재한다고
분별하나 그것들은 허망분별에 의해서 집착된 것일 뿐
그 자성은 실재하지 않습니다.

　　由彼彼遍計　遍計種種物　此遍計所執　自性無所有

잘못된 분별은 연기실상의 삶에서 소외된 생각만의 세계로 자기 소외
[分別]를 낳고 나아가 일체 것들을 연기실상에서 소외[所分別]시킨다라
고 했습니다.

삶에 있어서 자기 소외[彼彼遍計]로 말미암아 서로간에 벽이 생깁니다
[遍計種種物]. 그러나 소외와 벽[遍計所執]은 허망한 분별이 바탕[遍計所執自
性]이며, 이는 실재하지 않습니다[無所有]. 즉 너는 너, 나는 나[彼彼]로
나누는 것[遍計]은 서로 소외되어 있는 모습입니다. 여기에서 가지가지[種
種] 대립관계인 아와 법을 세웁니다[遍計]. 나눌 수 없는 것을 나누었습니다
[遍計所執]. 함께 살아가는 모습을 놓치고, 나와 나의 것을 중심으로 해서
가지가지를 나눕니다. 이것은 삶의 진실인 연기의 흐름과 관계가 없는데,
분별할 수 없는 것을 분별하는 허망한 생각이 이것의 바탕이기 때문입니
다. 그러나 한 생각 돌리면 허망한 생각이 없어집니다.

21. 의타기성은 분별이며 분별은 인연에 의해서 생깁니다.

원성실성은 의타기성에서 항상 변계소집성을 떠나 있는 것입니다.

依他起自性 分別緣所生 圓成實於彼 常遠離前性

변계소집성은 온갖 사물을 분별하여 그것이 다른 것과 관계없이 실재하고 있다고 여기는 것인데 반하여 의타기성은 분별된 것은 실재하지 않으나 허망한 분별 그 자체는 인연 따라 일어났다 사라진다는 것을 말합니다. 그래서 의타기성은 분별이며 분별은 인연에 의해서 생긴다고 했습니다.

짠 기운이 필요할 때 짠 음식을 먹고 싶은 것은 전체적인 몸의 상관관계 속에서 나타나는 분별입니다. 만일 다른 것이 필요하다면 다른 분별이 일어납니다. 몸의 전체 관계에서 벗어난 짠 맛, 매운 맛이 아닙니다. ‘다른 것과 상대해서 생기한다’는 의미가 의타기성依他起性입니다. 전체 관계 속에서 짠 맛의 기운이 가장 적을 때 짠 맛을 필요로 하는 것이지, ‘짠 것은 좋다, 나쁘다’라는 생각에서 짠 맛이 일어난 것이 아닙니다. 냉철하게 관찰하는 힘에 의해서 필요한 맛을 알아차리는 곳에 중도의 조화가 있습니다. 그렇기 때문에 의타기의 자성은 인연처에서 제 모습대로 나투게 되는 분별이라고 하며, 이 분별된 모습은 인연에 의해서 생겨난 것입니다.

원성실성은 의타기성[彼]에서 변계소집성[前性]을 떠난 것입니다. 짠 것이 필요하다는 생각이 일어났습니다. 그러나 ‘짠 것이 나쁘다’고 규정하는 변계소집성으로 인하여 짠 것을 먹지 않게 되나, ‘짠 것을 먹으면 나쁘다’라는 생각이 없어지면 바로 짠 것을 먹게 됩니다. 짠 것을 먹게 되는 것이 연기의 모습인 중도의 조화를 제대로 지켜가는 겁니다.

짠 것을 필요로 하는 분별이 연기관계의 전체적인 모습을 그 느낌으로

216

나타낸 것입니다. 이때 짠 것을 먹어 그 느낌이 없어지면 짠 것을 필요로 하지 않는 느낌으로 새로운 전체로서의 연기법을 나투게 됩니다. 곧 짠 맛은 그 자체로 존재하는 것이 아니라 인연에 따라 짠 맛으로 나타났다가 인연이 다하면 사라집니다. 인연의 분별을 떠나서 짠 맛은 실재하지 않습니다. 이와 같은 뜻에서 의타기성에서 나타나는 분별을 허망하다고 합니다. 곧 분별된 것이 그 자체로 실재[遍計所執性]하지는 않지만 허망분별[依他起性]은 인연에 따라 모습을 나툰다는 뜻입니다.

이와 같이 하나의 분별에서 전체적으로 깨어 있게 되면 나와 법으로 나눈 데서 일어나는 잘못된 앎의 세계인 변계소집성遍計所執性이 일어나지 않게 됩니다. 앎의 장에서 전체적으로 깨어 있는 것, 항상 아와 법의 분별을 떠난 것이 원성실성圓成實性이며 부처님입니다.

22. 그러므로 원성실성과 의타기성은 다르지도 않고
다르지 않은 것도 아닙니다. 마치 무상 등이 모든 흐름[諸行] 등과
같지도 않고 다르지도 않는 것과 같습니다.
그러므로 원성실성[此]을 보지 못하면 의타기성[彼]을 보지 못합니다.

　故此與依他　非異非不異　如無常等性　非不見此彼

원성실성[此]과 의타기성[他]은 서로 다른 것이 아니고, 다르지 않은 것도 아닙니다. 살아가려면 짠 것이 필요할 때도 있고, 신 것이 필요할 때도 있고, 쓴 것이 필요할 때도 있습니다. 연기의 관계[圓成實性]속에서 '어느 것이 부족한가, 어느 것을 채워야 하는가'를 알고[依他起性], 그때마다 몸과 마음을 조화롭게 하는 것[깨달음]이 중도中道입니다. 중도인 연기관계에서는 어느 하나가 절대적인 힘을 갖고 등장하지 않습니다.

무상無常하기에 분별의 나툼이 있으며, 분별의 나툼은 무상을 바탕으로 하기에 제 모습을 고집하지 않고 흐름에 맞게 적의적절한 조화로움을 이룰 수 있습니다. 법의 성품인 원성실성圓成實性과 법의 나툼인 의타기성依他起性의 관계가 같지도 다르지도 않다는 것은 이와 같은 뜻입니다.

짜면 물을 마시고 싶고 싱거우면 소금을 치고 싶습니다. 짜고 싱거움을 느끼는 것[分別]에서 물을 마시고 소금을 쳐서[分別] 짜지도 싱겁지도 않은 조화로운 몸과 마음의 상태[無分別]를 이루듯 '지금 우리 몸 상태[전체]에서 어느 기운[개별]이 많으냐'에 따라 순간적으로 우리의 몸과 마음의 구조가 변하고, 그 변화에 따른 알맞는 조치를 하면 이 기운이 다시 중도의 조화를 이루는 것이지요. 그러므로 어떤 한 가지 속에는 전체적이지 않은 것이 없습니다[一中一切]. 하나의 일어남[의타기성]은 곧 연기관계의 전체[원성실성] 속에서 일어납니다. 이 관계가 곧 변화[의타기성]의 전체[원성실성]입니다. 연기란 관계 속의 이룸인데, 관계가 원성실성圓成實性이며 이룸이 의타기성依他起性입니다. 연기의 삶은 그대로가 중도이기 때문입니다. 짠 것이 먹고 싶다는 생각은 몸의 전체적인 기운의 흐름에서 나타난 것입니다. 짠 것만 독립되어 있는 것이 아니라, 짠 것과 상대되는 다른 맛과 어우러진 가운데 짠 맛의 균형을 맞추는 것뿐입니다.

이것을 보지 못하면 저것을 보지 못한다[非不見此彼]는 것은 원성실성[此]에 대해 확실히 체험하지 못하면[不見此] 의타기성[彼]을 볼 수 없다[非見彼]는 말입니다. 삶은 그때마다 무상한 제 모습을 내보이면서[依他起性] 전체적인 중도·연기의 흐름으로 있습니다. 무상한 제 모습을 본다는 것은 곧 원성실성의 중도·연기를 보아야만 가능합니다. 연기와 무상은 한 흐름에 있으므로, 한 흐름을 보지 못하면 무소유인 무상이 곧 소유인 상常이 되어 변계소집성으로 살게 됩니다.

218

『금강경』에 즉卽이란 말이 많이 나옵니다. 금강반야는 관觀이 언제나 분명한 것을 말합니다. 한 생각이 일어나면 바로 지켜 보는 것이 즉입니다. 그런데 이때 그 현상을 실체[遍計所執性]가 있는 것이 아니라 '이슬처럼, 꿈처럼 허망[依他起性]하게 보라'고 합니다. 즉하되 비非해야 됩니다. 그것이 금강경관법인 즉비관卽非觀입니다. 한 생각이 일어나는 순간, 곧 즉비卽非가 되게 하는 것입니다.

그러면 색色이 즉비관에서 공空으로 흘러갑니다. 공은 바로 우리 삶의 모습을 제대로 볼 수 있는 장입니다. 삶의 모습을 제대로 볼 수 있어서 이제 짠 맛의 기운을 받아들일 수 있고, 다른 사람과 삶을 같이할 수 있습니다. 부드러움과 따뜻함이 같이할 수 있는 장이 공空입니다. 저 사람이 나에게 기분 나쁜 소리를 했는데도 기분 나쁜 생각이 없어지면 두 사람 사이에 삶의 교류가 따뜻하게 이루어진 것입니다. 이는 『금강경』의 즉비관卽非觀을 통해서 원성실성圓成實性의 삶을 사는 것입니다.

2장. 언어를 넘어선 자비의 무한한 포용

23. 이와 같은 세 가지 자성 그 자체에 의지하여 다음의 세 가지 무자성을 세웁니다. 그러므로 부처님께서 언어표현을 넘어서[密意] 모든 법은 자성이 없다고 말씀하셨습니다.

卽依此三性　立彼三無性　故佛密意說　一切法無性

삼성三性 그 자체에 의탁해서 삼무성三無性을 세웁니다. 한 생각이 일어난 순간 바로 삼성과 삼무성이 동시에 같이 있습니다. 삼성과 삼무성이 서로 따로 있는 것이 아닙니다. 한 생각이 일어날 때 곧바로 그 생각을 관찰하게 되면, 바로 우리 삶의 넉넉한 자리가 형성되고 관찰됩니다. '삼성을 명확히 보는 바로 그 자리가 바로 삼무성이 보이는 자리'입니다. 그래서 의타기 등 삼성三性에 의지해서 바로 거기에 삼무성을 세웁니다. 곧 삼성이 삼무성이며, 삼무성이 삼성이 되기 때문에 부처님께서는 밀의로써 일체법이 법이라고 할 자성이 없다고 하셨습니다.

여기서 밀의密意란 언어표현을 통해서 언어표현을 넘어선 것을 표현하고 있다는 말입니다. 언어표현으로 드러나는 것이 현교顯敎이며, 반대로 드러나지 않는 것, 현 아닌 것을 밀교密敎라고 합니다. 부처님께서는 유식을 통해서[顯敎] 언어로부터 자유로움[密敎]을 가르치고 계십니다. 언어로부터 자유로움이 부처님의 밀의인 지혜와 자비입니다. 언어의 소유가 아니라 자비의 무한한 포용입니다.

24. 변계소집성에 의해서 집착된 상은 자성이 없으며,
의타기성이기에 모든 법은 그 자체가 자연으로 생기지 않으며,
원성실성은 변계소집성에 의해 집착된 아와 법을 떠난 것입니다.

初卽相無性　次無自然性　後由遠離前　所執我法性

첫 번째, 상에는 자성이 없다[相無性]는 곧 변계소집성에 의해서 집착된 상에는 자성이 없다는 것입니다. '짠 것을 먹어서는 안 된다'라는 말에서는 짠 맛이 실재한다는 것을 전제하는 것이지만 짠 맛은 단지 인연으로 나툰 것에 지나지 않고 인연이 사라지면 짠 맛도 없기 때문에 변계소집성에 의해서 집착된 짠 맛 그 자체는 인연분별을 떠나서 실재하지 않고 우리의 생각 속에서만 나타납니다. 생각에 의해서 분별된 것, 곧 언어에 의해 지칭된 것은 그 자체의 고유한 실성을 갖지 못합니다[相無性].

두 번째, 자연적으로 생기는 것은 없다[無自然性]는 의타기依他起의 특성입니다. 모든 법은 연기관계에서 자기 모습을 나투는 것으로 다른 것으로부터 영향이 없이 스스로 생기는 것은 없다[生無性]는 것입니다. 자연과 우주의 생명력은 상호관계에서 나투는 것입니다. 일체의 하나하나는 스스로 생길 수 있는 능력이 없는 것으로서 서로 의지해서만 살아갑니다[無自然性]. 법계는 하나의 생명력인 것 같지만, 낱낱이 관계 맺음이 법계의 생명이기 때문에 하나의 법계이면서 동시 한없는 법계가 되는 것입니다.

원성실성圓成實性은 변계소집성에서 집착한 아와 법이 없다는 뜻에서 무無 그 자체가 성性입니다. 그렇기 때문에 무가 단순히 없다는 뜻이

아닙니다. 아법의 분별이 사라진 자리[無]에 다툼이 없는 조화로운 삶이 원래 원만히 이루어진 제 모습[圓成實性]이기 때문입니다. 제2능변, 제3능변 할 때 아법의 분별과 이것이 작용해서 일어나는 의식에 대해 이야기했습니다. 의의 분별작용에 의해 연기관계를 분화시켜서, 인식주관 쪽을 나[我]라고 하고 인식대상 쪽은 법法이라고 했습니다. 개별화하고 분별화하면 제2능변으로 바뀝니다.

그 다음에 분별화하고 개별화한 것에서 일어나는 생각들이 제3능변입니다. 제3능변은 철저히 아와 법의 분별을 바탕으로 해서 일어나고 있는 삶의 장소입니다. 그것이 집착에 의해서 있는 것처럼 여겨지는 아와 법[所執我法性]입니다. 집착으로 있는 아와 법을 멀리 벗어난다는 것[後由遠離前 所執我法性]은 이 삶을 전체로 꿰뚫어 보면서, '전체 속에서 자기 모습을 잃지 않는 것'입니다. 즉 원성실성의 연기실상입니다.

25. 원성실성은 모든 법의 승의이며 또한 진여입니다.
항상 그 자성이 여여하기 때문에 원성실성이 곧 유식실성입니다.
　　此諸法勝義　亦卽是眞如　常如其性故　卽唯識實性

승의勝義란 연기 자체를 의미하며 곧 진여眞如입니다. 진여를 경험하기는 아주 쉽습니다. 지나갈 때 "저 사람 똑똑하게 생겼다", "저 사람 못났다"라는 말을 들었을 때 마음이 흔들리면 진여가 아닙니다. 흔들림이 없을 때 바로 진여의 모습을 경험하기 시작합니다. 바로 한 동작이 일어날 때 전체적인 과정을 확실히 알면 진여를 경험합니다. 반대로 전체적인 과정을 하나하나 독립시키면 삶의 전체 모습을 보지 못하고 아와 법의 분별에 빠집니다.

222

삶의 흐름을 여실히 지켜보면 원성실성의 진여를 경험하게 됩니다. 삶을 변계소집성으로 보든 보지 않든, 제1능변은 연기관계의 흐름 속에 있기 때문에 잠깐만 우리 의식을 진정시키면 진여를 경험합니다. 진실한 삶을 체험한 분은 분별로 인한 마음의 동요가 항상 없습니다. 저쪽에서 어떤 반응을 보여주든지 나의 마음속에 흐름이 요동하지 않고, 사물을 명철히 판단할 수 있는 것은 하나 된 선정의 앎 그 자체가 삶의 바탕이 되기 때문입니다. 하나 된 앎으로 분별을 여읠 때가 출세간의 승의勝義입니다. 하나 됨이란 아와 법이 사라진 자리, 곧 무無의 자리이면서 일체법이 이 자리에 뿌리내려 꽃 피는 자리입니다.

그것은 유식성인 하나 된 삶의 흐름으로 완전하게 조화를 이룬 것이어서 가장 건강하기 때문입니다. 가장 조화를 이뤘다는 것은 어느 한 기운이 다른 기운보다 더 강하거나 더 약하지 않을 때로서, 늘 심신이 건강하여 항상 자기 삶을 가장 잘 표현합니다. 몸과 마음을 잘 관찰해서 아법의 분별심이 없으면, 지금 이 자리에서 유식성인 자기 삶에 도달합니다. 그러나 관찰을 하지 않으면 진여에서 이탈하여 변계소집성에서 살게 되므로, 개인과 사회가 분별화되어 고통과 불평등이 지속적으로 일어납니다.

'한 생각의 일어남 속에서 자기 모습인 유식성을 지속적으로 찾아가는 것'이 유식의 가르침입니다. 변계소집성으로 살아서 자기 삶의 모습을 잃었지만, 삶이 현행하는 바로 이곳에서 자기 삶의 참모습으로 돌아가야 합니다. 이곳에서 참된 자기 삶으로 돌아가는 것이 사심사관四尋思觀이고, 『금강경』에서 말하는 응작여시관應作如是觀이고, 그 밖의 다른 모든 수행입니다.

그러나 가르침을 계속 당부하고 '잘 하라'고 해서 수행이 잘되는 것이 아닙니다. 그래서 이와 같은 복잡한 설명 과정을 거쳐서 수행을 하게 만듭니다. 지금까지 단순히 유식을 설명한 것이 아니고, '왜 참다운 삶의 길로 가지 않으면 안 되는가'를 이야기했습니다. 지금까지 이야기를 듣고 '참다운 삶으로 들어가자'라는 생각을 일으켰으면 공부한 의미가 있지만, '유식은 이런 것이다'라는 앎의 대상으로만 생각을 했으면 유식을 제대로 공부한 것이 아닙니다. 공부한다고 했습니다만, 그것은 항상 제 모습을 잃지 않고[常如其性故], 흐르는 무無이면서 모든 것의 근거인 진여[唯識實性]가 일체법에서 제 모습을 드러내는 것이며 이 힘이 우리로 하여금 공부하게 합니다. 따라서 공부한다고 하는 것은 나와 법을 놓아 승의勝義, 곧 무를 완전하게 체험하는 것이며, 그것이 진여의 삶입니다. 이때부터는 진여의 모습을 어느 곳, 어느 때나 잃지 않으며 모든 앎의 장에서 앎 그 자체로 존재하는 것입니다.

● 의타기성과 분별의식은 관계가 없습니까? 의타기성에서 분별심을 일으키면 변계소집성이 되며, 그것을 있는 그대로 보면 원성실성이 됩니까?

의타기성依他起性이 삶의 본래 모습입니다. 본 모습대로 보면[변계소집성에 상대해서] 원성실성이고, 본 모습을 왜곡시켜 보면 변계소집성입니다. 의타기성이라고 하는 한 가지 삶의 구조를 세 가지로 이름 붙여 놓은 것입니다. 그래서 명확하게 보면 몸도 건강해지고 원성실성으로 들어갑니다. 의타기성에서 분별심이 일어나는 것이 아니고, '분별심에 의해서 의타기성을 잘못 보는 것'입니다. 그렇기 때문에 원성실성을 제대로 체험해야 우리의 삶이 의타기성임을 알게 됩니다.

● 전체적인 시각에서 보는 것도 중요하지만, 오위백법이라 했을 때 백 가지로 나누어진 부분의 시각도 중요시해야 되지 않습니까?

지금까지 익혀 온 우리 삶의 내용은 분별을 통해서 이루어졌습니다. 그래서 무분별을 분별로써 이야기할 수밖에 없는 모순이 있습니다. 이 관계를 잊어서는 안 됩니다. 무분별에서 분별을 보아야 됩니다. 참된 제 모습을 보게 되는 것은 '무분별의 분별'이 있기 때문입니다. 전5식, 제6식, 제7식, 제8식을 각각 분리시켜 이야기할 수 있는 것은, 무분별에서 분별이 되었을 때, 이 네 가지 모습들이 같이 살아나기 때문입니다.

우리에게 중요한 것은 부분의 시각이 아니라, 한 생각이 일어나고 한 동작이 일어날 때 '무분별에 대해서 명료해야' 합니다. 앞에서 말했지만 부분은 그 자체로 실재하는 것이 아니며[相無性]이며 저 스스로 관계없이 생장할 수 있는 것이 아닙니다[無自然性]. 각 부분들은 만남에 의해서 이루어진 현행이며, 이 현행들은 만남의 조건이 다르기 때문에 각각 이름이 다르게 됩니다.

● 유식唯識의 수행과 깨달음도 중요하지만 인식의 문제도 중요하게 생각됩니다. 우선 외부의 대상이 실재한다, 관념뿐이다 등 어느 설명도 가능합니다. 거기에는 그 나름대로 판단근거가 있을 것입니다. 유식에서 문제 삼는 것은 '이 판단근거가 옳은가' 하는 문제입니다. 또 '실재한다는 것을 어떤 식으로 보는가' 하는 문제입니다. 그리고 '긍정이나 부정은 어디에 근거하여 이루어지고 있는가' 하는 점입니다.

지금까지 수행에 대한 끊임없는 강조는 바로 우리의 판단근거를 바로 세우기 위한 것입니다. 그리고 아법에 대한 부정은 의타기성依他起性에 대한 부정이 아닙니다. 외부 대상이 의타기依他起로서 부정되는 것이 아닙니다. 의타기성은 인과 연의 관계로서, 이미 내부와 외부의 구분이 없어집니다. 또 외부 대상의 실재성은 곧 그와 상대하는, 내부의 자기가 실재한다는 것에 근거하는지, 아닌지에 있겠습니다.

내가 실재하지 않는다는 것은 지금까지 논의 과정에서 이미 살폈으며, 자기의 실재성이 없다고 하면서 외부의 실재성을 논하는 것은 이상합니다. 의타기성에서 분별은 무분별의 하나 됨에서 일어난 분별[緣所生]입니다. 또 '실재인데 굴절된 시각만 문제냐' 하는 것도 실재가 앞서 말한 '자연성으로서 실재냐, 의타기依他起로서 실재냐' 하는 문제도 있습니다.

유식은 인식론의 문제만이 아닙니다. '삶의 문제'입니다. '판단근거의 분명함에 의해서 삶의 내용이 드러난다'는 것이 유식의 입장입니다. 또 인간이라는 조건에서는 관계하는 대상에 대한 영상이 어느 정도 보편적이지만, 수행을 통해서 볼 때는 보편적인 영상을 벗어날 때가 많습니다. 즉 조건이 달라지면 형상이 달리 보이는데, 어느 쪽이든 만남의 조건에 의한 연기관계를 벗어나지 않습니다.

◉ 불교에서 무명 자체는 자성이 없다고 합니다. 무명으로 가는 부분은 자성이 없는 것이고, 진여로 가는 부분은 자성이 있다는 말입니까?

삶은 흐름 자체만 있으며, 흐름 자체를 성性이라고 합니다. 흔히 이 흐름을 절대적인 무엇이 주재[自性]하는 것처럼 생각하는데, 그것이 아니고 무상·무아의 흐름입니다. '무명이 없어지고 자성을 회복했다'는 말은 무상·무아의 흐름을 말합니다. 변계소집성에 의해서 자타를 구별하는 대립된 세계의 흐름이 아니라, 자타가 서로 의지처가 되어 주는 흐름으로 바뀌었을 때를 성性이라고 합니다.

의타기성이란 자성을 가진 것이 아니라, 무자성의 의지처로서 연기실상입니다. 따라서 무명은 '자성이 없는 것을 자성이 있는 것처럼 여기는 오류'입니다. 본래 자성이 없기 때문에 진여도 자성이 없고, 무명의 오류는 오류이기 때문에 자성이 없습니다. 흔히 진여자성眞如自性이란 말을 듣는데, 무상·무아가 진여의 자성이란 말입니다. 즉 '무자성無自性이 진여의 자성'입니다.

주체가 있어야 된다는 생각이 곧 몸과 마음을 나눕니다. 그리고 윤회의 주체는 주변의 관계로부터 독립된 힘이라는 생각이 실제로 윤회를 만듭니다. 이 질문을 하고 있는 주체의식이 허상임을 계속 이야기해 왔습니다만, 내용은 가고 또다시 평소의 분리로 나타난 질문입니다.

우리가 지금까지 공부해 온 것 중에서 명언종자나 업종자의 흐름에 대해서는 어느 정도 인식을 같이했습니다. 그러나 가장 강한 힘을 가지는 것은 지금 나와 다른 사람의 관계에서 느낌이나 분별이 일어난 상태인 현행입니다. 현행에 의해서 삶의 흐름이 선악이나 무기로 흐를 수 있습니다. 현행現行은 지금까지 이뤄 왔던 '삶의 전체적인 흐름의 경향성'으로서, 명언종자나 업종자에 의해 결정되어 있습니다.

살아 있을 때 한 생각이 일어나면서 다음을 결정하듯이, 죽어 가는 마지막 순간에 일어나는 생각의 흐름이 다음 생을 결정합니다. 순간순간 자신의 전체가 동시에 드러나고 사라지기 때문에, 한 생각이 곧 전체인 것입니다. 따라서 그 순간의 생각이 다음 생의 몸과 세계를 만들어 갑니다. 한 생각의 일어남이 나만의 생각이 아니라 법계의 총체적인 모습이기 때문입니다. 수행이 잘되어 있으면 죽어 가는 순간에도 깨어 있음을 지속시킵니다. 전체적으로 가장 강한 힘은 현행이 주기 때문에, 죽어 가는 순간에 깨어 있는 마음이 일차적으로 효과를 발휘합니다. 그런데 평소에 깨어 있음의 훈련을 안 했는데 죽어 가는 순간에 깨어 있을 지경이 되겠습니까? 우리가 깨어 있음의 훈련을 계속해 가면 죽어 가는 한 순간에도 깨어 있게 될 것이고, 이 힘이 있으면 '깨어 있음의 세계'인 청정세계를 만들어 갈 것입니다. 수행이 없으면 흐름의 경향을 이겨 낼 수 없어서, 평소 업의 영향력에서 벗어날 수 없습니다.

마지막 순간의 현행에 다시 여러 가지 조건들이 모여서 자기 몸을 만들어 갑니다. 깨어 있으면 깨어 있는 대로 막혀 있으면 막혀 있는 대로, 마지막 한 순간의 힘이 인간의 모습을 띠는 힘으로 현행했다면 바로 다음 순간부터 인간의 모습을 만들어 갑니다. 완전히 깨어 있으면 새로운 모습을 자유자재로 나타낼 수 있습니다. 깨어 있지 않으면 개인의 업[別業]과 사회의 업[共業]의 흐름에 맡겨진 삶이 됩니다.

한 생각 속에서 제 모습을 키워가므로 이 순간에 살아 있지 않으면 제 모습대로 키워 갈 수 없습니다. 생각이란 인식주관과 인식객관의 상호작용에 의해서 일어납니다. 생각들이 마음의 작용입니다. 마음의 작용[心所]에 이미 업의 분별[我法]이 개재되어, 계속해서 분별[주관]과 소분별[객관]을 상속시킵니다. 연기실상의 열린 장면이 분별된 생각에 의해서 비교대립의 장면으로 바뀌어 사실을 왜곡시킵니다. 우리가 주관과 객관으로 나누는 것은 한 생각 전의 총체적인 힘[업]의 분별에 의해서 결정된 모습입니다.

깨어 있음의 흐름으로 말미암아 삶의 구조를 총체적으로 바꾸는 것이 가능합니다. 몸의 힘을 완전히 바꾸는 것은 바로 한 생각의 깨어 있음으로 써 가능합니다. 몸과 마음은 하나 속의 둘로 나타난 것이기 때문에, 마음이 깨어 있으면 몸이 깨어나고, 몸이 깨어 있으면 마음이 깨어납니다.

전체적인 흐름 속에서 무엇을 떼어서 보는 것이 아니라, 그 가운데에서 인간의 모습을 만듭니다. 우리는 몸과 마음을 독립시켜 보려고 하지만,

228

실제로는 전체의 흐름 속에서 인간의 몸과 마음을 독립시킬 수 없습니다. 그래서 우리의 몸을 명확히 관찰하면 전체적인 의타기성依他起性의 흐름을 보게 됩니다. 이때 몸을 움직이는 주체가 없음을 알며, 또한 윤회에서도 변하면서 흐르는 관계만 있지 주체가 없다는 것을 알게 됩니다.

● 초기불교에서 대승불교에 이르기까지 마음 자체는 깨끗하다고 합니다. 왜 본래 깨끗한 마음에서 무명이 현행하는지요?

우리는 보통 시간을 계속되는 직선 상태로 보고 있어서 '과거에 태어나서 살다가 죽었다'라거나 '과거의 어느 시점부터 어떻게 됐다'라고 이야기합니다. 그러나 이 모든 것은 현재에서 이루어지고 있습니다. 실제로 삶이라는 의미는 언제나 현재로서, '현재에 우리 삶 전체가 열려 작용'합니다. 이것을 깨끗한 마음이라고 하는데, '과거에만 깨끗했고 지금은 그렇지 않다'는 말이 아닙니다. 근본은 언제나 깨끗하기 때문에 본래가 변해서 무명이 된 것이 아니고 '지금도 본래의 흐름'입니다. 무명이란 하나된 세계를 분별하여 한정된 시·공간을 조작하면서 다른 것을 받아들이지 않으려는 생각입니디.

그런데 현재의 작용은 언제나 열려 있으며, 열린 것 가운데 제 모습을 키워 가는 힘이 있습니다. 본래는 깨끗한 마음인 열린 세계의 관계에서 이것과 저것의 모습이지만, 지금 우리는 이것과 저것의 모습만을 강조합니다. 과거의 사람들이나 지금 우리나 똑같이 깨끗한 마음인 열린 세계에서 제 모습만 키워 가면서 살아가고 있습니다. 시대에 따라 모양은 다를지라도 상황은 항상 같습니다.

따라서 '왜 무명이 현행했느냐'라는 과거의 시점에 대한 질문이 지금 똑같이 적용됩니다. '지금 우리들은 왜 분별하는가'라고 생각하는 이 순간이 바로 깨끗한 마음에서 무명이 현행하는 시점입니다. 그리고 앞에서 분별과 창조에 대해서 이야기했습니다. '무명의 현행이 왜 깨끗한 마음의 창조일 수 있는가'에 대해서 이야기했습니다. 이것에 대해서 분명해지면 바로 무명無明이 명明이 됩니다. 무명이 분별의 시공간을 조작하는 것이므로 과거나 현재나 미래의 시공간이 있는 것이 아니라 그렇게 보이는 것 자체가 무명입니다. 이 틀을 깨게 되면 바로 무명의 시공간은 사라지고 청정한 명의 세계입니다.

그래서 지금 우리가 명이니 무명이니 나누고 있지만, 전혀 그런 것이 아닙니다. 삶은 과거의 어느 시점으로부터 현재로 이동되는 것이 아니며, 우리는 '언제나 모양이 다른 현재에서만' 살아갑니다. 본래 청정한 상태에서 모양의 다름만을 보는 무명이 지금 일어나고 있습니다.

깨어 있으십시오. 과거가 아닌 현재에 삶이 그대로 살아 있기 때문에 현재가 바로 본래청정입니다. 과거에 청정해서 지금에 이른 것이 아니고 현재가 바로 청정입니다. '청정인데 왜 청정이 아니냐'라는 생각이 일어납니다. 그 생각의 일어남에 집중하면 자기 스스로 이해됩니다. '청정인데 왜 청정이 아닌가'를 알고자 하면, 그 생각이 일어난 순간을 맞춰 줘야 됩니다.

그러나 그것을 논리적인 의미로 파악하거나 다른 어떤 것으로 파악하려면 금방 이해되다가 다시 의문이 일어납니다. 집에 가서 생각해 보니 또 이해가 안 됩니다. 논리적 파악의 근거인 분별은 청정이 아니기 때문에 그 문제를 전혀 해결할 수가 없습니다.

그 생각이 일어난 순간을 꿰뚫어 보기만 하면, 과거로부터 현재까지 흐르는 청정, 현재에서 미래로 흐르는 청정이 지금 여기의 현재로 살아나서 '분별 그 자체가 청정인 것'을 확실히 봅니다. 그 순간 '청정인데 왜 청정이 아닌가'라는 문제가 풀립니다. 한 생각이 일어나면 바로 청정을 무명으로 만드는 힘인 줄 알고 집중해서 보면 됩니다. 그렇지 않으면 거기에서 가지가지 차별이 파생됩니다.

이와 같이 한 생각이 일어난 순간을 확실히 겨냥하여 꿰뚫어 보는 힘을 기르면 '왜 청정이고, 청정이 아닌가'를 알게 됩니다. 꿰뚫어 보는 힘이 지혜로서 청정함이 일어난 것입니다. '왜 청정이었는데, 지금은 청정이 아니냐'라는 물음조차도 변계소집성을 전제로 하고 있으며, 변계소집성을 통해서 알려는 것입니다. 이 상태에서는 순간순간 왜곡이 흐르기 때문에, 문제에 대한 정확한 대답일지라도 바로 왜곡되어 버립니다.

◉ 삶 자체가 항상 현재라는 말에 공감하지만, 과거나 미래라는 시간 관념을 전제로 하지 않으면 가르침의 의의가 없을 만큼 시간 자체가 중요하게 생각됩니다. 종자나 업의 흐름은 분명히 과거가 있고, 흘러가면 미래가 있지 않습니까?

시간이라는 말은 『유식 30송』가운데 '항상 폭포수처럼 흐르는 식의 전변轉變'이란 말에서 찾아볼 수 있습니다. 또 '전이숙이 다하면 후이숙이 생한다'라는 관계에서도 전후의 시간을 이야기할 수 있습니다. '시간이란 곧 식의 변화'입니다. 종자생현행種子生現行은 동일찰나에 일어납니다. 한 찰나에 종자가 현행하고 이 사이에는 시간이 전제되지 않습니다. 현행훈종자現行熏種子도 마찬가지입니다.

종자생종자라는 것이 시간의 의미로서 파악되기 쉽습니다. 전찰나 종자가 후찰나 종자에게 자기 힘을 상속시키면, 후찰나 종자는 과거 종자가 가진 것을 기억하기 때문에 이런 종자의 흐름을 통해서 또한 미래를 연상해 냅니다. 그러므로 과거도 있는 것 같고 미래도 있는 것처럼 느껴지고 보여집니다.

그러나 후찰나 종자가 전찰나 종자를 상속하지만, 전후찰나 종자의 모습은 변화되어 서로 같지 않습니다. 따라서 삶 자체는 '순간순간 변화하는 종자의 현행이며 동시에 종자의 상속'입니다. 그런데도 종자가 가진 힘은 과거를 기억하고 미래를 추상하는 내용을 가지기 때문에, 전찰나 종자와 후찰나 종자가 시간선상에서 하나의 의미인 것처럼 느끼게 됩니다. 앞의 '종자생현행'과 '현행훈종자'의 훈습관계에서는 시간이 개재되지 않지만, '종자생종자'에서는 종자가 끊임없이 과거의 기억과 미래의 유추를 동반하기 때문에 현행에서도 시간을 설정하게 됩니다.

매순간의 삶인 현재를 종자의 흐름으로 보면 전찰나와 후찰나로 생각될 수가 있기 때문에 그것을 시간이라고 이야기할 수 있습니다. 종자가 전찰나를 기억하고 후찰나를 추상하는 힘에 의해서 전후의 연속적인 실체를 설정하여, 찰나생멸의 존재를 연속적인 삶으로 바꿔 버립니다.

기억과 유추로써 시간을 만드는 종자의 이런 힘을 명확히 보지 못하면, 매일 과거·현재·미래의 구조 속에서만 삶을 파악할 수밖에 없습니다. 이 흐름을 명확히 보게 되면 과거를 기억하거나 미래를 추상하는 것이 아니고, 현재의 순간순간에 살아 있게 됩니다.

● 종자를 인연이나 습관이라고 할 수 있습니까?

종자는 보편적으로 늘 같은 결과를 낸다는 말은 맞지 않습니다. 종자는 하나의 인因으로서 주변의 연緣에 따라 과果가 다르며, 이 과는 곧 다음의 인이 됩니다. 인은 어떤 일을 만들어 내는 전체 구조 가운데 하나의 작용입니다. 따라서 이 인에 '무엇이 작용하고 있느냐[緣]'에 따라 결과가 달라집니다.

예를 들면 밭에 씨를 뿌렸습니다. 물이라는 연이 없으면 씨가 나지 않지만, 너무 많아도 썩어 버립니다. 씨가 반드시 싹이 트는 것이 아니며, 싹도 돌연변이 등에 의해서 다를 수도 있습니다. 종자의 성질도 이와 같습니다. 그러나 인간계나 중생계가 대체로 비슷한 결과가 되는 것은 주변의 연이 비슷하기 때문입니다. 종자를 인因 또는 경향성, 습관력 등등으로 그 일면을 설명할 수 있습니다.

무당은 극도로 집중된 상태에서는 칼 위에서 춤을 춰도 발이 베이지 않습니다. 칼 위에 사람이 서면 베인다는 결과가 나와야 하는데, 무당의 기운[因緣]이 바뀌어 칼에 베이지 않습니다. 이와 같이 종자가 반드시 같은 결과를 내는 것은 아닙니다. 그러므로 우리가 한 순간에 관찰력을 집중하면 삶의 내용이 바뀝니다. 만일에 종자가 항상 같은 결과를 낸다면, 정신집중의 깨어 있음을 아무리 하려고 해도 할 수 없습니다. 그러나 현행에서는 보편적으로 같은 연을 주기 때문에 같은 결과가 나오게 되어, 결정론 또는 숙명론으로 오해되기가 쉽습니다.

여러 가지 관계 속에 놓여지면서 여러 가지 모습으로 나타나는 삶들을 인과라고 합니다. '반드시 이 인으로 했으니까 이 결과를 낸다'라고 할 수 없습니다. 그러므로 수행을 통해서 깨달은 삶을 살 수 있는 것입니다. 사람의 모습을 내게 하는 종자들의 힘이 작용했지만, '지금 우리가 어떻게 사느냐'에 따라서 종자의 내용이 바뀌기 때문에 여러 가지 생이 나타날 수 있습니다.

돌연변이조차도 당연히 인과관계입니다. 인과관계를 '이렇게 나와야 되는데 이렇게 나오지 않았다'라고 결정론으로 생각해서는 안 됩니다. 연을 달리하면 당연히 생각을 뛰어넘는 결과가 옵니다.

● 심본증설에는 본래 깨달음 아닌 것은 깨달아질 수 없다는 논리가 뒤에 숨어 있지는

않습니까?

실제로 그것만 논리적인 것이 아니라 연기라는 말 자체가 대단히 논리적입니다. 삶에서 누구나 피부로 느끼는 것은 '나는 나, 너는 너'입니다. 저 사람의 아픔을 내가 잘 느끼지 못하고, 내가 기뻐하는 것을 다른 사람이 잘 느끼지 못합니다. 저 사람의 기쁨은 저 사람의 기쁨이고 내 기쁨은 내 기쁨이지, 기쁨과 슬픔의 교류가 적나라하게 이루어지지 않습니다. 연기라고 하는 말 자체도 정말 이해하기 힘든 부분입니다. 우리가 연기라고 하는 것을 지금 여기 모인 사람들은 인정합니다. 여러 사람이 이렇다 하니까 그런 것 같기도 합니다.

사실상 우리가 쓰는 언어는 추상적인 사고를 바탕으로 합니다. 옛날에 비해서 지금 사람들은 추상적인 사고 속에서 교육받고 경험했기 때문에, 그런 이야기를 하면 더 쉽게 이해가 되는 것입니다. 다른 것뿐만 아니라 연기라는 말도 추상성을 바탕으로 한 변계소집성遍計所執性의 분별된 언어이므로 실상을 바르게 가리킬 수 없습니다.

그런데 여기서 주의해야 할 것은 연기나 깨달음이 연기나 깨달음이라는 말로부터 나온 것이 아니라는 사실입니다. 부처님과 제자들이 수행을 통해서 했던 이야기입니다. 본증설은 논리성이 아니라 깨닫고 보니까 본증이라는 말입니다. 앞에서 '무명과 본래청정'을 이야기할 때도 그랬습니다. 본증이란 증득했다는 언어 쓰임이지만, 실제는 '삶의 본래적 흐름'이란 말입니다. 새삼스럽게 깨쳐서 아는 것이 아니라, 깨침만이 진실한 삶입니다.

따라서 깨달음 아닌 것과 깨달음은 전혀 다른 두 개의 모습이 아닙니다. 깨달음이나 깨달음 아닌 것이 따로 존재한다면 여기서는 깨달음이라는 말 자체가 의미가 없을 뿐만 아니라 이들 법은 항상 존재한다는 상견常見이

되며, 깨달음과 깨달음 아닌 것이 전혀 별개로 된다면 또한 단견斷見이
되고 말 것입니다. 이러한 견해의 잘못은 많은 깨달은 이의 가르침에
의해서 이미 지적됐습니다.

● 인이 업종자로서 잠재적인 가능성이며 그것이 어떤 연緣에 의해서 나타나는 것이
과果이면서 또 하나의 업이 되는데, 수행이란 인연에 맞는 과로 넘어가는 과정을 바꾸
는 것입니까?

수행은 중생의 인因에 대해서 깨달음의 연緣이 만난다고 할 수 있습니다.
그러므로 수행은 인연의 흐름을 일상적인 중생의 삶과는 다른 깨달음으로
흐르도록 하는 것이라고 말할 수 있습니다. 그렇지만 깨달음 그 자체는
수행의 결과물이 아닙니다. 우리 삶의 본래 모습일 뿐입니다. 그러므로
수행을 통해서 깨달음을 얻는 것이 아닌 데서 보면 수행이 깨달음이라는
결과물을 이루는 원인이 아니며 깨달음도 수행을 원인으로 하고 있지
않습니다.

● 인, 즉 전체적인 어떤 가능성은 반드시 연을 만나게 되어 있습니까?

매순간마다 인과 연은 계속 만나서 끊임없이 흘러가고 있습니다. 우리는
보편적으로 비슷비슷한 작용으로 계속 흘러가고 있지만, 갑자기 '깨어
있음'이라는 새로운 힘을 던짐으로써 삶의 내용이 크게 바뀌는 것을
알게 됩니다.

● 고苦에 대한 인식이 없다면, 그렇게 흘러가는 것이 자연스런 삶이라고 생각하겠지
요?

그렇습니다. 그것이 자연스런 삶으로 알고 살아갑니다.

● 평소에 일상생활을 하면서 항상 여러 가지 주변상황에 휩싸여 흘러갑니다. 그런 분위기 속에서 잠깐씩 '이것이 변계소집성이고, 사실은 의타기성으로 가야 되는데' 라는 생각을 순간순간 하는데, 이것으로 인해서 실제로 깨어 있는 의식이 되는지요?

앞에서 상想과 행行 사이의 흐름에서 깨어 있어야 한다고 했습니다. '일어남이 변계소집성이므로 의타기성으로 가야 되는데'라는 욕欲심소의 일어남에 대해서 명확하게 알아차려야 합니다. 여기에서 정념正念수행이 동반되어 의지작용[行]을 바꿔 가는 것이 중요합니다. 이것이 항상 제대로 되면 수행[修行: 의지작용을 닦음]이 잘된 사람입니다.

순간적으로 그렇게 생각했다가도 다시 분별에 휩싸여서 흘러가는 것이 중생인데, 아직 복덕을 구족하지 못했기 때문입니다. 복덕이란 자기 자신에게 귀의처가 되고, 다른 사람에게도 귀의처가 될 수 있는 것입니다. 우리에게 복덕이 부족한 것은 업의 흐름이 자타의 분별만을 증장시키기 때문입니다. 생사生死를 완전히 내버릴 정도의 강한 충격이 일지 않으면 인연이 꿈쩍도 하지 않습니다. 삶의 질적인 변화를 일으킬 수 있는 고苦, 즉 고성제苦聖諦가 인연의 흐름을 바꾸게 합니다. 또 부처님의 가르침을 통해서 많은 사람들이 항상 깨어 있는 삶을 살게 됐습니다. 순간순간 깨어 있으면 됩니다.

● 우리는 삶의 특성이 고이며, 고로부터 벗어날 수 있다는 것을 깨닫지 못하고 고통스럽게 사는 것을 당연하게 여깁니다. 그러면 그 흐름을 억제하는 것이 무리입니까?

그 사람에겐 무리입니다. 고통이 일어나도 당연한 줄 알아서 바꾸려는 의지작용이 일어나지 않기 때문입니다. 실제로 부처님이 우리에게 생사로부터 해탈할 수 있는 길을 제시하지 않았으면 그 길로 흘러갈 뿐입니다.

　그런데 고苦에 대한 자각은 본인 스스로 일어나기도 하고, 가르침을

236

통해서도 일어나기도 합니다. 사실 누구나 고를 자각하고 있고 사회적으로도 고의 현상이 일어나고 있지만, 자증분과 증자증분에 의해서 고로부터 벗어나려고 하지 않고 당연하게 여기는 경우가 대부분입니다. 고의 자각과 고로부터 벗어남이라는 두 가지를 같이하지 않으면, 고를 당연하고 자연스럽게 여기게 됩니다.

이제 내면의 자각과 부처님의 가르침인 수행을 통해서, 자연스럽게 여긴 것이 그렇지 않은 줄 알았습니다. 고통 받는 것이 나의 본래 모습이 아니라 고로부터 벗어남이 본래 모습임을 알았습니다. 지금까지 자연스럽게 여겼던 것에 대한 사회 자각운동이 아직은 유위有爲의 단계이지만 요즘 일어나고 있습니다.

◉ 이렇게 시달리며 사는 생활 가운데에서 고통을 벗어나기 위해 가장 실천하기 쉬운 방법은 무엇입니까?

삶 자체에서 계속해서 자각을 일으켜야 됩니다. 『금강경』에서는 생각이 일어나자마자 '아니다[卽非], 내가 허망분별에 속고 있다'라고 관觀하라고 합니다. 고통의 생각이 일어나든 즐거운 생각이 일어나든, 무슨 생각이 일어나든 '바로 아니다[卽非觀]'로 여겨 마음을 평정하게 하라고 가르칩니다. 또 외연外緣을 가끔씩 바꿔 주면서 지속적으로 깨어 있어야 합니다. 그렇게 하다 보면 마침내 고통으로부터 벗어난 깨달음의 세계에 들게 됩니다.

◉ 부처님 말씀에 "너의 원수가 바로 너임을 알라"는 말을 보고 놀랐습니다.

지금까지 우리의 원수인 아我가 무엇인지 이야기해 왔습니다. 자신을 구렁텅이에 넣고 있는 아의 허망성에 대해서 잘 알아야 되겠습니다.

9강

예불하는 마음

1장. 부처님의 다섯 향기

계향戒香·정향定香·혜향慧香·해탈향解脫香·해탈지견향解脫知見香은 예불을 드릴 때 처음 올리는 부분으로서, 오분법신五分法身의 향입니다. 이것은 부처님의 모습을 다섯 가지로 나눈 것입니다. 계의 향기를 올리면서 계戒의 부처님을 보고, 정의 향기를 올리면서 정定의 부처님을 보고, 혜의 향기를 올리면서 혜慧의 부처님을 보고, 해탈과 해탈지견의 향기를 부처님께 올리면서 해탈解脫과 해탈지견解脫知見의 부처님을 보는 것입니다. 이 다섯 가지 향기가 서로 오고 가야 부처님께 참으로 예배하는 것입니다. 우리 속에 아무리 오분법신을 갖추고 있다 하더라도 우리의 삶을 근본적으로 바꾸지 않으면 오분법신이 일어나지를 않습니다. 불교에서는 삶을 바꾸는 방법으로서 팔정도와 육바라밀을 이야기합니다.

팔정도를 크게 나누어 계·정·혜 삼학으로 나누지만, 팔정도 하나하나 속에도 계정혜 삼학이 모두 들어 있습니다. 그래서 여덟 가지로 나눌 수도 있고, 삼학으로 줄일 수도 있고, 또 깨어 있는 마음[佛]으로 이야기할 수도 있습니다. 우리가 살아가는 가운데 깨어 있는 길[佛道]을 가는 사람을 부처님의 길에 들어섰다고 이야기합니다. 따라서 깨어 있음[佛] 한 가지에 여덟 가지를 모두 갖추고 있습니다. 깨어 있으면 바로 계정혜 삼학인 팔정도가 모두 갖춰져 있는 것입니다.

그러면 어떻게 하는 것이 우리를 깨어 있게 하는 것입니까? '깨어 있음, 알아차림’, ‘지켜봄’이라는 말은 팔정도 가운데 정념正念을 가리킵니다. 한 생각이 일어나는 순간에 자기의 전체 모습을 나투기 때문에 그것을 지켜보는 정념수행이 깨어 있는 삶을 이룹니다. 지난번 질문 시간에 ‘청정함이 본래 모습이거늘 어찌 산하대지가 생겨났는가淸淨本然 云何忽生 山河大地]’라는 물음이 있었습니다. 우리는 흔히 ‘청정본연과 산하대지’를 둘로 나눠서, 마치 본래는 ‘청정본연’이었는데 ‘산하대지’가 나온 것은 청정본연치 못한 것으로 생각합니다. 또 ‘청정본연’은 아득한 옛날로 생각하고, ‘산하대지’는 지금이라고 생각합니다.

그러나 ‘청정본연과 산하대지’의 모습이 한 생각 속에 전부 드러나 있지만, 우리가 깨어 있지 못하기 때문에 제대로 보지 못할 뿐입니다. 우리가 선입견이나 판단근거로부터 자유로우면, 한 생각의 일어남 속에서 ‘청정본연과 산하대지’의 모습을 보게 됩니다. 한 생각이 일어날 때마다 그 생각을 명확히 관찰하기만 하면 됩니다.

우리가 남편을 사랑하고, 아내를 사랑하고, 아들딸을 사랑한다고 이야기하는데, 실제로 그렇습니까? 대개 부부라도 상대로부터 싫은 소리를 들으면 싫어하고, 좋은 소리를 들으면 좋아합니다. 이와 같은 경우 좋아한다는 것은 상대방 자체를 좋아하는 것이 아니고, 상대가 나에게 하는 행동에서 내가 좋아할 수 있는 것만을 좋아하고 있는 것입니다.

이것은 상대를 좋아하는 것이 아니라 자기 자신만을 좋아하는 것입니다. 이것이 아견我見과 아애我愛입니다. 모든 행위에서 내가 받아들일 것만을 받아들이고 내가 받아들이지 못할 것은 배척하는 것이 아견이고 법입니다. 한 생각이 일어난 바탕 속에는 바로 청정함과 청정하지 않은 것이 모두 같이 일어나지만, 자신의 범주 내에서 ‘좋다, 나쁘다, 기쁘다, 슬프다’라는 판단을 내립니다. 그 판단을 일으키는 것이 분별이며, 이것에 의해 함께 사는 청정이 보이지 않습니다. 상대방의 생각이나 행위를 판단하면서 '좋다, 나쁘다'라는 어떤 근거를 설정해 버리면, 상대방에 대해서 명확한 이해를 할 수 없으며 상대방 속에서 자기 자신만을 보게 됩니다.

상대방의 어떤 행동 때문에 좋아하고 싫어하는 것에 따르지 않고, 한 발 뒤로 물러서서 자기와 상대방, 자기와 환경 속에서 일어나는 관계에서 마음 흐름을 잘 관찰하여 생각과 행동을 습관적으로 하지 않고 고요히 지켜보는 것을 정념正念이라고 합니다. 습관적인 생각과 행동의 흐름을 주도하는 것은 감추어진 언어습관[種子]입니다.

따라서 '나'만을 보는 언어습관으로부터 벗어나려면 언어에 대해 명확히 관찰해야 합니다. 이와 같이 언어를 바르게 관찰한다고 하는 말을 정어正語라고 합니다. 드러나지 않는 말인 생각을 잘 관하여 습관적인 언어생각의 흐름을 바꿔 드러난 생각인 말을 바르게 하게 되면 '소유의 삶'이 '관계의 삶·무소유의 삶'이 됩니다. 그것은 한 생각이 떠오를 때마다 구생기의 모든 세력이 나와서 소유의 삶을 이루지만, 마찬가지로 그 흐름을 지켜보게 되는 한 순간의 정념이 온 삶을 무소유의 삶으로 흐르게 하기 때문입니다. 이와 같이 드러나지 않는 말인 생각과 드러난 생각인 말이 우리에게 강한 영향력을 주므로 유식에서는 이것을 '명언종자의 현행'이라고 합니다. 말을 하는 순간 바로 구생기의 모든 선악시비와 갈등의 경향성이 나타나기 때문에, 그 말이 분별기의 싫고 좋음으로 흐르지 않도록 관찰해야 합니다. 이것이 바른 말의 수행입니다. 우리는 말[口業] 뿐만 아니라 다른 많은 활동도 합니다. 몸의 활동[身業]과 생각이 일어나고 사라지는 과정[意業]에서 정념正念을 동반한 명확한 활동을 정업正業이라고 합니다.

구생기와 분별기의 번뇌를 다스리기 위해서는 무슨 일을 하면서 살아야할 것인가를 잘 생각해야 합니다. 번뇌를 증장시키는 일들이 우리 주변에너무 많기 때문에 그것을 찾기가 쉽지 않겠지만, 그래도 최선의 일은찾아야 하며, 그렇지 못한 경우에라도 늘 깨어 있도록 노력할 수 있는일이어야 합니다. 그와 같이 정념으로 정어·정업할 수 있는 일에 종사하는것이 정명正命이며, 흔히 바른 직업이라고 합니다. 직업 이외의 사회생활을 하면서도 몸과 마음을 진실한 생명의 흐름에 두어, 그 속에서 일어나는활동들을 명확히 관찰하는 것이 정명과 정념을 같이하는 것입니다.

'언어분별에 의한 구생기번뇌의 총체적인 힘이 한 생각에 일어나는것'을 중생심이라고 합니다. 앞서 이야기했지만 부부 사이에서도 자신의범주 속에서만 상대방을 받아들이기 때문에 이 범주가 두텁거나 엷은차이는 있겠지만, 근본적으로 부부를 갈라놓는 범주는 사라지지 않습니다. 그와 같이 나눠져 있는 것이 중생심이며 생멸심입니다.

한 생각이 일어났다 사라지는 흐름의 힘이 밖으로 나타납니다. 계戒는언어가 밖으로 나오고, 행동이 밖으로 나오고, 표정이 밖으로 나오는것을 명확하게 관찰하여 그것을 바르게 바꿔 가는 것입니다. 그것을바르다[正]고 하는 것은 반드시 정념이 밑바탕이 되기 때문입니다. 한생각이 일어날 때 그것을 명확히 보는 정념이 있어야만 비로소 계의내용인 정어·정업·정명이 일어납니다.

마음을 잘 지켜 말과 행동을 할 때마다 정념이 계속 살아있는 집중과관찰을 정정진正精進이라고 합니다. 한 마디 말하고 한 동작 할 때마다'내가 무엇을 어떻게 하고 있는가'를 명확히 관찰해서, 그것이 탐심과진심, 즉 '받아들일 만한 범주 또는 받아들이기 싫은 범주 속에서 활동하고있는가, 아닌가'를 명확히 지속적으로 알아차리는 것입니다. '정어正語

속에서 정진이 지속되었다'라는 것은 한 마디 말이 아니라 두 마디, 세 마디 말을 지속적으로 관찰하는 것으로서, 이를 통해서 중생의 분별심에 의한 생멸이 불보살의 자비와 불생멸로 바뀌어 가는 것입니다.

이와 같은 정진이 계속되어 고요함 속에서 말이 나오게 되고 고요함 속에서 행위가 나오게 되는 것을 정정正定이라고 합니다. 정어正語·정업正業·정명正命인 계戒는 생멸로 흐르는 힘을 외형적으로 방지하고, 정정진正精進·정정正定인 정定은 내부에서 일어나고 있는 생멸을 불생불멸로 바꾸어 분별이 일어나기 전의 하나 된 모습으로 살아가게 합니다. 즉 밖으로 일어나고 있는 분별의 업은 계향戒香의 힘으로 다스리고, 내부에서 일어나고 있는 분별의 업은 정향定香의 힘으로 다스립니다. 이런 힘이 생기면 비로소 우리의 삶을 바르게 이해하게 됩니다.

정견正見은 바르게 이해한다는 말로서 고정된 판단근거로부터 자유로워지는 것입니다. 이해한다는 말은 우리가 가진 '언어에 의한 분별의 벽이 없어지기 시작했다'는 말입니다. 100점 맞은 어린아이를 보고 기쁜 마음을 냈다면, 반대로 0점 맞은 아이를 보면 싫은 마음을 내게 됩니다. 그러나 아이를 판단하는 100점이나 0점의 근거를 없애는 데 가까워지게 되면 점수에 상관없이 아이를 이해할 수 있습니다. 여기서 이해란 나와 너의 소외의 벽이 없어져서 하나 된 생명의 장을 여는 것입니다.

이와 같이 열린 장에서 나타나는 행동이 사랑과 자비이며, '사랑과 자비를 통해서 열린 장을 표현'하는 것입니다. 바른 이해인 정견正見이 생겨, 한 생각의 일어남 속에서 선악시비를 분별하는 힘이 사라질수록 우리 삶의 내용이 달라지기 시작합니다. 이와 같이 달라짐이 있는 것을 통해서 계정혜戒定慧 삼학이 익어 가는 것을 알 수 있습니다.

혜慧란 올바른 판단을 뜻하나, 그것은 '무엇을 안다'는 말이 아니고,

나와 상대방 사이에서 나의 범주로만 상대방을 파악하는 벽이 궁극적으로 없어져 '부드럽고 따뜻함 속에서 함께 살아간다'는 말입니다. 이것이 정견正見이고, 지혜이고, 사랑이고, 자비이며, 이때 비로소 삶을 바로 알게 됩니다. 생멸의 끝을 보게 되어 중도실상으로 사유하는 것이 정사유 正思惟입니다. 우리 사이에 흐르고 있는 삶의 내용을 밑바닥까지 볼 수 있는 힘이 정견이며 정사유, 곧 지혜로서, 우리가 살아갈 때 사랑과 이해와 자비로 흐르는 것을 말합니다.

보통 '사랑한다, 자비롭다'라는 말은 '미워한다, 싫어한다'라는 말과 상대되는 '사랑, 자비'로서 이야기되는데, 그것은 본질에서 우러나서 하는 말이 아니고 분별에 바탕을 두고 있습니다. 따라서 지금 우리가 '누구를 사랑한다'는 말은 나의 분별 속에서의 남편사랑, 나의 분별 속에서의 아내사랑, 나의 분별 속에서의 자식사랑, 자식의 분별 속에서의 부모사랑에 지나지 않습니다. 이와 같은 분별을 통해서 상대방을 살피려고 할 때는 서로간의 벽이 전혀 해소되지 않는다는 것이 모든 선각자들의 가르침입니다. 벽을 여는 것은 바로 지금 정념의 '깨어 있음' 속에서만 가능하게 됩니다.

어제까지도 100점을 받아 온 아이에게는 기뻐하고 0점을 맞은 아이에게는 미운 생각이 났습니다. 그런데 분명하게 관찰하다 보면, 0점 맞은 아이나 100점 맞은 아이나 모두 평정한 마음으로 맞이하면서 부드럽고 따뜻한 말을 하게 되고, 그만큼 계향戒香인 계의 부처님을 성취하게 되는 것입니다. 여러 가지 행동 가운데 한 순간 내가 깨어 있어서 말을 한번 부드럽게 했다면, 비록 삶의 본질을 명확하게 이해하면서 하는 사랑과 자비로운 말이 아닐지라도, 그 부드러움은 바로 이해와 사랑과 자비의 흐름이기 때문에 그만큼 계의 향기를 발하면서 계의 부처님을 성취해 가는 것입니다. 지속적으로 말을 부드럽게 하면 계의 깨달음이 그만큼 커집니다. 밖으로 드러난 행위가 그와 같이 부드러워지면 다섯의 부처님 가운데에 계의 부처님을 이루어 갑니다.

계는 삶의 교류를 막는 것을 다스린다는 말이며, 삶의 교류란 이해와 사랑과 자비가 흐르는 것을 의미합니다. 계율이란 우리를 막는 것이 아니고, 우리를 철저히 소외시키고 있는 자아의식으로부터 벗어나 삶의 본질로 들어가는 길입니다. 따라서 계율을 지킨다고 하는 것은 아직 이루지는 못했지만 삶의 현장에서 부처님의 모습을 보이는 것입니다. 몸과 마음에서 일어나는 모든 행위를 부드럽게 하도록 자신을 닦아 가면, 계의 깨달음이 계속 퍼지면서 자기의 주변을 부드럽게 만들어 갑니다. 정념을 동반한 계는 삶을 외형적으로 부드럽게 하는 계의 향기를 냅니다. 계향으로 부처님과 결합하여 분별의 벽이 없어졌을 때, 부처님과 나 사이에 계의 향기가 나타납니다. 계의 향기가 밖으로 드러나는 동시에 안에서도 지속적으로 일어나 생명의 향기 속으로 들어갑니다.

정定의 힘이 강해졌을 때, 생각의 처음 일어남을 알아차려 갑니다. 정의 힘이 강해질수록 생명의 본질로 들어가며, 본질은 말이 나오려고 하는 한 순간을 볼 때 드러납니다. 말이 밖으로 나오면 나올수록 다스리기 어렵지만, 바로 일어나는 순간에는 다스리기가 쉽습니다. 정진精進·정어 正語 등의 힘이 커질수록 바로 마음 깊은 곳에서 일어나는 모습들을 헤아려 가기 시작합니다.

밖으로 완전히 드러나서 선악시비 속으로 흘러가는 것을 다스리는 수행이 계戒라고 한다면, 그것이 나오려고 하는 마음 속, 곧 구생기가 일어나는 처음으로 돌아가서 고요하게 하는 수행을 정定이라고 합니다. 정이 깊어진 만큼 삶이 고요해지며, 정념正念이 한 순간에 살아 있으면 내 속에 들어 있는 자아의 벽이 없어져 갑니다. 자아의 벽이 없어져서 삶이 삶다운 모습으로 드러나는 것을 진여眞如라고 합니다. 진여의 흐름이 일어나게 되면, 사랑과 자비와 이해의 행동이 끊임없이 일어나면서 계정혜 삼학이 완성됩니다. 이때 비로소 번뇌장과 소지장이 없어집니다.

2장. 관계 속의 중도·무상無常

우리 속에 있는 모든 것들이 막힘 없이 흐르고 있을 때가 가장 건강하고 편안한 삶입니다. 인간과 인간 사이의 삶도 막힘 없이 흘렀을 때 서로가 편안하고 건강한 사이가 되며, 인간과 환경 사이도 마찬가지입니다. 그런데 인간과 인간 사이, 나와 너 사이를 가로막고 있는 분별이 본래의 삶을 왜곡시키고 있습니다.

이와 같이 본래적인 삶을 알 수 없도록 왜곡시키는 것을 소지장所知障이라고 합니다. 의意의 분별에 의해서 본래 하나 된 삶이 분별로 왜곡된 상태가 중생의 모습입니다. 하나 된 삶은 우리가 알아야 할 바[所知]이며, '알아야 할 바를 장애하여 모르게 한다'라는 뜻에서 소지장입니다. 알아야 할 바를 몰랐기 때문에 그 가운데 선악시비의 다툼이 일어납니다.

제6식인 의식세계는 선악무기善惡無記에 통하고, 제7말나식인 의의 세계는 유부무기有覆無記라고 이야기했습니다. 유부무기라는 것은 삶의 하나 된 모습을 덮어서, 나와 너 사이에 내가 받아들일 만한 것만 받아들이는 것을 말합니다. 그 바탕 위에 싫은 소리를 들으면 싫은 마음이 일어나서 갈등이 생기는 것을 번뇌라고 합니다. 여기에서 선악시비가 일어나서 다음 장면을 결정하기 때문에 업종자를 남긴다고 합니다.

한 생각이 일어날 때 소지장所知障에 의해서 하나 된 삶을 모르고, 번뇌장煩惱障에 의해서 갈등이 일어납니다. 한 생각의 일어남 속에 번뇌장

과 소지장이 함께 들어 있기 때문에 진실로 자비로운 우리의 삶을 볼
수 없는 것입니다.

그러나 의意에 의해서 왜곡되어 있는 모습인 소지장보다도 우리가
더 강하게 피부로 느끼는 것은 왜곡된 삶 가운데에서 일어나고 있는
갈등인 번뇌장입니다. 그러므로 우리는 밖으로 드러난 번뇌장부터 닦아
서 삶을 바꿔 가야 합니다. 먼저 분별기의 번뇌장이 없어집니다. 번뇌장이
없어지면서 강한 선정의 힘이 나옵니다. 번뇌장이 없어져서 갈등구조를
이루고 있는 소지장이 한 꺼풀 드러나면, 삶을 왜곡시키고 있는 모습이
더 쉽게 관찰됩니다. 이를 통해 비로소 소지장까지 없어지게 됩니다.
번뇌장이 없어진 것을 심해탈心解脫, 해탈향解脫香이라 하고, 소지장이
없어진 것을 혜해탈慧解脫, 해탈지견향解脫知見香이라고 합니다.

그러나 범부는 과거부터 지금까지 끊임없이 일어나고 있는 총체적인
분별의 힘들에 의해 살아갑니다. 이 힘들은 '과거의 모습을 닮아서 현재에
일어나는 것'이며, 또 그 모습을 닮아서 미래로 힘을 이어갑니다. 과거의
모습을 띠고 일어나는 순간이 구생기俱生起가 일어나는 순간이요, 그것이
일어나서 번뇌장이나 소지장의 힘을 키워 가는 것이 미래를 만들어
가는 것입니다.

반면에 미래를 만들어 가는 번뇌장과 소지장의 힘이 점점 없어지는
것을 수도修道라고 합니다. 지속적으로 수행을 해서 구생기와 분별기의
번뇌장과 소지장을 떨쳐 버리는 것을 해탈향·해탈지견향이라고 합니다.
번뇌의 갈등이 없어 평정한 것을 해탈이라고 하며, 저절로 삶의 본래
모습을 보게 되는 것을 해탈지견이라고 합니다. 한 생각이 일어나면
한 생각 속에 번뇌장과 소지장이 같이 들어 있기 때문에, 번뇌장 쪽에서
보면 해탈이며 소지장 쪽에서 보면 해탈지견解脫知見입니다. 이제 삶을

이해하고 사랑하고 자비롭게 된 것이 오분법신五分法身 가운데 해탈불이요, 해탈지견불의 모습입니다.

한 생각이 일어날 때 명확히 그것을 관찰해서 갈등이 줄어들면, 구생기와 분별기의 번뇌로부터 해탈을 경험함으로써 우리가 편안해집니다. 이를 통해서 우리가 지속적으로 수행하려는 의지가 일어납니다. 그렇지 않은 사람들은 수도修道에 쉽게 들어가지 않습니다. 수도修道를 해서 한 생각이 일어나는 순간에 편안함과 고요함을 맛볼 수 있는 문이 열리기 시작하면, 법계등류法界等流의 힘에 의해서 우리 삶 가운데 해탈과 해탈지견의 향기가 일어나게 되어 있습니다.

앞에서 이야기한 '청정함이 본래 모습이거늘 어찌 산하대지가 생겨났는가[淸淨本然 云何忽生 山河大地]'라는 『원각경』의 물음에서 법계등류의 힘을 살펴봅시다. '청정본연'은 과거에만 있었던 것이 아닙니다. 현재란 '과거의 모습을 닮아서 일어난 총체적인 현재'입니다. 미래도 '현재를 닮은 자기 상속의 과정으로서 추상된 현재'입니다. 이와 같이 우리는 과거·미래에 상대하여 현재라는 이름을 붙였기 때문에, 그 두 가지가 사라지면 현재라고 하는 것조차도 잡을 수가 없습니다. 단지 '총체적인 자기 모습을 나타내는 흐름만 있을 뿐'입니다.

현재 속에 자기의 모습을 전부 드러내기 때문에, 구생기와 분별기의 소지장·번뇌장의 모습과 아울러서 청정본연淸淨本然의 모습까지 담고 있습니다. 이 청정본연의 모습이 바로 법계등류의 모습, 우리가 늘 느끼는 편안함, 안락함입니다. 참된 삶에 접근해서 마음 가운데에 고요한 흐름이 일어나는데, 이 흐름은 몸과 마음의 가벼움인 경안輕安으로 나타납니다. 중생의 무거운 번뇌[麤重]와 갈등에서 벗어나 자아의식에 의해 쌓은 벽을 허물어서, 전체가 드러난 세계를 보는 눈이 깨어 있음[佛]입니다.

깨어 있음은 정념正念으로부터 시작하지만, 정념의 내용은 정견·정사유·정어·정업·정명·정정진·정념·정정과 함께합니다. 정견正見인 이해와 사랑과 자비가 자기 자신의 내부에서도 일어납니다. 앞에서도 이야기했습니다. '내 지위가 좀 높았으면' 하는 생각이 일어나는 순간 나를 지위에 예속시키고, 그 사회의 어떤 범주 속에 자기 자신을 집어넣습니다. 이것은 자신의 삶이 아닌 예속된 생각 속에 자기 자신을 묶어 두는 것입니다. 이와 같은 생각이 일어나는 순간에는 자기 자신에 대한 사랑과 이해와 자비가 일어날 수가 없습니다.

따라서 예속된 생각이 일어나는 순간에 자기 자신에 대한 생각의 흐름을 지켜서 정념正念수행이 되면, 사회적 지위나 평판 등에 왜곡되어 있는 끈을 풀 수 있습니다. 이 힘에 의해서 자신을 구속하는 것이 사라져 가게 되는데, 구속의 벽이 사라져서 나타나는 열린 견해가 정견正見입니다. 자아의 벽이 열린 것이 무아이며, 관계 속에서 중도中道를 보는 것이 무상無常입니다. 그리고 생각이 일어나고 사라지는 근본 뿌리를 볼 수 있는 힘이 정사유正思惟입니다. 정사유는 어떤 생각이 일어나면 그 바닥까지 가서 볼 수 있는 힘으로서, 생각생각마다 삶의 근원을 목표로 하여 일어나는 것입니다.

이러한 정견正見과 정사유正思惟는 혜慧에 속하는데, 여기에도 계戒와 정定이 살아 있어야 됩니다. 계에 속하는 정어正語·정업正業·정명正命도 마찬가지입니다. 그리고 삶을 지속적[正精進]으로 지켜 보아[正念] 고요하게[正定] 하는 것은 정에 속합니다. 마음을 나누려고 하니까 여덟 가지 모습이지, 실제 내용은 깨어 있음[佛] 하나입니다. 또 팔정도의 힘이 우리의 삶 속에 살아 있게 되면, 번뇌의 무거움[麤重]에서 깨어 있음의 가벼움[輕安]으로 우리가 바뀌게 됩니다.

3장. 버림으로 열리는 삶

보살의 길로 육바라밀을 이야기합니다. 첫 번째가 보시입니다. 보시는 흔히 재보시·법보시·무외보시로 나눕니다. 가진 '재물과 노동력'을 이웃과 나누고[財施], '지혜의 말'을 나누고[法施], '포근한 마음'을 나누는[無畏施] 것입니다. 몸과 마음의 소유를 버리는 곳에서 보시가 이루어집니다.

마음에서 '내 지위가 높았으면 좋겠네, 내가 다른 사람으로부터 훌륭하다는 소리를 들었으면 좋겠네, 돈을 많이 가졌으면 좋겠네' 라는 생각이 일어나는 순간 우리는 무엇인가를 소유하고 있습니다. 나아가 내가 마음대로 환경을 오염시키는 것도 환경을 나의 것이 아닌 절대적 타자라는 개념으로 소유하는 것으로, 이 또한 소유의 확대일 뿐입니다. 그런 생각을 버리는 것이 보시입니다.

나의 모습을 버려 가는 것이 보시입니다. 나의 모습을 버리면 평등심이 일어납니다. 한 생각이 일어나고 한 동작이 일어날 때, 그것을 명확히 봐서 소유를 버리면 삶 가운데 나 자신을 받아들이지 않는 마음이 없어집니다. 그것이 자기에 대한 무외시無畏施로서 자기 자신을 받아들일 수 있는 포근한 마음입니다. 이때에는 아법의 분별이 사라져 스스로 자유롭습니다. 무외시가 퍼져서 다른 이들도 그 사람을 통해 두려움이 없어지고 따뜻함과 포근함을 느낍니다. 자신과 타인의 벽이 열린 포근한 삶이 무외시입니다.

지금은 우리가 우리 자신을 받아들이지 못합니다. '나의 얼굴이 더 잘생겼으면, 돈이 더 많았으면, 사랑을 더 받았으면, 자녀가 공부를 더 잘했으면' 등과 같은 생각이 지속적으로 일어날 때는 스스로 편안하지 못합니다. 이와 같은 소유에 의한 대립은 삶을 두렵게 만들기 때문에 무외시가 전혀 일어나고 있지 않습니다. 무외시가 일어나지 않는 가운데 어떻게 법시法施가 일어나겠습니까?

자기 삶을 받아들일 수 있는 넉넉한 마음으로부터 베풀어지는 지혜의 말이 법시입니다. 즉 이해와 사랑과 자비의 흐름을 동반한 지혜의 언어가 나오고, 표정이 나오고, 활동이 나오는 것이 법시입니다. 이때 비로소 재시財施도 청정하게 변해 가는데, 주는 자, 받는 자, 재물, 이 셋이 모두 청정해집니다. 자기 버리기가 이루어지는 곳에서 보시는 시작됩니다.

자기가 버려지면 버려진만큼 삶의 넉넉한 공간이 생기고, 그 공간만큼 나 자신을 받아들일 뿐만 아니라 다른 사람을 받아들일 수 있는 공간이 늘어납니다. '내가 보시를 하고 있는가'라는 생각이 날 때는 '나의 마음속에 무엇을 가지고 있는가'를 들여다보면 알 수 있습니다. 몸과 마음의 활동을 잘 들여다보아 몸과 마음이 바뀌는 것이 정념正念수행의 공덕입니다. 따라서 보시가 이루어지는 가운데 반드시 정념이 전제되어야만 청정한 보시가 됩니다.

지계바라밀은 앞에서 말한 계향에서 이야기한 내용과 같습니다. 마음을 쉬기 위해서 아법분별을 바탕으로 하는 선악시비를 따르지 않는 것이 인욕입니다. 정념수행이 동반되어 아법의 분별이 없어져 가면서 인욕바라밀도 완성되어 갑니다. 정진은 앞에서 팔정도를 이야기할 때 말했습니다.

선정과 지혜바라밀도 이야기했습니다만, 조금 더 하겠습니다. 『기신론』에는 선정과 반야를 합쳐서 지관止觀바라밀이라고 말하고 있습니다. 그러면서 지止는 사마타Samatha요, 관觀은 위빠사나Vipaśyana라고 했습니다. 원효 스님은 『기신론소』에서 지를 정定, 관을 혜慧라고 했습니다. 이것은 선정과 반야가 함께 완성되어야 하는 수행덕목임을 말하는 것입니다. 물론 육바라밀 하나하나의 덕목은 그 자체만으로도 큰 공덕을 갖게 하지만, 하나의 덕목에 나머지 다섯 덕목이 하나 될 때 각각은 완성된 것[바라밀]입니다. 때문에 육바라밀 가운데 하나를 말했을 경우라도 거기에는 나머지 다섯 바라밀의 내용이 함께하고 있다고 알아야 합니다.

『반야심경』 첫머리에는 반야바라밀수행[위빠사나]을 통해서 모든 괴로움으로부터 자유스러워졌다고 했습니다. 위빠사나는 반야수행, 즉 지혜수행으로 흐름에 깨어 있는 것이며, 삶을 있는 그대로 보게 합니다. 그것이 육바라밀이 바라밀일 수 있는 근거입니다.

깨어 있음[正念]이 살아 있는 순간을 반야라고 합니다. '삶을 꿰뚫어 보는 힘이 얼마만큼 있느냐'에 따라서 '반야바라밀이 얼마만큼 되고 있느냐'가 결정됩니다. 어저께는 100점 맞은 자녀만 예뻤는데 오늘은 80점, 60점 맞은 자녀도 반갑게 받아들일 마음으로 바뀌어 가기 시작하면 반야바라밀이 일어나고 있는 것입니다. 반야바라밀은 이해와 사랑과 자비를 일으키는 힘이기 때문입니다.

어떤 일을 보았을 때 '저건 도저히 받아들일 수 없다'라는 생각이 일어나면 '자기 버리기'가 이루어진 것이 아닙니다. 또 이해심이 많은 사람이 있을 수 있지만 '자기 버리기'가 동반되지 않으면 궁극적인 이해는 아닙니다. 우리가 삶을 완전하게 이해하려면 보시가 완성되어 소유가 없어야 합니다. '무엇을 보려고 하는가, 사물을 보면 무슨 마음이 일어나는

가, 말을 할 때 그 가운데 흐르는 기운이 이해와 사랑과 자비를 동반하는가'
를 잘 살펴보면, 우리 스스로가 '반야수행이 일어나고 있는가'를 알
수 있습니다.

중생의 삶을 예로 들면 아내와 남편 사이에, 부모와 자녀 사이에 벽이
있습니다. 물론 가족 이외에 다른 사람들과의 사이에 이루어진 벽은
말할 것도 없습니다. 이런 벽이 허물어져 가는 것이 공空입니다. 그런데
아까도 말했지만 '내 지위가 높지 않은 것, 내가 돈을 많이 갖지 못한
것'에서 자유롭지 못해서 번뇌장이나 소지장을 키워 갑니다. 수행을
통해서 번뇌장이나 소지장이 없어지면, 자기 자신의 소외나 남편과 아내
사이, 가족 사이, 가족과 사회 사이의 벽 자체가 없어집니다. 그것이
반야의 공空으로서 이를 통해 모든 고통으로부터 벗어납니다.

삼라만상 가운데 우리 인간이 가장 뛰어나다는 생각에서 세계가 온통
병을 앓고 있습니다. 모든 생명의 모습을 인간의 범주 속에 가둬 놓고
있기 때문입니다. 연기란 말은 생명을 나의 범주 속에 가둬 놓는 것이
아니고, '완전히 열린 세계에서 일어나고 있는 모든 활동'을 뜻합니다.
열린 세계에서 함께 일어나서 함께 살아가는 모든 생명 활동이 연기인데,
우리는 생명을 '나' 속에만, 인간 속에만 가둬 놓고 있습니다.

우리는 모든 생명의 기원을 유전인자인 DNA나 RNA 속에서만 찾으려
고 합니다. 그러나 이것은 전체 생명을 이루고 있는 작은 인소에 지나지
않으며, 이 인소가 반드시 일정한 모습을 내는 것도 아닙니다. 우리는
인과因果에 대해 A라는 인에서 반드시 B라는 과가 나온다고 생각합니다.
그러나 A의 인에서 B란 과가 나올 수도 있고 나오지 않을 수도 있고,
C와 D가 나올 수도 있는 등 여러 가지 가능성이 있습니다. 씨앗을 밭에
뿌리면 씨앗이 날 수도 있고 썩어 버릴 수도 있습니다. 또 색다른 요소가

들어가면 변종하기도 합니다. 인이라고 하는 것이 반드시 똑같은 결과를 내는 것은 아닙니다. A에서 A´만 나온다고 하는 것은 어떤 한 가지 원인이 우주의 기원이라고 주장하는 것과 같습니다. 그러나 우리의 삶이란 그렇게 단순한 것이 아닙니다.

DNA나 RNA라든지 그 밖에 다른 모든 것들이 어우러져 있는 일체가 우리의 삶을 이루면서 더불어 같이 살아가고 있습니다. 연기란 '총체적인 삶이 흐르는 모습'인데도 불구하고, 그것을 자기 속에 가둬 놓은 것은 바로 정념正念인 반야의 내용이 살아 있지 않기 때문입니다. 이런 상태로는 일체의 고苦로부터 우리 자신을 바꿀 수 없습니다.

우리는 물도 마음 놓고 먹을 수 없는 시대에 살고 있습니다. 지금까지 물은 '나'와 떨어져 있는 생명체였습니다. 산도 '나'와 떨어져 있는 생명체였습니다. 그러나 산과 물도 나의 생명만큼이나 참된 가치를 가지고 연기실상의 흐름에서 나와 더불어 같이 살고 있습니다. '내 얼굴이 마음에 들지 않는다'는 생각이 일어나는 순간, 자기 삶을 제대로 보지 못하기 때문에 일체의 고통으로부터 나 자신을 바꿔 놓을 수 없습니다. 이것을 바로 보는 것이 반야로 육바라밀의 근간을 이루고 있습니다.

그런데 삶을 왜곡시키는 가장 큰 힘인 분별은 언어를 통해서 나타납니다. 그러므로 유식에서는 우리 삶을 분별시키는 결정적인 힘을 언어에서 찾아, 이것을 명언종자名言種子라고 했습니다. 즉 삶을 왜곡시키고 있는 가장 큰 힘을 '분별된 세력인 명언종자와 현행의 언어 쓰임'에서 찾았습니다. 한 말, 한 생각이 일어나는 순간을 명확히 관찰해서 언어가 가지고 있는 분별의 세계로부터 우리 자신을 지켜 내야 합니다. 그렇지 않으면 우리가 사랑하고, 아끼고, 오래 살고자 하는 이 생명 자체를 제대로 알 수 없게 됩니다.

따라서 정념正念수행을 한다고 하는 것은 '무엇을 안다는 것'이 아니고, '나의 삶을 참으로 삶답게, 그리고 나와 같이하는 이웃을 참으로 삶답게, 나와 함께하는 땅, 지구와 어우러져서 참으로 삶답게 살아가자'는 것을 이야기합니다. 그렇게 하면 우리는 저절로 해탈향과 해탈지견향 속에 살게 됩니다.

어느 부모나 자녀를 아끼고 사랑하지만 자녀가 집 밖으로 나가면 불안해 합니다. 왜냐하면 집 밖에는 나의 생명과 전혀 관계없는 사람들이 모여 산다고 생각하기 때문입니다. 남의 자녀는 나의 삶과 전혀 관련이 없다고 생각합니다. 우리가 가장 힘들이고 성심성의껏 자녀교육을 시키지만, 결과는 불안과 갈등이 극대화되는 사회를 만들 뿐입니다.

우리 삶을 잘못 이해하듯이 자녀와 우리 사회를 잘못 이해했을 때 그 사회는 불안정합니다. 남들과 내가 대립 갈등으로 있는 곳이 사회가 아니라 '하나 된 생명들이 더불어 같이 사는 곳'이 사회라고 보아야 합니다. 언제나 '내 자식이 최고여야 한다'라는 생각이 나아가 사회를 불안하게 만드는데, 이것은 분별의식의 결과입니다.

우리가 100점 맞은 자녀만 좋아하면 자녀는 100점을 맞으려고 합니다. 바로 이러한 것들이 우리 삶을 잘못 보는 것이며, 이때에는 삶에 대한 바른 판단을 내리기가 곤란합니다. '무엇이 바른 생각인가'라고 생각할 때마다, 수많은 세월 속에서 나오는 타고난 번뇌인 구생기번뇌와 현재의 삶에서 새롭게 더해진 분별기번뇌가 먼저 나타납니다. 그러므로 이 속에서 한 발자국 물러서서 '몸과 마음의 일어남과 사라짐을 냉철하게 관찰'해야 하는 것입니다. 이것이 각성[佛]의 작용입니다. 불佛의 모습이 생각생각으로 이어지는 것이 정진입니다. 생각생각으로 이어져서 다시는 구생기와 분별기의 소지장·번뇌장이 일어나지 않게 되면 삶 자체가 하나 된 삶으로 바뀌게 됩니다.

일법계一法界를 보게 되면 나의 소유를 모두 버린 보시가 이루어진 삶으로서, 자녀를 밖에 보내거나 다른 사람이 내 품안에 들어왔을 때 두려움을 느끼지 않습니다. 자기 자신을 버려서 열린 공간이 늘어난만큼 그 사회가 두려움 없는 사회로 흘러가는 것이 일법계입니다. 비록 모든 구성원들이 동시에 자기 소유를 버리지는 않았지만, 소유를 버린 사람을 통해서 생명의 참맛을 느낄 수 있기 때문입니다.

이와 같은 일법계를 모르는 것을 무명이라고 합니다. 무명은 일법계를 가지가지로 나누는 작용입니다. '내 자녀만 100점 맞고 일등이 되어야 한다'는 생각이 무명의 세계입니다. 무명의 세계가 되기 때문에 서로서로 두려워합니다. 이와 같이 두려움을 느끼고 자기를 받아들이지 못하는 생각이 있으면 삶이 편안하고 안락하고 참으로 살 만한 것인 줄 모릅니다. 따라서 삶의 본래 모습으로부터 각자 소외되며 나아가 소외된 개인들의 모임인 사회는 개인의 소외를 확인시켜서 더욱 소외를 깊게 합니다.

크게 나누든 작게 나누든 한 사회는 함께 흘러가면서 저마다 자기를 드러냅니다. 우리는 사람이 가지고 있는 보편적인 성향을 닮지만, 얼굴 모습이 모두 다르듯이 제각기 자기 세계를 이루면서 흘러갑니다. 아침의 모습과 점심의 모습이 다릅니다. 한 생애 동안 우리가 가지고 있는 인因의 구조가 연기관계 속에서 여러 모습으로 나타나는 것입니다. DNA라고 하는 요소를 가지고 있다지만, 나타나는 내용은 매순간 같은 것이 없이 전부 다릅니다. 인과란 연기의 다른 말로서, '모든 것들이 서로 어우러져 인과 과가 되면서 자기 삶을 키워 간다'는 뜻입니다.

그런데 우리는 DNA라는 고정된 요소가 나의 삶을 결정한다고 생각합니다. 나아가 나의 DNA는 다른 사람의 DNA와는 아무 관계가 없다고 생각합니다. 이것은 자아의식의 다른 표현으로서 분별이며 생멸심입니다. 자아의식과 분별에 의해서 이루어진 DNA와 RNA가 다음 장면을 고정시켜 자신을 닮게 만들어 가는 것이 유전입니다. 이것이 '전후찰나의 자기 상속'입니다. 자아의식과 분별이 없는 것이 진여심眞如心으로, 바르고 고요한 마음이면서 함께하는 마음입니다.

목이 마르면 물을 마셔 갈증을 해소하듯이, 이 사회가 공통적으로 안고 있는 문제들을 서로 해결해 가면서 적절하게 조화시켜 가는 것이 정념正念입니다. 이것은 '우리의 생명을 정확히 들여다보는 수행'으로부터 나오기 시작합니다. 이 수행을 계속하면, 나의 삶을 참으로 편안하고 아름답고 이해하고 사랑하고 자비스럽게 만들어 갑니다. 잘 되지 않더라도 쉬지 않고 정진해야 합니다.

그런데 어느 순간에 자기도 모르게 한 생각이 일어나는 순간, 이해하고 사랑하고 자비로운 기운이 일어나기 시작합니다. 팔정도나 육바라밀로써 자기 삶 지켜보기를 계속했으나 잘 되지 않다가, 어느 순간 한 생각이 일어날 때 비로소 자기 삶이 지켜지기 시작합니다. 이때가 가행위加行位로서 이젠 의도적으로 그런 마음을 일으키지 않더라도 자량資糧의 힘이 탄력을 받아서 언제나 삶을 지켜 주는 힘으로서 등장하기 시작합니다.

그러다가 통달위[通達位, 見道]에서 비로소 삶의 내용을 꿰뚫게 되어 무아의 모습이 드러납니다. 이때가 되면 분별기의 번뇌가 사라지면서 구생기俱生起의 번뇌를 다스리기 시작합니다. 즉 변하지 않는 어떤 요소가 있어서 우리의 삶을 결정하는 것처럼 생각했는데, 실은 그 인소조차도 연기관계 속에서 변화하면서 흘러가고 있음을 알게 됩니다. 참된 삶의 흐름으로 들어간 예류과預流果로서 무아의 흐름을 체득한 것이지요. 류流에 들었다[預]는 것은 분별에 의해 고정된 내용이 아니고, 크면 큰

260

대로 작으면 작은 대로 제 모습들을 바꿔 가면서 흘러가고 있는 삶의 흐름[流] 속에 들었다는 것입니다.

우리를 왜곡시키는 구생기의 번뇌와 소지장이 한 순간에 사라지는 사람도 있겠지만, 그렇지 않은 사람이라도 지속적으로 수행과 정진을 계속해 나가면 궁극에 있어서는 부처님이 됩니다. 항상 깨어 있는 삶으로 살 때, 비로소 오분법신이 자기 자신 속에서 흘러넘칩니다.

우리는 법당에서 절을 합니다. 부처님의 모습을 닮아 가기 위해서 계戒의 향인 '청정함'을 배우고, 부처님의 모습을 닮아 가기 위해서 정定의 향인 '고요함'을 배우고, 부처님의 모습을 닮아 가기 위해서 혜慧의 향인 '열린 마음'을 배우고, 해탈향과 해탈지견향인 '지혜와 자비'를 배우려는 마음으로 절을 합니다. 이러한 배움을 통해 자신의 삶 전체가 다섯 가지 깨어 있음[五分法身]의 진정한 삶이 됩니다.

● 이해와 사랑과 자비도 연기로 설명할 수 있습니까?

지금까지 이야기해 온 것의 바탕은 연기에 있습니다. 연기란 모두가 이우러져서 사는 세계의 다른 이름입니다. 생물·무생물 할 것 없이 모두가 생명의 흐름입니다. 여기에서 중요한 것은, 재삼 이야기하지만 '생명의 흐름이 그 사람의 삶에서 그대로 드러나야' 합니다.

'산은 산이요, 물은 물이요'라는 말은 생명의 흐름과 참다운 교류를 할 수 있는 내용이 살아 있음을 의미합니다. 삶 속에서 늘 관조해서 구생기나 분별기의 번뇌 상태를 벗어나야 비로소 '산은 산이요, 물은 물이요' 하는 말을 이해하고, 그런 만큼 산과 물을 사랑하는 것이 자비입니다. 연기의 참모습이 이해와 사랑과 자비입니다. 자기를 비춰 보지[返照] 않고서도 산과 물을 이해한다는 말을 할 수 있지만, 그것은 본질적으로

'산은 산이요, 물은 물이요'와 일치하지 않습니다. 즉 산을 사랑하고 아끼고 감싸는 마음으로부터 산에 대한 진정한 앎이 시작됩니다.

● 산은 산이 가지고 있는 산의 본체로 보고, 물은 물이 가지고 있는 물의 본체로 보는 것입니까?

내가 산이나 물을 봤을 때 산과 물을 따로 떼어서 보는 것이 아니고, 연기의 흐름 속에서 산이나 물과 내가 자비로 하나가 되어야 합니다. 우리는 지금 '산은 산이요, 물은 물이요'라는 것을 어떤 '산대로의 산, 너대로의 산, 나대로의 산'으로 개별화하고 있습니다. 그런 의미로 '산은 산이요, 물은 물이요'라고 파악하면 산이나 물을 제대로 보지 못할 뿐만 아니라 우리 삶 자체도 바로 보지 못하게 됩니다. 산과 물을 떼어놓고 나의 삶이 있겠습니까?

그래서 '산은 산이요, 물은 물이요'라고 했을 때 산과 물과의 관계, 또는 산과 물과 나와의 관계, 이런 것과 잘 어우러져 있는 나를 아는 것입니다. 주의해야 할 것은 산의 본체나 물의 본체라고 하는 질문이 가지고 있는 함정입니다. 본체라고 하면 보통 지금까지 부정해 왔던 아상我相, 법상法相의 다른 이름으로 들릴 수 있습니다. 산의 본체와 물의 본체란 '산과 물과 내가 한 장면 속에 어우러져 있는 연기의 식장'을 말합니다.

● 『아함경』에 '전유前有가 다해서 후유後有를 받지 않는다'고 했는데, 무슨 뜻입니까?

우리의 삶은 흐름으로서, 깨어 있음의 흐름과 번뇌의 흐름이 있습니다. 중생의 흐름은 세 가지, 즉 원성실성·의타기성·변계소집성이 함께 흘러 갑니다. 이 흐름에서 변계소집성을 유有라고 합니다. 그것은 앞에서 말한

262

아我와 아소我所가 소유의 형태에서 나타나기 때문입니다. 분별이란 곧 소유를 의미합니다. 변계소집성은 이리저리 분별해서 집착된 바가 특성입니다. 의타기성과 원성실성은 분별과 집착을 떠난 무소유의 삶에 대한 상호관계[의타기성]와 원만한 이룸[원성실성]을 말합니다.

삶의 진실한 흐름은 소유의 형태가 아니므로 진실한 삶에 나아가면 소유가 무소유로 바뀌게 됩니다. 우리의 삶은 흐름이면서 동시에 자기 상속입니다. 원만한 삶의 이룸인 원성실성과 삶의 관계인 의타기성은 연기인 무소유의 상속이지만, 변계소집성은 분별인 소유의 상속입니다. 전후는 상속에서 찾을 수 있으나, 진실된 흐름은 소유가 없기 때문에 엄밀히 말해서 유有의 전후가 있을 수 없습니다. 변계소집성에서만 전후의 유가 상속됩니다.

그런데 변계소집성의 유有란 지금까지 논의된 데서 알 수 있듯이 실체가 없습니다. 고집만 있을 뿐 진실이 아닙니다. 자기 고집의 분별을 버리면 상속해야 할 내용이 없는 것입니다. 즉 앞의 고집된 분별에 의한 소유가 다하면 뒤의 흐름은 무소유가 된다는 것입니다. 이것을 인간의 삶에 비추어 보면 지금까지의 우리 삶이 분별업에 의해서 지속됐는데, 분별업이 없어지면서 중생으로서의 다음 삶이 없기 때문에 후유後有가 없는 것입니다.

● 중학교 3학년 아이가 "불교에서 윤회를 내세우는데, 인구가 왜 이렇게 기하급수적으로 늘어나느냐"는 질문을 했습니다. 거기에 대한 대답을 해 주십시오.

물음 속에 답이 들어 있습니다. 위의 질문에는 윤회를 한다면 그 조건이 '사람이 백 명이 있었으면 계속 백 명이 되어야 한다'는 전제가 되어 있습니다. 즉 한 사람이 죽으면 반드시 한 사람이 태어나야 한다고 생각하며, 또 윤회가 지구에만 한정되어 있는 것입니다.

윤회는 육도윤회로서 천상·수라·인간·아귀·축생·지옥의 여섯 세계를 돌아다니는 것입니다. 그 가운데에는 형상이 있거나 형상이 없는 여러 종류의 중생이 지구뿐만 아니라 지구 이외의 다른 곳에서도 살고 있습니다. 이와 같이 윤회란 지구에만 한정되어 있거나 인간에만 한정되어 있는 것이 아닙니다. 지난 억겁의 세월 동안 살아온 많은 생명들이 지금 어디서 어떤 모습으로 있는지 헤아릴 수 없습니다. 이 생명들은 각각 만남의 조건에 따라 자신도 변하고 환경도 변하게 됩니다.

인간세상을 지구로 한정시켜 봅시다. 앞으로 얼마나 많이 살 수 있을지는 모르지만, 우선 지구는 인간이 살 수 있는 환경조건을 갖추고 있습니다. 또 인간은 부모의 결합을 통해서 태어나며 어린이가 커서 성인이 되면 또 2세를 낳게 됩니다. 지구라는 환경의 연과 부모의 연은 우선 많은 인간을 태어나게 할 수 있는 중요한 조건입니다. 이 조건과 그 외의 다른 만남의 조건이 형성되면 인간이 많이 탄생하는데, 인구수가 증가할 수 있는 조건이 잘 갖춰졌기 때문입니다. 헤아릴 수 없이 많은 만남의 조건에 따라, 보이지 않는 많은 생명체 가운데 일부가 인간세상으로 올 수 있는 가능성이 커진 것입니다. 개개인의 업은 인이고 부모와 지구환경은 연인데, 이 둘이 만나서 인간으로 태어납니다.

지금은 인간이 많이 살 수 있는 조건이 형성됐기 때문에, 자연히 인구수가 늘어나게 되었습니다. 그러나 연의 조건이 알맞다고 해도 인간으로 태어날 수 있는 업의 인이 적으면 인구수가 또 달라집니다. 또 인간의 수명이라든가 자식을 낳을 수 있는 조건도 바뀔 수 있습니다.

인간에만 한정시키지 말고 보이지 않는 세계도 생각해야 합니다. 윤회와 마찬가지로 우리 눈에 보이지 않는 세계는 수행을 통해서 특별한 능력을 계발한 분들에 의해 알려진 세계입니다. 그러나 이와 같은 조건은 항상 계속되는 것이 아니고 매순간 변해 갑니다. 그러다가 인간이 살기에 부적당한 시기에 가까워지면 인간의 수가 줄어들다가, 아주 살 수 없는 인연이 형성되면 한 사람도 지구에 살 수 없습니다.

우리가 알 수 없는 다른 세계는 어떤지 지금으로선 말할 수 없지만, 어찌하였든 인구는 계속 늘어만 가는 것이 아니라 조건, 즉 인과 연에 의해서 많아질 수도 있고 줄어들 수도 있습니다. 그 학생의 질문은 '윤회는 인간의 수가 똑같아야 한다'는 잘못된 판단을 근거로 하는 것입니다. 자신과 세계, 그리고 역사에 대해 잘 관찰해서 고정된 생각의 틀로부터 자유로워져야겠습니다.

그리고 잘 생각해야 할 것이 있습니다. 윤회란 '고정된 생각의 상속'을 의미합니다. 앞에서 말했듯이, 중생의 상속에는 원성실성·의타기성·변계소집성의 상속이 있습니다. 그 가운데 변계소집성만이 소유의 고정된 틀을 의미합니다. 원성실성의 참된 흐름이 문제가 아니라 변계소집성인 '분별의 고정화가 윤회의 세력'입니다.

이 세력은 본질이 없기 때문에 수행에 의해서 벗어난 순간, 고정된 틀의 상속인 윤회라고 하는 말이 없어지게 됩니다. '주체로 여긴 자아의 상속'이 없어지는데, 자아의 주체는 변계소집성에 의해 만들어진 것이기 때문입니다. 주체가 세워지면 고통의 윤회가 있게 되고, 주체가 없어진 곳에 열반의 세계가 열립니다. '주체가 있어야 윤회할 것'이라는 판단은 변계소집성으로부터 나와서 자기를 상속시키고 있는 것입니다. 이것이 윤회의 한 단면입니다.

● 역사적으로 인구증가에는 3단계가 있다고 합니다. 산업혁명 이전이 1단계로 그때

는 다산다사였으나, 지금은 많이 태어나면서 평균수명도 길어져 인구가 증가하는 것입니다. 윤회와 연결시키면 '생명체 자체는 일정한 수가 계속 유지되어야 한다'고 생각합니다.

'생명의 수가 일정하다'는 것에 대해서는 다시 생각해 봐야겠습니다. 생명은 숫자로 셀 수 없습니다. 우리가 현재의 인지능력으로 알 수 없는 것을 제외하고라도 한 개체의 생명은 하나이면서 동시에 모두가 이 하나를 위해 존재하는 양상으로 연기하고 있기 때문에 생명 한 개라고 셀 수 없습니다. 그래서 화엄에서는 하나의 생명이 그대로 법계 모두의 생명이라고 이야기하고 있습니다.

생명계는 갖가지 모습들과 모습 없음의 상호관계에서 적의적절한 자기표현을 하고 있기 때문에 생명계 전체에서 개체를, 개체에서 전체를 보는 눈이 필요합니다. 그렇다면 전체의 생명량은 일정하지 않겠냐고 물을 수 있지만, 생명은 계량화할 수 없으면서도 모든 생명의 모습을 내는 공성空性이 본질이기 때문에 여기에서 생명이 모습을 나툰다고 해서 그 양이 늘어나는 것도 아니고, 생명이 모습을 감춘다고 해서 줄어드는 것도 아닙니다[不增不減].

개체의 증가라는 면[전체로 봤을 때 정말 증가라 말할 수 있을지 의문이지만]에서 보면 증가인 것 같지만 생명계는 증가도 감소도 없습니다. 그렇다고 일정한 것도 아닙니다. 그렇기 때문에 용수 스님께서는 '생기는 것도 아니고 소멸하는 것도 아니다[不生不滅]'라는 등의 8불[八不]로 생명 그 자체인 공의 세계를 표현했습니다.

드러난 개체는 공성의 표현이기에 표현된 것에는 제한이 있는 것 같으나 표현이 표현이게 된 것은 공성空性이므로 또한 제한이 없으니 하나의 생명체는 드러난 모습들 관계에서도 그 하나가 아니며, 그것이

266

무한한 생명의 원동력이 표출된 것이므로 또한 하나가 아닙니다. 모든 생명이 그 가치가 무한한 것은 생명 그 자체의 본질이 무한을 이루고 있기 때문입니다.

무한이란 것에는 이미 많고 적음, 크고 작음 등의 비교를 떠나 있기 때문에 일정한 수나 양으로 이야기할 수 없습니다. 이것이 생명이 지니는 무한가치이기 때문에 한 개체의 생명이 그대로 무한생명의 가치며, 무한 생명의 가치가 한 생명의 가치라고 할 수 있습니다. 다만, 드러난 모습과 분별을 통해서 생명의 수를 이야기한다고 했을 때 여기서 말하는 3단계도 앞에서 말한 인구증가의 조건에 해당되겠습니다. 지금은 증가하고 있지만, 지구 역사에서 보면 빙하기 등 여러 가지 조건에 의해 나타나는, 전혀 다른 지구의 모습을 상기해 봐야 되겠습니다.

◉ 신문에 보니까 새떼가 날아가다가 한 마리가 안테나에 끼어 날 수가 없게 되자, 나머지 새들이 안테나 끈을 풀어서 그 새를 구출했다고 합니다.

그렇습니다. 자기 생명대로 살아가는 한 모습입니다. 전에 영화에서 수십만 마리의 쥐들이 스스로 바닷가 절벽에서 빠져 죽는 것을 보았습니다. 이것도 어느 면에서는 쥐가 살아가는 환경에서 자기들의 삶을 유지시켜 가는 한 모습일 것입니다.

또 부처님 경전을 보면 [『자비경』이 나오는 배경이 됩니다] 비구들이 수행을 하려고 산 속에 들어갔다가 수행하기 좋은 터를 보았습니다. 그 터에서 공부를 하면 깨달음을 얻을 것 같아 거기에서 수행을 하니까 처음에는 목신木神들이 아주 좋아했습니다. 그런데 비구들이 계속 큰 나무 밑에서 사니까, 목신들의 삶이 방해를 받았던지 비구들의 수행을 방해합니다. 수행자들의 꿈자리가 아주 나쁘고 낮에도 으스스하면서 이상한 기운이 흘러 도저히 수행을 못 하고 부처님께 다시 돌아갔습니다. 그때 부처님께서『자비경』을 읽어 주십니다. 수행승들이 그것을 외며 그 터로 다시 가는 도중에 자비의 기운이 목신들에게 전달되면서 마음이 풀려 비구들의 수행을 방해하지 않게 되었습니다. 그래서 '거기서 수행을 잘 마쳐서 아라한이 되었다'라는 이야기가 경전에 나옵니다. 우리가 인간이라는 제한된 범주를 벗어나게 되면, 우리가 보고 듣지 못하는 세계에 많은 생명들이 여러 가지 모습으로 살아가고 있음을 알게 됩니다.

● 불경에서는 모든 것이 생명을 갖는다고 하지요?

삶의 흐름은 개체의 상속과 공간[관계]의 상속이 있습니다. 공간은 개체와 함께하고 개체는 공간에서 자기를 나툽니다. 각각의 모습 속에는 하나인 생명의 흐름이 바탕이 되어 있습니다. 개체 생명 측면이 무량수불無量壽佛로 구현됐으며, 공간 관계가 무량광불無量光佛로 구현됐습니다.

공간 생명이라고 하는 것은 물과 만나는 데서 나타나고, 돌과 만나는 데서 나타나고, 나무와 만나는 데서 나타납니다. 물도 없고, 나무도 없고, 공기도 없고, 아무것도 없는 데서 저절로 자연적으로 커 가는 것이 아닙니다. 사람과 돌의 만남은 생명과 무생명의 만남이 아닙니다. '만남 그 자체가 생명현상'으로 서로서로 생명을 주고받고 있으며, 이것이 무량광불의 생명교류입니다. 개체만 생명이 아니라 '관계 자체가 생명의 모습'입니다. 개체의 생명이 독립되어 혼자 커 가는 것이 아닙니다. 그리고 생명이 인간의 몸속에만, 인간의 구조 속에만 들어 있는 것이 아니라, 관계하고 있는 모든 장이 같은 생명으로 살아가는 것이 공간 생명의 연기입니다.

그런데 우리는 나무나 돌이나 물에서는 나와 같은 생명의 모습을 전혀 느끼지 못합니다. 이것이 변계소집성의 분별력으로서 '나만 생명이 있는 것 같다, 나만 살아 있는 것 같다'라고 생각합니다. 그런데 실제로 우리는 물만 마시지 않아도 죽어 버립니다. 즉 모든 생명이란 연기관계의 변화인 앎의 장에서 서로서로 생명을 주고받으며 자기 모습을 나투고 있는 것이지, 저절로 살아가는 것이 아닙니다. 반면 낱낱 생명의 창조적인 자기 구현인 무량수불은 관계 속의 중심으로서 개체의 생명이 더 강하게 표현됐습니다. 무량수불과 무량광불은 생명 흐름의 양측면이며 이 둘이 같이하는 것이 완전한 세계입니다. 부처와 부처가 중심이면서 동시에 연緣이 되어 흐르는 '하나 속의 다양함'이 바로 우리의 삶입니다.

◉ 사생 가운데 화생은 무엇입니까?

형상을 가진 중생들을 탄생의 차이에 따라 분류한 것이 사생입니다. 태생, 난생, 습생, 화생입니다. 화생은 변화하여 나타난 중생입니다. 우선 원력으로 나타난 보살의 모습이 화생입니다. 또 보통 사람 눈에는 보이지 않지만, 특이한 능력이 있는 사람은 자기 앞에 여러 가지 중생의 모습이 나타난 것을 봅니다. 그것이 화생입니다. 또 선정력이 깊은 사람은 공간 중에 보통 사람이 보지 못하는 형상을 봅니다. 그것도 화생입니다. 또 육도 가운데 다른 세상은 태생, 난생, 습생이 아니고, 업에 따라 화현하여 나타나는 곳이 많이 있다고 합니다. 그 세계에서는 부처님도 태를 통해 나타난 것이 아니라 화현합니다.

◉ 윤회의 본질이나 윤회의 주체가 있어서 그것이 자기 모습을 바꿔 간다는 것은 불교가 아니라고 생각합니다.

본질이나 주체란 상일주재常一主宰, 즉 항상 자기 모습을 지키면서 그 힘에 의해 주변을 통제하는 능력이 있는 어떤 것입니다. 이것은 변계소집성에 의해서만 상정된 것이라고 지금까지 이야기해 왔습니다. 부처님께서는 '깨달으면 재생이 없다'라고 말씀하셨습니다. '재생은 변계소집성의 상속을 의미'합니다. 윤회의 주체가 있다고 생각하는 것은 바로 변계소집성에 의한 자기 상속으로 나타납니다. 윤회의 주체가 '나'라고 여기면서 흘러가는 왜곡된 세력의 자기 상속이 재생입니다.

본질상 주체가 되어 흐르는 세력은 전혀 존재하지 않습니다. 그러나 우리의 생각은 윤회의 주체를 내세워서 독립적으로 보려고 합니다. 이것을 유식에서는 변계소집성의 흐름에 지나지 않는 것이라고 했습니다. 우리의 삶 속에는 독립된 나만의 삶, 나만의 생명만 있는 것이 아니라, 모든 생명들이 전체 속에서 제 모습을 나투면서 함께 살아갑니다. 그러므로 독립된 요소로서 존재적 실체는 없고, 삶의 연기관계 속에서 흘러가고 있는 모습만 있을 뿐입니다.

● 만약에 개별 주체로서 윤회를 하지 않는다면, 절에 와서 힘들게 고생할 필요가 없겠다는 생각이 듭니다.

개별 주체가 윤회를 한다는 것은 분별에 의해서 모여진 힘의 상속, 즉 주체가 아닌데도 불구하고 주체인 것처럼 여겨진 세력에 의한 삶의 왜곡된 흐름입니다. 이 세력에 의해서 삶이 고통스럽게 나타납니다. 삶의 내용을 바꾸라는 신호입니다. 이를 통해 깨어 있음의 길로 가게 되어 궁극에서는 우리 삶이 무량수불과 무량광불임을 알게 됩니다.

무량수불의 모습인 낱낱 중생의 모습은 부정되는 것이 아니라 무량광불에서 긍정되며, 무량광불은 무량수불에 의해 더욱 빛을 발합니다. 하나 속[무량광불]의 낱낱[무량수불]이 부정되는 것이 아닙니다. 절에 와서 하는 고생은 개인과 사회의 고품를 넘어서 이 두 부처님과 만나자는 것입니다.

270

우리의 마음을 열면 됩니다.

● 불교에서는 사주오행을 어떻게 봅니까?

불佛이란 깨어 있음이고 교敎란 수행입니다. 수행은 앞에서 수상受想의 구생기가 일어난 순간 행行의 흐름을 잘 관하여 아법분별과 선악시비로 가지 않게 하는 것이라 했습니다. 우리의 삶을 고정되고 불변하는 것으로 받아들이는 것이 변계소집성이며, 여기로부터 벗어나야 진실된 삶의 모습을 본다고 했습니다.

만일에 사주오행을 고정된 것으로 여기고 거기에 따르면 변계소집성의 흐름에 맞을 수는 있겠지만, 깨어 있음으로 가는 것은 아닙니다. 사주와 오행은 변계소집성에 의한 분별을 바탕으로 하고 있습니다. 구생기의 아집과 법집이 일어난 순간, 수행의 반야지혜를 통해서 변계소집성을 바꿔야만 합니다. 중생의 입장에서 사주오행이 맞을 수도 있겠지만, 근본적으로는 구생기에 의해 결정된 사항이기 때문에 그곳으로부터 벗어나야 하는 것입니다.

또 우리의 생명 흐름은 현재 일어나고 있는 현행이 가장 강한 영향력을 가지고 있습니다. 현재의 흐름이 연이 되어 구생기의 모습도 달라지게 됩니다. 즉 사람은 태어날 때부터 변하고 있기 때문에 고정된 사주만으로 운명을 다 설명할 수는 없습니다. 오행도 마찬가지입니다. 사주오행에 의한 아집과 법집의 변계소집성에 매몰되지 말아야겠습니다. 사주와 오행이 자기의 변계소집성의 모습을 엿보는 한 가지 예가 될 수는 있습니다. 그러나 그 모습으로부터 자유로워져야 불佛과 교敎가 있는 것입니다. '현행이 일어난 순간순간 깨어 있음[佛]의 수행[敎]으로써' 고정된 사주오행의 변계소집성으로부터 벗어나야 합니다.

자연과의 거대한 교류

1장. 열린 세계로 터 닦기·자량위

26. 그러나 마음을 일으켜 유식성에 머물기를 구하지 않는 한
이취수면을 끊을 수 없습니다.

乃至未起識　求住唯識性　於二取隨眠　猶未能伏滅

진실로 열린 세계[唯識性]에서 살려는 마음을 일으켜 나와 너의 분별이
없는 유식성으로 살지 못하면 인식주관[能取]과 인식대상[所取]이 사라지
지 않으므로 갈등과 번뇌를 벗어날 수가 없습니다.

1년을 봄·여름·가을·겨울의 사계절로 나눕니다. 봄에 아침 일찍 산에
올라가서 하루 동안 봄 산 기운이 변해 가는 것을 보십시오. 봄이 어떻게
변해 가는가. 아침 일찍 나무들이 햇빛을 받으며 피어나는 모습, 한낮의
모습, 저녁때의 모습을 관찰해 보십시오. 그러면 봄 속에 봄이 있고,
봄 속에 여름이 있고, 봄 속에 가을이 있고, 봄 속에 겨울이 있음을 보게
될 것입니다. 가을에 산에 올라가서 가을 산을 저녁까지 보십시오 그러면
가을 산 속에 봄이 있고, 여름이 있고, 가을이 있고, 겨울이 있습니다.

우리가 명확히 '봄이란 이런 것이다' 하는 생각을 떨쳐 버리고 산이
변해 가는 기운만을 자세히 보고 있을 때, 봄에서 사계절을 모두 볼 수
있습니다. 또 봄의 아침에, 한낮에 사계절을 다 볼 수 있습니다. 어느
순간 봄을 보는 나와 변해 가는 봄이 하나가 되어 있습니다. 이와 같이

산 위에 올라 산과 더불어 하나가 될 때 외경심을 느낍니다. 전에는 봄은 봄이고, 나는 나고, 여름은 여름이라고 구별된 삶 속에서 살아왔습니다.

그러나 나를 전부 놓아 버리고 봄을 봤을 때, 봄에서 피어나는 전체의 기운과 더불어 내가 교류할 때 외경심을 느낍니다. 그때 지금까지 '나'라고 생각했던 것이 얼마나 외소하고 초라한지 느낄 수 있습니다. 참된 삶의 장에서 소외된 외소한 '나'가 사라져야 비로소 삶의 전체적인 장을 보기 시작합니다. 이 삶의 전체적인 장을 볼 때 자연에서 외경심을 느끼게 됩니다. 이 외경심은 자연과 하나 됨에서 오는 자연과의 거대한 교류에서 느껴집니다. 자연에서 떨어져 있는 '나'가 아니고, '나'와 자연이 더불어 하나가 됨을 느낍니다. 그리고 자연의 편안함이 바로 자신이 되며, 편안함 만의 세계가 열립니다. 포근한 마음의 흐름이 일어나는 것이 유식성입니다.

봄은 사계를 다 담고 있습니다. 봄기운에서 사계를 같이 보고 그 속에 함께 들어가면 편안하고 따뜻하고 부드러운 교류가 일어납니다. 이것이 유식성으로 사는 것입니다. 이 교류가 일어나야 가정도 편안해집니다. 제일 먼저 자신이 편안해지고, 그 다음에 부부관계나 자녀관계가 편안해 집니다. 이제는 남편과 아내, 부모와 자녀라는 벽을 통해서 보는 것이 아닙니다. 이와 같이 서로 하나가 되어 감을 느끼는 것을 유식성에 산다고 합니다.

우리는 흔히 이웃에 관심을 가지고 자기보다 어렵고 힘든 사람을 도와 훈훈한 정을 나눕니다. 그러나 여기서는 나와 그들이 따로 있는 타자의 도움입니다. 이것도 중요하지만 모든 사람이 놓여 있는 그 장에서 따뜻한 교류가 일어나야 하는 것이 더 중요합니다. 부모와 자녀간, 부부간 에 유식성이 일어나지 않는 것을 자기 상실이라고 했습니다.

유식성이라고 하는 것은 상실된 자아로부터 참된 삶으로 들어가려고 하는 기운입니다. 그 기운이 끝없이 일어나는 것이 자기가 살아 있는 장입니다. 우리의 일상적인 삶인 자기 상실로부터 유식성으로의 회귀는 자기 삶을 돌아보아 '삶이 이것이 아닌데' 하는 생각이 들 때 일어납니다. 무엇인가 이것이 아닌 것 같아서 이제 삶을 되돌아보기 시작합니다.

부처님이 출가하기 전에 동서남북 네 개의 문에서 노인, 병든 사람, 죽은 사람과 출가사문을 봅니다. 사문유관상四門遊觀相이 바로 그것입니다. 이것은 삶을 되돌아보고 진실된 삶, 깨달은 삶으로 가게 되는 상징입니다. 사문유관상에서의 느낌은 참된 삶에서 유리되어 있는 중생들에게 나타나는 보편적인 고통입니다. 부처님께서는 어렸을 때 명상 가운데에서 느꼈던 유식성을 통해 소외의 고통을 벗어납니다. 그 유식성이 출가사문을 통해서 나타났습니다.

이때 우리가 마음을 일으키는 것입니다. 자기 삶을 끊임없이 되돌아보면서, '이것이 아닌데, 무엇인가 삶을 넉넉하게 하고, 부드럽게 하고, 함께 살 수 있는 장場이 있을 텐데'라는 생각을 일으켜 참된 삶으로 돌아가려는 의지가 일어나서, 팔정도나 육바라밀을 닦아 가기 시작합니다. 그러나 아직 힘이 약해서 나의 삶을 봄의 기운과 더불어 같이하는, 봄과 더불어 일치하는 느낌을 지속시키지는 못합니다. 능취能取·소취所取의 소유가 있는 것입니다. 수행을 통해서 유식성이 때때로 드러나기는 하지만 항상 일어나지는 않습니다. 하지만 때때로 유식성으로 사는만큼 그 힘이 축적되어 가는데, 이 기간을 자량위資糧位라고 합니다. 그러나 이때는 아직 '나와 너'라고 하는 이중구조가 그대로 살아 있습니다.

앞에서 "윤회는 생명의 수가 정해져 있기 때문에, 백 명이 죽으면 백 명이 태어나야 하는데 왜 인구가 많아지는가" 하는 질문을 했습니다. 그 질문자는 모든 생명의 수가 똑같아야 된다고 생각합니다. 그러나 생명이 백 명으로 한정되어 있는지, 백억으로 한정되어 있는지, 무한정인지 우리는 알 수가 없습니다. 똑같아질 수 있는 확률은 그 많은 것 가운데 한 가지에 불과합니다. 이러한 인식구조가 하나하나의 언어로 바뀝니다. 하나하나의 언어는 그 속에 하나하나의 특성만을 담고 있는데, 이것이 아와 법으로서 '나와 너'의 이중구조입니다.

그것을 나에게 대입시켜 육체가 '나'라고 생각하든지, 아니면 이 육체를 끌고 가는 어떤 무엇을 '나'라고 생각합니다. 언어가 가지고 있는 결정적인 힘이 독립되어 자기 자신을 세우고 아울러 상대를 세웁니다. 그것이 '아와 법'입니다. 이와 같은 상태에서 무엇인가 부드럽고 따뜻하게 변화하는 기운을 일으키기는 하지만, 아직은 그 기운이 일어났다 사라졌다, 일어났다 사라졌다 하면서 기운을 키워 가는 단계가 자량위資糧位입니다.

그러다가 이제 생각이 깊어졌습니다. 한 생각이 떠오르고, 한 문장이 떠오르는 순간 능취와 소취의 소유를 증장시키지 않는 힘이 생겼습니다. 한 생각이 일어날 때마다 소유를 버려 가는 힘이 생기는 것을 환멸문이라고 합니다. 저절로 환멸해 나가는 힘이 생기는 이때를 유식에서는 가행위加行位라고 했습니다.

2장. 지속되는 깊이 있는 관찰·가행위

27. 또한 마음에 대상을 떠올려 그것을 유식성이라고
인식할지라도 인식대상으로 요별되는 것이기 때문에
참으로 유식에 머무는 것이 아닙니다.

現前立少物　謂是唯識性　以有所得故　非實住唯識

현전이란 한 생각이 떠오른[立少物] 순간입니다. 문장의 의미가 떠오르고 단어를 이루고 있는 음성의 구조가 떠오릅니다. 그런 것이 떠오르는[立少物] 순간 그것이 유식성인 줄 압니다[現前立少物 謂是唯識性]. 그러나 아직 인식주관과 인식대상의 분별력에 의한 요별입니다. 모든 것은 하나 된 삶·유식성의 삶이라고 대상으로 떠올려 소유하고 있기 때문에 그것은 진실로 유식에 머무는 것[以有所得故 非實住唯識]이 아닙니다. 환멸문으로 가는 힘은 있지만, 아직까지 환멸문의 정확한 근저인 무심無心의 부사의不思議한 활동을 경험하지 못하는 상태입니다[非實住唯識].

　우리가 박물관에서 청자를 보면서 '아름답고 좋다'라고 느끼기도 하지만, 청자와 하나 된 장을 경험하기도 할 것입니다. 슬픈 마음이나 기쁜 마음을 가지고 청자를 볼 때, 어느 순간 청자와 내가 따로 있는 것이 아니라 청자와 나 사이에 기쁨은 기쁨, 슬픔은 슬픔이라는 하나의 상태만이 교류하는 것을 경험하게 되는 때를 말합니다. 이것은 '내[我]가 청자[法]

를 보고 기쁨을 느꼈다'라는 것이 아니고, 이제 청자와 나의 교류 속에서 기쁨은 기쁨, 슬픔은 슬픔이라는 하나의 장만이 있음을 의미합니다.

환멸문의 수행을 계속해 나가면 이제 봄 속에서 나, 봄 속에서 여름, 봄 속에서 가을이라는 기운만 느껴지는 것이 아니고, 봄의 한 순간에 사계의 전체와 내가 하나가 된 장면의 흐름을 경험합니다. 이때에 '능소能所가 없다'라는 말을 쓸 수가 있습니다. 그런데 수행을 하지 않아도 평소에 이런 경험을 하기도 합니다. 그러나 그 속에서는 진실한 생명의 교류가 되지 않기 때문에 하나 된 흐름을 명확히 보는 지혜가 일어나지 않아, 경험해도 경험한 줄 모르고 다시 나[我]와 법法으로 나눠 놓습니다.

'지혜가 살아 있다'고 하는 것은 이러한 현상을 경험해서 자기 삶을 되돌아보는 깊이 있는 관찰이 지속된다는 것을 의미합니다. 이와 같은 교류를 통해서 '삶이 그것이 아닌데'라는 것에 초점이 맞춰지기 시작합니다. 그러나 이때까지는 아직 능소能所가 남아 있지만, 계속해서 공부를 하면 삶을 꿰뚫어서, 즐거움과 부드러움과 따뜻함만이 흐르는 삶을 경험하게 됩니다.

3장. 나도 없고 너도 없고 · 통달위

28. 인식대상에 대해 대상으로 요별되지 않을 때 비로소 유식에
머무니 능취와 소취의 분별을 떠났기 때문입니다.

若時於所緣　智都無所得　爾時住唯識　離二取相故

어느 순간 보니까 산과 내가 나눠져 있는 것이 아니고, 산이 봄과 나눠져
있는 것이 아니고, 봄 속에서 느껴지는 사계의 전체의 기운과 나의 기운이
하나가 되는 순간을 경험하게 됩니다. 그와 같은 경험을 무분별지無分別智
라고 하며, 인식대상과 인식주관이 사라져 하나 되는 때로 우리 삶의
닫힌 마음이 열리는 순간입니다. 여는 순간 지智에는 능소能所가 없습니다
[無我]. 이때에 유식에 머문다[住]고 하며 식장을 경험하는 것입니다.

　식이라고 하는 말의 근본은 나와 너의 관계 속에서 일어나는 하나
된 앎의 장입니다. 그런데 이 앎이 있기까지는 '내가 너를 안다, 내가
추움을 안다, 내가 더움을 안다', 이런 식으로 진행됩니다. 그런데 더울
때는 더위 그 자체가 되고, 추울 때는 추위 그 자체가 되고, 기쁠 때는
기쁨 그 자체가 되어 버리기 때문에 내가 없고[無我] 대상이 없고[無境]
오직 앎이 있을 뿐입니다. 그래서 선지식께서 "더운 여름이면 더위가
되라, 추우면 추위가 되라"고 이야기했습니다. 그것은 무엇인가를 나와
대상으로 세웠던 과거의 어떤 분별력에서 벗어나, '항상 현재인 삶의

흐름을 회복했다'는 것입니다[唯識無境].

우리는 현재의 흐름 속에 있는 열린 삶을 보지 못하고 과거부터 흘러왔던 삶의 여력만을 통해서 자기와 대상을 보기 때문에, 지금 흘러가고 있는 열린 삶을 놓치게 됩니다. 지속적으로 관찰하다 보면 관찰하려고 하지 않아도 저절로 관찰이 되면서, 한 생각이 일어나고 한 동작이 일어나려고 할 때마다 바로 여기에서 진실한 삶으로 가게 하는 힘이 생기게 됩니다. 이 순간에 분별을 떠나 하나 된 앎의 장에 살아 있음을 '유식에 머문다'라고 합니다[爾時住唯識].

지금까지는 삶의 주체가 아我로 되었고, 그 밖의 다른 것은 대상이 됐습니다. 이제는 '아와 법'이 어우러진 하나의 장으로 삶이 바뀌면서 '연기실상의 관계'인 의타기성과 '연기실상의 원만한 이룸'인 원성실성으로 돌아갑니다. 이때에는 우리의 삶이 하나가 되니 능취와 소취를 떠났기 때문입니다[離二取相故].

4장. 삶의 근원적인 전환·수습위

29. 이는 무득이고 부사의며, 세간을 벗어난 지혜입니다.
번뇌장과 소지장을 끊었기 때문에 바로 전의를 증득합니다.

無得不思議　是出世間智　捨二麤重故　便證得轉依

하나 된 삶은 무득이며 부사의[無得不思議]입니다. 지금까지는 내가 있어서 얻을 명예가 있고, 내가 있어서 얻을 소득이 있고, 내가 있어서 무엇인가 있었습니다. 그런데 내가 없고 얻을 바도 없이 어우러진 그 자체가 하나이기 때문에 얻음 없음[無得]이니, 곧 아와 법의 나눔 없는 것으로 무득입니다. 부사의不思議의 원어는 무심無心입니다. 이때 심이란 가지가지 분별을 말하므로 무심은 분별심이 없다는 말입니다. 능취能取 소취所取가 이미 한마음이 되었기에 대상을 취해 요별하는 마음작용이 없는 것입니다.

　아버지와 아들이라고 하는 벽을 통해서 아들을 보고 나를 봄으로써 갈등이 생겼습니다. 그러나 열린 세계에서는 이 벽이 없기 때문에 갈등이 생기지 않습니다. 벽의 분별심이 없이 원만히 살아가는 모습은 전에는 생각할 수 없는[不思議] 세계였던 것입니다. 즉 벽을 열지 못했기 때문에, 벽이 열린 데서 나타나는 삶의 태도는 우리의 사의思議로써 파악되지 않으므로 부사의입니다. 무득일 때 일어나는 일체감 있는 삶의 내용은 생각으로 파악할 수 없는[不思議] 세계입니다.

이것이 출세간지[是出世間智]입니다. 세간은 아와 법으로 나눠져 있어야 알게 되는데, 출세간은 아와 법을 벗어난 부사의한 앎의 세상입니다. 그 세상은 반야수행과 사심사관수행 등을 통해서 나타나기 시작합니다. 부모와 아들딸의 관계에서 마음의 동요에 따라 칭찬하기도 하고 욕하기도 했는데, 이제는 칭찬할 때의 기쁨과 미워할 때의 미워하는 마음의 동요가 사라져 부모와 아들딸의 사이에 갈등이 없어집니다.

마음이 동요하고 있는 상태에서는 우리가 자녀를 이해하지 못하고 이해할 수 없어서 소위 세대 차이가 나게 됩니다. 그런데 마음을 여는 순간 닫힌 벽이 열리면서, 비로소 부모와 아들딸 사이에 이해하는 흐름이 있게 됩니다. 이해하는 흐름을 팔정도에서 정견이라고 했으며, 정견은 이해, 사랑, 자비입니다. 이는 내가 하는 행동 속에서 이해와 사랑과 자비가 계속되는 세간을 벗어난 지혜의 삶입니다. 이때부터 통달위로, 분별기번뇌가 사라집니다.

그런데 수습위修習位, 수도修道로 들어가면 구생기번뇌가 이해와 사랑과 자비로 바뀝니다. 수습위로 깊이 들어갈수록 이해가 확실해지고, 사랑이 확실해지며, 자비가 가득해집니다. 따라서 그 다음부터 일어나는 삶의 장이 그만큼 넓어집니다. 넓어져 가는 세상을 출세간지出世間智의 삶이라고 합니다. 이때는 분별을 통해서 일어나고 있는 아와 법을 버렸을 뿐만 아니라, 자기 내면으로 흘러가고 있는 분별을 버려 갑니다. 번뇌장과 소지장의 두 가지 추중麤重을 버려서 번뇌의 무거움을 버려 갑니다[捨二麤重故].

정신집중을 하여 가만히 앉아 있다 보면, 몸과 마음이 아주 가벼워집니다. 몸과 마음이 가벼워진 만큼 추중의 번뇌가 가벼워진 것으로 이를 경안輕安이라고 합니다. 수행을 통해서 참된 자기 삶으로 되돌아갈수록 몸과 마음의 가벼움을 경험하게 됩니다. 또 몸과 마음이 가벼운 만큼 사물을 이해하고 사랑하고 자비로운 공간을 열어 줍니다. 그만큼 세상에서 벗어나 출세간지 속으로 들어가는 것을 의미하며, 이때에 자기 삶의 근거가 이해와 사랑과 자비로 바뀌기 시작합니다. 지금까지의 삶은 나와 너의 다툼과 갈등과 번뇌 속에 있었는데, 삶이 이해와 사랑과 자비로 바뀐다는 것은 의지처가 바뀐다는 말입니다[便證得轉依]. 곧 습관적인 경향성, 곧 종자를 함장하고 있는 아뢰야식을 의지하고 살다가 법계등류인 청정한 지혜가 의지처가 된 것입니다. 갈등과 번뇌 속에서 이해와 사랑과 자비로 삶의 내용이 바뀌는 것이 수행입니다. 수습위修習位는 구생기俱生起의 번뇌를 다스려 가는 단계입니다.

5장. 부처님! 부처님! · 구경위

30. 이것이 곧 무루이며 계이며 부사의며 선이며 상이며 안락이며 해탈신이며 위대한 성자의 법입니다.

此卽無漏界　不思議善常　安樂解脫身　大牟尼名法

이렇게 해서 수습위修習位, 수도修道가 완성되면, 번뇌가 없는[無漏] 청정 세계로 복덕과 지혜를 일으키는 성스러운 인[因:界]을 원만히 갖춘 것이 됩니다[此卽無漏界]. 앞서 말한 봄의 기운이 나타난 것 속에 전체 삶의 흐름을 명확하게 보았을 뿐만 아니라, 본 그 자체의 삶으로 바뀌었습니다. 이 상태에서는 버릴 것이 하나도 없이 전체가 하나의 삶 속에서 흐릅니다. 갈등과 번뇌가 없는 무루이며, 성스러운 법의 흐름을 갖춘 것[界]입니다. 갈등과 번뇌는 아와 법의 분별에서 일어나는데, 그 근거가 전부 없어졌습니다. 그러면서 모든 것이 제 모습대로 살아가는 청정세계입니다. 이제까지 생각할 수 없는[不思議] 항상[常] 열려 있는 세계[善]입니다. 항상 여여如如한 삶입니다. 오안五眼이 열린 것입니다.

오안 가운데 혜안慧眼이 있습니다. 관찰 수행을 계속해 나가면 '나와 너'를 분별하고 있는 힘이 약해집니다. 그래서 지금까지 분별하는 힘 속에서 일어나던 대립과 갈등의 소리는 없어지고 부드러운 소리가 나기 시작하는 것을 혜안을 얻어 간다고 합니다. 그래서 '나와 너' 사이에

'완전한 이해와 사랑과 자비의 힘이 커지면' 혜안이 성취됩니다. 혜안이 됐다고 해서 내가 남들과 똑같은 모습이 되는 것은 아닙니다. 제 모습을 키워 나아가되 내가 다른 사람들보다 밉다고 생각하지 않고, 내가 다른 사람들보다 예쁘다고 생각하지도 않습니다. 있는 그대로 전체를 이해하고 사랑하고 자비로운 마음으로 자기 삶을 키워 갑니다.

이와 같이 낱낱 삶을 자기 삶대로 충족시켜서 키워 가는 모습을 법안法眼이라고 합니다. 전에 창조성이라는 이야기를 한 적이 있습니다. '관계 속에서 자기 삶을 풍부하게 키워 가는 힘을 갖춘 것'이 법안으로서, 여기서 말하는 항상[常] 열려 있는 세계[善]입니다. 부사의에 의한 선과 상은 항상 여여합니다.

삶 속에서 자기의 힘을 풍부히 키워 나가고, 비교해서 좋고 나쁜 내용을 비운 것을 불안佛眼이라고 합니다. 이런 상태를 '깨어 있음의 완성'이라고 합니다. 관계 속의 따뜻한 흐름, 안락이며 해탈신입니다[安樂解脫身]. 서로의 삶을 풍부하게 키워 주고받으면서, 나와 너 사이에 장벽은 없어지고 부드럽고 따뜻하게 하는 힘만 있습니다. 학교에서 자녀가 돌아와 보면 어머니 품이 항상 따뜻합니다. 어머니가 자녀와 이야기할 때 그 흐름이 항상 따뜻하고 포근합니다. 이것이 어머니와 자녀 사이에 이루어지는 안락과 해탈의 모습입니다.

구경위究竟位에서는 이와 같은 오안을 갖춘 삶이 순간순간 계속됩니다. 이 속에서는 삶을 왜곡시키는 분별이 완전히 사라졌기 때문에, 어느 순간이든지 자기 삶이 총체적으로 흐르고 있습니다. 자녀를 보면 자녀와 어우러져 있는 자기 삶을 보고, 남편을 보면 남편과 어우러진 것에서, 아내를 보면 아내와 어우러진 것에서 자기의 삶을 살게 됩니다. 아내와 남편의 이중구조의 삶이 아니라 '하나 됨 속에서 자신을 드러내는 것'이 오안五眼이 완성된 삶입니다. 그것이 안락이고 해탈신입니다.

또한 위대한 성자의 삶[大牟尼]이라고 하니, 대大란 위대하다는 뜻이며, 모니牟尼는 성자라는 뜻입니다. 이 사람은 어디를 가나 무엇을 하나 '항상 삶의 전체가 드러나게' 활동하고 말하고 느끼고 봅니다. 부처님 말씀을 듣고 깨달아 간다면 누구나 위대한 성자의 삶을 살게 됩니다. 그것이 법이며 법신法身의 나툼입니다.

성스러운 가르침과 바른 도리에 의거해서
유식의 성과 행상을 분별하였습니다.
이로 인해 얻은 공덕을 중생들께 회향하노니
모두 위없는 깨달음을 얻으옵소서

　　已依聖教及正理　分別唯識性相義
　　所獲功德施群生　願共速證無上覺

마지막 회향게가 되겠습니다. 부처님의 사랑과 이해와 자비의 기운이 나의 열린 마음과 교류해서 일어나는 따뜻함이 믿음입니다. 성인의 가르침이란 바로 '따뜻한 기운의 흐름이 내 속에서 일어나서 성인의 기운과 함께하는 것'을 의미합니다. 그리고 이와 같은 가르침에 의해서 이해되는 세계가 바른 도리[正理]입니다. 지금까지 부처님의 가르침과 이해를 통해 유식의 성性과 상相을 알게 되었습니다. 이렇게 해서 이룩한 공덕을 널리 베푸니 모두가 무상각無上覺을 이루기를 기원합니다.

복과 덕은 무엇입니까? 앞에서 복을 '막힘 없이 흐르는 맑고 따뜻한 기운'이라고 했습니다. 맑고 따뜻한 기운이 자기 내부에서 샘솟아 오르는 것이 복입니다. 그래서 이웃과 접해지는 손길, 이웃과 접해지는 눈길로

288

흘러가는 기운이 따뜻하게 흘러갑니다. 나와 더불어 같이하는 '이웃들과 따뜻한 기운으로 교류하는 것'이 덕입니다.

우리 삶 속에는 모든 것이 함께 어우러져 있기 때문에 삶 자체가 그대로 무상無上입니다. '삶 자체를 있는 그대로 깨우친 것'이 무상각입니다. 명구문名句文에 의해 아와 법으로 나누어진 삶들이 아와 법의 분별력이 없어짐으로써 보고 듣고 느끼고 말하는 한 장의 삶으로 바뀌는 것을 무상이라고 합니다. 시대를 넘어 누구나 무상의 따뜻한 삶이 되기를 바라면서 『유식 30송』에 대한 이야기를 마칩니다.

● 지금까지 유식에 대한 설명은 위빠사나를 중심으로 하고 있다고 느껴집니다. 무슨 특별한 관계가 있는 것입니까? 아니면 법문이 가지는 특성입니까?

위빠사나는 반야바라밀이며 혜慧수행입니다. 불교의 깃발은 고·무상·무아의 삼법인三法印이며, 이는 혜수행을 통해서 체득됩니다. 혜수행으로 계정혜 삼학이 살아나면 이것이 진정한 삶입니다. 유식이란 진정한 삶에 이르는 하나의 방편이며, 동시에 삶 자체입니다. 불교수행의 요체는 지혜 계발입니다 따라서 반야바라밀, 즉 위빠사나가 법문에서 중요한 요소라고 생각합니다. 앞에서 이야기했듯이 소외의 벽을 열어 하나가 된 진실한 삶의 모습이 지혜에서 드러나기 때문입니다.

● 오온 가운데 상想과 행 사이의 흐름을 잘 살펴서 분별에서 무분별로 전환하라는 말씀이 기억에 오래 남을 것 같습니다. 그런데 유식의 입장에서 보면 식은 바꿀 수 없습니까?

전식득지轉識得智라고 하여 식을 지혜로 바꾸어야 합니다. 그 작용은 바로 상想과 행온 사이에서 일어난 심리현상의 전환을 통해 일어납니다. 이 사이에서 관찰을 통해 식이 바뀌면 열린 마음이 됩니다. 분별에서 일어나는 식이 무분별의 지혜로 되는 것이 전식득지입니다.

● 식을 8식으로 나누기보다 심소만으로 나누어도 충분하지 않습니까?

식은 심왕心王과 심소心所로 나눕니다. 심왕을 다시 8가지로 나누고 있습니다. 8가지의 심왕에는 각기 심소가 따릅니다. 마당극을 예로 들면 마당은 심왕이고 그 가운데서 일어나는 각 장면은 심소입니다. 마당과 장면이 같이 있어야 식이 됩니다. 예를 들면 안식의 마당[눈과 색과 의意의 만남의 관계]이 이루어져야 갖가지 앎[심소로서 각 장면의 심리현상]이 있게 됩니다. 여기서 중요한 것은 눈과 색이 따로 있는 것이 아니고, '봄[見]'이라는 장이 있을 뿐입니다.

【 부록 】

유식과 위빠사나

1장. 볼 때는 '봄'만이 있다

불교란 '깨어 있음으로 살아가는 길'입니다. 우리가 보고, 듣고, 생각하고, 말하는 지금 이 자리에서 항상 깨어 있어야 합니다. 보고 듣는 순간을 자세히 관찰해 보면, 그 안에 '나'가 보거나 듣는 것이 아니라 '봄'이나 '들음'이라는 사실만 있음을 알게 됩니다.

그러나 '봄'이나 '들음'이라는 사실을 그대로 보기보다는 우리가 보거나 들으면서 좋고 나쁜 감정을 일으키는 이유는 그 바탕에 '나'라는 것이 설정되어 있기 때문입니다. 따라서 우리가 일상생활 속에서 보고, 듣고, 맛보고, 느낄 때 '나'를 버리는 것이 깨어 있음으로 사는 길입니다.

유식은 유가 수행자들이 수행을 하는 가운데 보고, 듣고, 맛보는 경험이 평상시와 다른 것을 토대로 한 가르침입니다. 수행을 통해서 삶의 조건이 바뀌면 경험 내용이 달라집니다. 우리 중생의 조건을 벗어나 새로운 세계를 경험하면, 모든 것들이 고정된 실재가 아니라 매순간 변하면서 영상을 달리하는 것을 알게 됩니다.

그 영상들은 식으로부터 일어납니다. 볼 때는 '봄'만이 있고, 들을 때는 '들음'만이 있는데, '봄'이나 '들음'이 바로 식입니다. '봄'이라는 한 현상을 분별하여 중심을 '아'라고 하고, 다른 쪽을 '법'이라고 합니다. 아와 법이 원래 '봄'의 하나 된 세계에서 더불어 함께 있음을 모르는 것입니다. 분별하여 아는 능력인 의에 의해서 안眼·이耳·비鼻·설舌·신身

의 5근과, 색色·성聲·향香·미味·촉觸·법法의 6경이 서로 다른 특성으로 법집화法執化됩니다. 의意는 대상을 법집화하고, 법집화된 것을 다시 대상으로 삼습니다.

'봄'이 아와 법으로 나뉘면서 좋은 것을 가지려 하거나[貪心] 싫은 것을 밀쳐 내려고 하는[瞋心] 소유가 일어나면서 이것을 계속 유지하려고 합니다. '봄'이라는 한 현상을 '나와 대상'으로 나누면서 서로 다른 특성이 되어 낱낱이 이름이 붙여지는 것을 명언名言이라고 합니다.

우리는 어려서부터 '나니, 너니'라는 이야기를 계속 들어서, 실제의 현장에서는 '봄'이라는 것 밖에 없는데도 불구하고 언제나 내가 있는 것처럼 느끼게 됩니다. 이런 분별은 금생에 새롭게 형성되는 것이 아니고, 우리는 이미 분별할 수밖에 없는 경향성인 명언종자名言種子를 가지고 태어납니다.

이 명언종자의 현행에 의해서 분별이 있게 되고, 여기에 따라서 낱낱이 이름 붙여지면서 분별과 소유가 더욱 커지게 됩니다. 보통 명언종자가 현행하면서 탐심이나 진심이 뒤따라 일어나는데, 탐심이 많은 사람의 삶은 전체적으로 탐심으로 흘러가게 되며, 진심이 많은 사람의 삶은 전체적으로 진심으로 흘러가게 됩니다. 그래서 자기의 얼굴을 탐심이 많은 얼굴, 진심이 많은 얼굴로 바꾸어 갑니다. 이와 같이 우리 얼굴을 만들어 가는 힘을 업종자業種子라고 부릅니다. 명언종자가 나와 남을 나누는 것을 바탕으로 해서, 업종자가 탐심이나 진심이 많은 얼굴로 만들어 갑니다. 현생의 얼굴과 몸을 만드는 것은 전생의 업종자이고, 현생의 탐심과 진심은 후생의 형상을 만드는 업종자가 됩니다. 금생에 개개인의 얼굴 모습이 모두 다르듯, 내생에도 자기 형상을 남들과 다르게 만들어 갑니다.

그리고 형상을 결정짓는 업종자의 이면에는 '나와 대상'을 나누어 하나하나 이름 붙이는 분별의 경향성인 명언종자가 들어 있습니다. 유식에서는 명언종자가 기본이 되어 우리의 삶을 형성한다고 봅니다. 어린애가 태어나면 아무런 생각이 없이 커 가는 것 같지만, 사실은 낱낱 사물을 분별해서 알 수 있는 능력과 이것저것 할 수 있는 능력을 이미 갖추고 있습니다. 그것이 언어를 구사할 수 있는 능력, 곧 명언종자입니다. 누구든지 태어나자마자 우리의 삶을 분별시켜 살아갈 수 있는 조건을 미리 갖추고 있어서, 그 조건에 따라 현재 자기 얼굴을 만들어 가며, 이것이 다음 생을 만들어 가는 세력이 되어 지속적으로 흘러갑니다.

깨어 있음의 수행은 어디에서 일어납니까? 사회생활을 하면서 남들이 하는 말이나 행동을 보고 어떤 식으로 판단하고 어떤 식으로 말하려고 하는가를 살펴보면, '내가 잘났다, 또는 못났다'라는 '나'라는 것이 항상 마음속에 있음을 알게 됩니다. 그에 따라 나를 세우면서 동시에 보는 대상을 타자화시키고, 또한 나도 상대로부터 타자화됩니다. '봄'이라는 한 현상이 우리 삶 자체의 흐름이지만, '나와 너'로 서로 타자화된 삶의 흐름 속에서는 우리가 언제나 소외되어 있게 됩니다.

업종자는 '선악의 경향성과 형상을 만드는 경향성'이며 명언종자는 '분별의 경향성'입니다. 이 경향성이 드러난 것이 현재 우리의 얼굴과 가지가지 분별입니다. 드러나지 않는 경향성인 종자와 드러난 삶 자체가 앎의 장에서 하나가 되어 끊임없이 흐르는 연기의 장면들이 제8식입니다. 그리고 6근과 6경이 의意의 분별을 동반해서 형상으로 드러난 현실적인 삶의 모습이 전6식입니다. 또 자타를 구별시키는 의에 의해 일어나는 자아의식이 제7식입니다. 모든 만남에서 마음 깊숙이 일어나는 '나'가 바로 제7식입니다. '제8식, 제7식, 전6식으로 흐르는 내용들이 우리 삶의 전체'라고 보는 것이 유식입니다.

전6식 가운데 전5식은 눈과 색이 상대해서 일어나는 안식眼識, 귀와 소리가 상대해서 일어나는 이식耳識, 코와 향이 상대해서 일어나는 비식鼻識, 혀와 맛이 상대해서 일어나는 설식舌識, 몸과 촉이 상대해서 일어나는 신식身識 등 다섯 가지이며, 언제나 의가 동반되어 일어납니다. 그리고 이들의 특성이 드러난 형상을 상대한다는 데서 같으므로, 합하여 전5식前五識이라고 부릅니다. 그리고 의意가 법을 상대하여 일어나는 제6의식이 있습니다.

그러면 법이란 무엇입니까? 볼 때는 '봄'이라는 것 밖에 없기 때문에, 대상이 있어야 눈이 있으며 눈이 있어야 대상이 있습니다. 눈과 대상이 같이 어우러져 있는 안식의 장에서 눈과 대상을 따로 떼어놓을 수가 없습니다. 그런데 우리는 '내가 대상을 보고 있다'라고 생각하면서 나와 대상을 서로 떼어놓습니다. 이렇게 서로 대상화되어 있는 것을 법[法化]이라고 부릅니다. 의란 서로를 분별시켜서 보려는 힘입니다. 그래서 의가 안·이·비·설·신의 5근과 더불어 작용하면서 자기와 대상을 타자화하고 상대화시켜서 일정한 영역 속에 묶어 놓습니다. 그리고 이것은 녹음기, 저것은 컵이라고 하나하나씩 이름을 붙여서 서로 다르고 절대적인 특성이 있다고 봅니다. 이와 같이 의意의 분별에 의해서 나누어진 일체一切가 법法입니다.

의가 눈을 상대할 때는 의와 눈과 색[色, 형상]이 합쳐져서 안식眼識을 이룹니다. 전7식에 똑같이 의라는 이름이 들어 있지만, 의는 독립된 것이 아니라 반드시 무엇인가 상대해서 같이 있습니다. 의가 눈을 상대하든지, 귀를 상대하든지, 속으로 법을 상대하든지, 반드시 다른 어떤 것을 상대하면서 계속 흘러가고 있습니다.

‘의가 상대하고 있는 내용들이 무엇이냐’에 따라서 밖으로 드러난 이름들이 달라집니다. 마치 H가 둘이 있고 O가 하나 있으면 물이 되지만, 그 조합이 달라지면 명칭이 달라지는 것과 같습니다. 의와 눈과 형상이 만나면 안식이 되며, 의와 귀와 소리가 만나면 이식耳識이 됩니다. 이들은 서로 완전히 다른 세계로서, 똑같은 의가 이것저것과 작용하는 것이 아닙니다. H와 H_2O와 HCL에서 H가 똑같은 것이 아닌 것처럼, 안식과 이식은 서로 다른 장면의 흐름으로서 밖으로 드러난 것이나 속성이 전혀 다릅니다. 즉 의와 눈과 색의 안식과 의와 귀[耳]와 소리[聲]의 이식은 서로 다른 장면이며, 여기에 나오는 의는 똑같은 의가 아닙니다. 한 현상이 일어날 때 그와 같은 것들이 모여서 일어난 현상만 흘러가고 있습니다. 그러므로 ‘봄’이라는 것만 흘러갈 뿐이지 ‘봄’ 속에 따로 의가 들어가서 흘러가는 것은 아닙니다.

2장. '봄'이 식識이다

'봄'이란 식의 다른 표현이며 '이 세계가 하나로 되어 있다'는 말입니다. 식이라는 '한 장면에 여러 가지가 모여서 동시에 흘러가고 있다'는 것을 반드시 염두에 두어야 합니다. 그래서 '봄'이라는 것이 흐르고 있다, '들음'이라는 것이 흐르고 있다라는 것에 명철해질수록 깨어 있음으로 가는 것입니다. 그 가운데 '내가 보고 듣는다'라고 파악하면 중생의 업을 키워 가게 됩니다.

즉 '나와 너'가 개재되어 있지 않으면 깨어 있음의 수행으로 가는 것이고, 보통 '내가 무엇을 보고 있다'라고 하면 탐심이나 진심으로써 소유를 키워 가는 중생이 됩니다. 한 현상을 보거나 소리를 들었을 때 '봄' 또는 '들음'의 한 장면만 있다는 것을 반드시 되새겨야 합니다. 식이란 '봄' 또는 '들음'으로 바꾸어 쓸 수 있습니다.

그런데 식의 흐름을 보는 쪽과 보이는 쪽으로 나누면서 나도 왜곡되고 대상도 왜곡됩니다. 내가 무엇을 가져야 하고 내가 다른 사람보다 못났거나 잘난 것으로 생각하게 되면, '봄' 자체를 왜곡시키고 '들음' 자체를 왜곡시키게 됩니다. 그래서 '봄'과 '들음'이 왜곡되는 동시에 나도 왜곡되고 상대도 왜곡됩니다. 왜곡된 것은 스스로 삶에서 소외가 되며, 소외된 삶은 우리에게 고苦와 갈등을 불러일으킵니다. '봄'이 '나와 대상'으로 나누어지면서 둘 사이에 간격이 생기게 됩니다. 인간관계에서도 너는 전혀 나일 수 없는 그런 간격이 생깁니다. 나아가 이 두 가지 관계를 서로 비교하면서 소유욕이나 배척하는 마음이 일어나는 가운데 갈등이 형성되는 것을 고苦라고 합니다.

'봄'이라는 한 현상을 주관과 객관으로 나누기 때문에, 우리의 삶이 잘못되었다는 것이 변계소집성遍計所執性입니다. 변계소집성은 우리 삶을 아我와 법法으로 나눌 뿐만 아니라, '아와 법이 항상 있다'고 생각하는 것입니다. 또 형상은 있다가 없어지지만 형상을 이루고 있는 보이지 않는 힘은 지속된다고 변계합니다. 나아가 우리 몸은 떠나도 우리 몸을 이루고 있는 힘은 변함없이 흘러간다고 생각합니다. 곧 아와 법은 사량에 의해서 분별된 것, 잘못된 견해[遍計]에 의해서 집착된 것일 뿐입니다.

그러나 모든 흐름은 상호관계 속에서 생멸변화하는 매순간 다른 흐름임을 깊은 수행을 통해서 알게 됩니다. 대상을 보면 '봄'이라는 것이 일어나고, 소리를 들으면 '들음'이라는 것이 일어났다가 바로 없어지기도 합니다. 그 밖의 다른 앎의 장도 마찬가지입니다. 매순간 앎의 장이 끊어지지 않고 계속 흘러가는 것이 아닙니다. 형상의 안쪽에서 작용하고 있는 보이지 않는 힘인 종자와 제8식의 견분에서 이루어지는 앎의 장도 매순간 끊겼다가 또 일어났다, 끊겼다가 또 일어났다 하는 식으로 흘러갑니다. 그래서 보이는 형상이나 드러나지 않는 종자는 앎의 장이 일어남과 사라짐에 따라 생멸변화하면서 흘러갈 뿐입니다.

마음을 집중시켜서 보면 내가 없어지고 '봄'이라는 것이 형성됩니다. '봄'이라는 한 장면이 형성되어 있는 순간, 생각이 끊기면서 '봄'이 없어집니다. 다음 순간 소리가 들리면 동시에 '들음'이라는 한 장면만 일어나다가, 허리가 아프면 '아픔'이라는 한 장면만 일어납니다. 이와 같이 우리의 삶은 매순간 앎의 장면인 무상無常한 흐름만 있을 뿐입니다.

그러나 우리는 그렇게 생각하지 않고, 내 속에 무언가 있는 것 같고, 내 모양도 다른 것과 독립되어 있는 것 같고, 대상도 나와 떨어져서 있는 것으로 생각합니다. 나아가 '내가 무엇을 보고 듣는다'라며 '나'라는 범주를 키웁니다. 그러나 그런 것은 우리의 생각으로 만들어진 변계소집성 속에만 있을 뿐입니다. 이와 같이 우리가 지금까지 변계소집성에 근거하여 살아왔기 때문에, 본다고 하더라도 제대로 보지 못하고, 듣는다고 하더라도 제대로 듣지 못하고 있습니다.

불이란 '깨어 있음'이고 교란 '수행'이라고 했습니다. 깨어 있음으로 수행을 하면서 '봄'과 '들음'만으로 원만한 이룸이 있는 것을 원성실성圓成實性이라고 합니다. 변계소집성이 없어지면 원성실성이라는 말도 필요가 없고, 한 순간에 연기실상緣起實相인 의타기성의 흐름이 됩니다. 볼 때는 '봄'만 있고, 들을 때는 '들음'만 있고, 느낄 때는 '느낌'만 있다는 것이 연기실상이란 말입니다.

사물을 보고 갖고 싶어서 마음이 움직이면, 그것은 나와 대상을 세우는 것입니다. 그러나 이때 사물임은 분명히 알지만 마음의 동요 없이 흘러가면 연기, 곧 '봄'으로 가는 것입니다. 칭찬을 듣거나 욕을 듣고 마음이 들뜨면, 그 삶은 변계소집성의 흐름에 놓여 있습니다. 그런데 칭찬을 듣거나 욕을 들어도 마음이 들뜨지 않으면, 그 삶은 연기실상으로 가는 것입니다. 욕을 들어도 들뜬 마음이 전혀 일어나지 않으면 욕으로부터 완전히 해탈되어, 욕에 대해서 공상空相을 회복한 것이 됩니다. 욕이라는 색온色蘊이 아무런 영향을 주지 못하여 마음이 흔들리지 않기 때문에, 욕을 들어도 '들음'만으로 있는 공空이 됩니다.

그러나 칭찬하는 소리나 욕하는 소리에 마음이 들뜨면, 그 내면에 숨어 있는 자아[自我:意]의 분별에 의한 제7식을 전혀 버리지 못한 것입니다. 자아를 버리지 못하면 내가 대상으로부터 소외되어 있고 대상은 나로부터 소외되어 있는 이중구조를 만들게 됩니다. 중생의 흐름이란 '아와 법에 의한 이중구조'이고, 이 이중구조 속에서 서로 부딪치면서 괴로움[苦]을 만들면서 살아가고 있는 것입니다.

3장. 삶의 모습을 있는 그대로

유식의 두 가지 의미 가운데 하나는 '봄'이나 '들음' 자체이며, 또 하나는 아법분별我法分別이 개재되는 변계소집성입니다. 변계소집성은 앞으로 버려야 할 것이며, '봄'이나 '들음'의 식은 연기실상입니다. 분별을 바탕으로 하는 식이 변해서 무분별의 지혜[轉識得智]가 열립니다. 그러므로 변계소집성인, 나와 대상을 이중구조로 나눔으로부터 자유로워야 지혜롭게 됩니다.

평소 우리가 자신의 흐름을 완전히 보지 못하고, 또 깊은 선정에 들어 있지 못하기 때문에 아직 깊숙이 모른다 하더라도, '봄'이나 '들음'으로만 있으려는 노력을 합니다. 그런 노력을 하여 칭찬하는 소리나 욕하는 소리에 마음이 움직이지 않으면, 욕을 한 사람과 나는 서로 싫어하는 관계가 형성되지 않습니다. 즉 저 사람이 나에게 욕을 했을지라도, 내가 저 사람에게 욕을 하지 않고 따뜻한 기운을 흘려보냅니다. 저 사람이 나를 칭찬하더라도, 내가 그 사람을 특별히 좋아하는 분별심으로 대하지 않고 평정한 마음으로 함께합니다.

그와 같이 내가 상대방에 대해서 마음을 열어 가는 것이 지혜의 다른 측면인 자비입니다. 지혜는 분별의 벽이 없어진 열린 세계의 앎이며, 그 상태에서 일어나는 활동이 자비입니다. 비록 나의 삶과 이 세상의 흐름에 대해서 명확하게 알지 못한다 할지라도, 인간관계 속에서 내가 열려 있는 만큼 지혜의 다른 측면인 자비가 흘러나오면서 동시에 지혜의 궁극적인 실상으로 가게 만듭니다. 전에 미얀마의 선禪 센터에서 수행을 하고 있을 때, 스님 한 분이 다른 곳으로 옮겨야겠다고 하기에 이유를 물었습니다. 그랬더니 전혀 공부가 되지 않아서 선생님께 말씀드리니까, 선생님께서 공부 방법을 바꾸어 자비수행을 해 보라고 하셨답니다. 그러나 그 스님은 자비수행은 하기 싫고 위빠사나를 계속하고 싶어서 다른 곳으로 가게 되었습니다. 위빠사나는 반야바라밀이고, 지혜수행의 다른 말입니다. 지혜수행이 되지 않을 때 그 이면인 자비수행을 하게 되면 나중에 지혜수행을 하는 데 저절로 힘을 얻게 됩니다. 그래서 그 선생님은 방법상 차이가 있지만 수행을 바꾸어 보라고 한 것입니다.

유식 공부는 변계소집성의 '자타 분별에 의한 갈등구조를 자비나 지혜의 열림으로 바꾸는 것'입니다. 번뇌를 자비와 지혜로 바꾸는 것이 실생활에서 나와야 합니다. 어떤 말을 들었을 때, 어떤 물건을 보았을 때, 또 인간관계에서 '내가 어떻게 흘러가고 있느냐'를 관찰하다 보면 마음이 열리게 됩니다. 그리고 마음이 열린만큼 마음의 변화가 오고, 이를 통해서 유식성을 알게 됩니다. 참된 삶을 유식성이라고 합니다. '유식을 공부한다'는 말은 바로 '유식성으로 돌아가자'는 말입니다. '내가 보고 듣는 것'이 아니라 '봄' 그대로 살고, '들음' 그대로 살게 되면 바로 유식성으로 사는 것입니다.

누구나 보고 듣고 삽니다. 그런데 우리가 보고 듣는 것과 유식성에서 보고 듣는 것의 차이는 '마음에서 동요가 일어나느냐, 일어나지 않느냐'입니다. 즉 '마음을 열어서 다른 것을 받아들일 수 있느냐, 없느냐' 하는 차이입니다. 우리 스스로 헤아려서 마음의 동요 없이 오직 '봄'이나 '들음'인 현재에 살게 되면, 이것이 유식성의 참된 삶을 사는 것입니다.

전6식은 깊은 잠을 자거나 무상정無想定에 들어 있거나 혼절했을 때는 작용하지 않지만, 제8식은 계속 작용합니다. 제8식의 장을 견분과 상분으로 나누는데, 상분 속에 몸과 세계와 종자가 포함됩니다. 우리가 삶을 분별하면서 자기 얼굴 등을 만드는 것은 명언종자와 업종자가 현행[種子生現行]한 것입니다. 그리고 우리의 분별과 얼굴이 계속 자기를 닮게[現行熏種子] 만들어 가는 것을 상속이라고 부릅니다. 전후찰나에 계속 자기를 닮게 상속시키므로 거울을 보면 어제 얼굴이나 오늘 얼굴이 비슷비슷합니다.

밖으로 드러난 모양이나 밖으로 드러나지 않은 종자나 두 가지 모두 분별하여 자기화하는 기운으로 흘러가는 것을 업이라고 합니다. 자기화하는 기운으로부터 자유로워야 비로소 마음이 열리고, 마음이 열린 것이 지혜입니다. 한 생각이 일어나는 순간 거기에 고요해지면 마음이 열리게 되고, 칭찬하는 소리를 듣고 흡족한 마음을 일으키면 업이 상속됩니다. 그러나 칭찬하거나 욕하는 소리를 듣는 순간 마음의 흔들림이 없으면 자기화하는 업의 힘이 줄어듭니다.

그러나 기분 나쁜 일로 마음이 불편한데도 꾹 참고 있으면 병이 납니다. 그것은 '나'의 체면이나 입장 등 '나'의 어떤 것 때문에 참아야 한다는 것이 그 속에 숨어 있기 때문입니다. '나'의 어떤 것이 없어져야만 진실로 참음이 됩니다. 그렇지 않고 '나'의 어떤 것 때문에 화를 참으면, 그 화가 계속 쌓이면서 몸과 마음의 병을 일으킵니다. 그러므로 기분 나쁜 일이 일어날 때마다 '나'가 아니라 '봄'이라는 장면만 있다는 것을 바로 알아차려서 평정한 마음으로 살아가도록 해야 합니다.

나아가 내 속에 '나'를 움직이게 하는 실재가 없는데도 나의 '생각 속에서만 내가 실재한다고 여기고 있다'라는 무아에 대한 확신이 설수록,

억지로 참는 것이 아니라 저절로 참게 되는 것이 인욕바라밀忍辱波羅蜜입니다. 한 생각이 일어날 때마다 그 생각이 '어떻게 일어나 흘러가고 있는가'를 앎으로써 저절로 인욕바라밀이 생깁니다. 우리에게 '나 잘났다'는 생각만 없어지면 마음이 열리는 것을 스스로 알게 되며, 열린 만큼 삶의 모습을 있는 그대로 알게 됩니다.

4장. 흐름은 쉬지 않고

『유식 30송』의 제일 마지막 게송에 나오는 대모니법大牟尼法이란 위대한 성자의 삶과 가르침입니다. 여기서 위대함[大]이란 마음을 열어 놓아서 '봄'이라는 장면만 있는 것입니다. 지금까지는 내가 컵을 보고 있어서 컵이 타자화 되었는데, 이제 '봄'이라는 장면 속에 나와 컵이 더불어 같이 있게 됩니다. 따라서 '잘난 나'는 없어지고 '같이하는 나'는 드러나게 되는데, 이와 같이 마음이 열리는 것이 지혜이면서 성자의 삶과 가르침이 그대로 드러난 것입니다.

마음의 흘러감을 명확히 보게 되면서 그 속에 내가 없다[無我]는 것을 확실히 알면, 마음속에 '내가 잘났다, 못났다'라는 생각이 저절로 없어지면서 동시에 타자화 되었던 대상도 없어집니다. 나아가 '나와 대상이 하나가 된 세계'로 흘러가면서, 육바라밀이나 팔정도의 수행이 절로 일어납니다.

육바라밀수행 중에 보시布施바라밀이 있습니다. 보시란 '자기 소유를 버리는 것'입니다. 소유에는 드러난 형상의 소유와 드러나지 않는 소유가 있습니다. 밖으로 드러난 소유에는 '내 얼굴이 잘생겼네, 못생겼네', '내가 사회적으로 어떤 위치에 있네, 없네', '부자네, 부자가 아니네' 등이 있습니다. 드러나지 않는 소유에는 '나' 또는 '너'라는 생각의 소유가 있습니다. 보시는 이 두 가지 소유를 버리는 것입니다.

306

드러난 형상과 마음 가운데 있는 내[我]의 소유를 절제하는 것이 계율입니다. 우리는 가지고 있는 것에 의해 얽매여 있습니다. 물건을 가지고 있음으로써 물건에 얽매여 있고, 어떤 이치를 알고 있음으로써 이치에 얽매여 있고, 또 안으로는 '나'라는 생각을 가지고 있음으로써 궁극적으로 삶에 얽매여 있습니다. 이런 얽매임을 버려 가는 것이 계율입니다.

우리의 행동이나 인간관계는 바로 소유를 바탕으로 하는 얽매임이지만, 계율은 소유를 바탕으로 하고 있는 것으로부터 우리 자신을 지켜내는 힘입니다. 계율은 신구의身口意 삼업三業이 밖으로 드러나는 것을 다스리며, 삼업이 밖으로 드러나기 전에는 선정禪定으로 다스립니다. 한 생각이 일어날 때 '내가 무엇을 본다'라는 생각에 따라서 말을 하거나 행동하지 않고, '봄'만이 있고 '들음'만 있게 하는 것이 선정수행입니다. 그런 가운데 우리는 모든 소유로부터 자유롭게 됩니다.

밖으로 드러난 형상이나 자기 안에 있는 보이지 않는 소유인 '나'로부터 우리를 자유롭게 하는 것이 보시입니다. 보시 중에서 무외시無畏施란 '나와 남에게 똑같이 자비가 일어나는 마음'으로서, 상대방에게 두려움이 없는 삶의 장을 열어서 서로를 받아들일 수 있는 폭이 넓은 것입니다. 즉 마음이 열려서 대승화되어 가는 것이 보시입니다.

유식의 수행은 이름[名]과 이름이 가리키는 사물[義]을 놓고 관찰합니다. 우리는 컵이 없어도 컵이라는 말에 의해 컵을 항상 영상화시키고 형상화시킬 수 있는 힘을 가지고 있습니다. 현실의 컵과 관계없이 컵을 생각만 해도, 우리가 가지고 있는 '분별의 경향성'인 명언종자에 의해 영상이 떠올라서 컵을 보게 됩니다.

보통 때는 컵이라는 생각만 있고 모양은 드러나지 않지만, 수행이나 특이한 경험을 하면 생각뿐만 아니라 분명한 모양을 보게 됩니다. 실제의 컵과 상관없이 자기 내부에 가지고 있는 여러 가지 힘이 눈을 뜨나 감으나 영상화되어서 나옵니다. 현실의 컵과 영상은 전혀 별개이지만, 영상화되어 있는 컵이 이제는 현실의 컵을 지배하게 됩니다.

영상화한 컵과 현실의 컵의 관계를 명확히 파악할 줄 알아야 합니다. '현실의 컵이 어떻게 있다가 사라져 가는가' 하는 것을 명확히 알아야 합니다. 그것에 비추어 자기 내부에서 '컵을 영상화시킬 수 있는 세력은 어떻게 흘러가는가' 하는 것을 알아야 합니다. 컵은 깨져 버리면 쉽게 '컵이 아니다'라고 생각하지만, 머리 속에 들어 있는 컵에 대한 영상은 컵이 있거나 없거나 지속적으로 '컵에 대한 영상을 고정화'시킵니다. 그 생각에 의해서 '사물이 왜곡'되어 모두가 어우러져 함께 있는 연기관계의 장이 '자타분별의 대립'으로 바뀝니다.

그 다음 이름[名]과 사물[義]이 가지고 있는 자성과 차별을 명확히 살펴봅니다. 우리는 컵이 없어도 컵이라는 말만 듣고도 컵의 영상을 떠올립니다[名言種子의 現行]. 앞서 말한 욕이나 칭찬의 경우와 마찬가지로, '나라는 연속된 영상[他者化된 自我]과 만남의 조건'에 의해서 대상으로서의 컵에 대한 영상이 일어난 것입니다. 컵이 영상으로서 지속되듯이 우리의 내부에서는 '나'라는 상상(想)을 지속시켜 갑니다.

이때 대상으로 영상화된 것은 실제 사물이 아니라 이름으로 이미지화된 것이 나타난 것입니다. 그리고 이름은 그 자체로 고유한 실체를 갖는 것으로 다른 것을 배제한 '이것'만의 어떤 것을 말합니다. 곧 '나'는 갖가지 변화의 흐름과 동반하는 '나'가 아니라 고유한 '나'가 되는 것이며, 이에 의해서 스스로가 절대적 타자로 존재하게 됩니다. 나를 말하면서도 나를 알 수 없는 인식구조를 갖는 것이며, 나뿐만 아니라 모든 법들도 그것을 말하는 순간 말해진 것을 알 수 없는 인식구조를 갖는 것입니다.

때문에 이름과 이름에 의해 지칭된 사물은 실제에 있어서는 전혀 다른 구조 속에 놓여 있습니다.

여기서 이름이 변계소집성遍計所執性의 얼굴임을 알 수 있습니다. 이름의 특성은 변계소집성을 면할 수 없습니다. 삶의 본모습인 연기실상은 다른 것을 배제한 '어떤 것'으로서의 사물의 흐름이 없기 때문에 이름[名]과 이름이 가리키는 사물[義], 이름과 사물의 특성[自性]과 그들의 관계에서 나타나는 차별이 그 자체로 실재하는 것이 아님을 알 수 있으며, 나타난 사물이 갖고 있는 차별도 또한 그 자체가 갖는 고유한 차별이 아니라 인연조건이 그렇게 나툰 것임을 알아야 합니다. 그렇다고 해서 변계소집성이 연기실상을 떠난 독자적인 흐름도 또한 아닙니다. 연기관계의 각각에 대한 타자로서의 이름 붙이는 것이 변계소집성이므로 마음집중과 관찰로 영상이 독자적 실체가 없음을 알 수 있습니다.

그렇지만 우리는 일상생활에서 실제 일어나고 사라지는 현상에는 별다른 관심을 두지 않습니다. 그 대신 법이라는 의미체계에 의한 영상화와 고정화로써 우리의 소유를 확대해 가는 일에만 가치를 두고 있습니다. 따라서 육바라밀에서 제일 먼저 보시를 이야기하는 이유는, 바로 이러한 소유로부터 우리 자신을 자유롭게 하자는 것입니다. 이름화되어 있는 의미체계[法]에서 벗어나야 합니다. 우리의 마음에서 소유가 전부 없어졌을 때, 나와 상대 가운데 원활한 삶의 흐름이 있게 됩니다. 그런 삶의 흐름이 자비의 흐름이며, 보시의 흐름이 됩니다.

인욕忍辱은 억지로 참는 것이 아닙니다. 억지로 참으면 홧병이 되어 몸과 마음이 괴롭게 됩니다. '내가 분별에 의해서 속고 있다'고 하는 것을 스스로 이해해야 합니다. 그래서 분별이 일어나면 바로 '내가 잘났다'라는 생각을 내세워 그 굴레 속에서 스스로 힘들어 하는 것임을 알면서 참아야 합니다. 이것이 인욕바라밀로서 그냥 참고 있는 것이 아닙니다.

지계持戒라는 것은 앞에서 이야기했습니다. 밖으로 드러난 행동의 자기 절제, 즉 소유를 버려 가는 것이 계율입니다. 한 생각이 일어나고 한 사물을 볼 때마다 '봄'의 장면인 유식성으로 있어야만 됩니다. 변계소집성을 명확히 알고 연기실상이 드러나게 하는 것입니다. 그래서 한 생각이 일어나고 한 동작이 일어날 때마다, 관찰이 깊어지면 소유로부터 벗어나 자유로 가는 바탕이 됩니다.

즉 '나[我]가 없는 것이 소유로부터 벗어나는 것'입니다. 내 속에 '나 잘났다'는 생각이 적어져 가는 것, '나 못났다'는 생각이 적어져 가는 것, '내 얼굴이 잘생겼다'는 생각이 줄어드는 것, '내 얼굴이 못났다'는 생각이 줄어드는 것이 자기 소유가 줄어드는 것입니다. 그와 같은 생각은 전부 변계소집성에서 일어납니다. 우리가 보거나 들을 때 변계소집성이 같이 흘러가고 있습니다. '봄'이라는 연기실상의 현상이 일어나는데, 우리에게는 '내가 본다'고 하는 변계소집성이 일어납니다. 이 순간 '내가 본다'라고 하는 변계소집성으로부터 자유로워지면 '봄'이라고 하는 것만 형성됩니다.

우리가 일상생활을 하면서 그 속에 무엇이 들어 있는가를 살피면 항상 '내'가 나옵니다. 지금까지 살아온 과정을 돌이켜보면 바로 '소유하는 나'가 일어나는데, 이것을 '타고난 업'이라고 합니다. '타고난 업'을 통해 기뻐하거나 노하면, 여기에 따라서 자기 얼굴을 만들어 갑니다. 이와 같이 자기 얼굴을 만들어 가는 것은 지금 일어나고 있는 한 생각에 따라 다르게 됩니다.

어제의 우리 얼굴과 오늘의 얼굴은 비슷비슷하게 보입니다. 그러나 10년이나 20년이 지나면 소유를 키워 온 사람과 소유를 버린 사람의 얼굴은 서로 다르게 변합니다. 중년이 되어 주변에 사람들이 모였을 때, 그 사람에 대한 느낌이 다릅니다. 참으로 포근하고 따뜻하게 느껴지거나, 차갑고 불편하게 느껴지기도 합니다.

'나와 너'의 분별은 바로 전까지 살아온 명언종자의 일어남이며, 이것을 타고난 구생기俱生起라고 합니다. 그런데 지금 이 순간 '내가 컵을 보고 있다'라고 분별해서[分別起] 자기 소유를 쌓아 가면 후생의 업을 키워 가는 것이며, 분별하지 않으면 업을 덜어 가는 것입니다. 이에 따라 '깨달은 사람의 얼굴로 변할 것인가, 중생의 얼굴로 변할 것인가'가 결정됩니다.

스님 한 분이 큰 불사를 했습니다. 처음에는 스님의 얼굴이 너무 잘생겨서 놀랍니다. 그래서 사람들이 그 스님 옆에서 떨어지지를 않았습니다. 두 번째는 무식해서 사람들이 놀랍니다. 세 번째는 말을 너무 못해서 놀랍니다. 그런데도 그 스님 곁에만 있으면 사람들이 편안해 합니다. 사실 그 스님은 무식한 것이 아니라 자기의 삶을 열어서 삶의 끝을 다 보고 있었던 것입니다. 그러므로 우리가 볼 때 현학적인 것은 모르는 것 같지만 삶의 밑바닥을 보아 열려 있는 사람이기 때문에, 처음에는 잘생겨서 가지만 나중에는 편안해서 갑니다. 한 생각을 살피면 그런 모습으로 바뀌어 갑니다. '구생기번뇌가 분별기分別起의 업으로 계속 흘러가느냐, 또는 깨달음으로 가느냐'에 따라서 달라집니다. 그 스님은 아주 큰 일을 하시고 돌아가셨습니다.

구생기俱生起와 분별기번뇌는 우리 몸의 6근을 통해서 형상으로 나타납니다. 눈을 통해서, 귀를 통해서, 코를 통해서, 혀를 통해서, 몸을 통해서 일어나기도 하고, 생각을 통해서 일어나기도 합니다. 그래서 한 생각이 일어날 때마다 자기를 잘 지켜서 하나 된 흐름으로 들어가면 진정한 삶인 지혜의 흐름이요, 하나 된 흐름을 나누어 왜곡시키면 소외되어 흘러가는 삶이 됩니다. 소외는 이름으로 되어 있으며[名言種子], 이름화된 것은 모두 소외되어 있습니다.

분별은 '소외된 이름들의 모임'인 명언종자에서 일어납니다. 우리는 컵과 상관없이 컵이라는 이름만으로도 컵을 떠올릴 수 있습니다. 또 욕을 들으면 상황과 관계없이 욕이 가진 의미체계로써 기분 나쁘게 됩니다. 하나 된 삶의 흐름을 분별해서 이름 붙인 것들의 모임이 명언종자의 상속입니다. 이 분별의 명언종자를 통해서 탐심과 진심의 업종자를 상속시켜 우리의 얼굴을 만들어 갑니다. '이름화된 세력'인 명언종자와 '탐심과 진심의 상속'인 업종자에 의해서 다음 생에 '우리가 어떤 모습, 어떤 얼굴이 될 것인가'가 결정됩니다.

어제도 흘러갔고 오늘도 흘러가고, 삶의 흐름은 쉬지 않고 계속해서 흘러갑니다. 그래서 『유식 30송』에서 이것을 '폭류와 같다'고 했습니다. 이 흐름[識]을 나누면 8식이요, 줄이면 식 하나[唯識]입니다. 또 형상으로 나투면 온 세계요, 줄이면 한 티끌입니다. 우리 중생의 흐름이란 '업종자와 명언종자에 의해 형상으로 나타났다 사라졌다 하는 차이일 뿐'입니다. 이것이 인간의 형상으로 나타날 때, 6근으로 나뉘어 눈으로 나타나기도 하고 귀로 나타나기도 합니다. 우리가 죽으면 나누어진 여섯 개의 힘들이 다시 하나로 모여 그전과 다른 관계를 갖게 되며, 그것이 다음 생을 결정합니다.

여기서 하나라고 이야기했습니다만, 이 뜻은 공간이나 시간의 어느 한 곳을 점하는 하나가 아닙니다. 이때는 이미 현생의 인간이 갖고 있는 시간과 공간의 개념분별이 사라진 상태이기 때문입니다. 이 힘이 다시 현행할 때 그에 맞는 시공을 새롭게 연출합니다. 지금 우리의 몸은 바로 전까지의 분별이 결정해 놓은 것입니다. 살아가면서 만나는 사람들과 일에서 각자 다르게 반응하고 생각하는 것은 지금까지 우리가 쌓아 온 업에서 나옵니다.

그런데 살다 보니까 자기 자신과 부딪치고 사회와 부딪쳐서, 혼자 있어도 괴롭고 같이 있어도 괴롭습니다. 그것은 참된 삶에 들어 있지 못하기 때문입니다. 한 생각이 일어나고 하나의 '봄'이 일어났을 때, 그것을 나누어 보려는 힘이 언제나 작용하고 있으며, 그것을 의意라고 했습니다. '의에 의해 나누어진 세계에서 나의 것으로 하려는 힘'에 의해 중생의 삶이 계속되고 있다는 것이 유식에서 삶을 보는 관점 중의 하나입니다. 그것을 명확히 보고 괴로움의 원인인 아상을 버리게 되면 괴로움으로부터 벗어나게 됩니다.

● 구생기를 설명해 주십시오.

구생기俱生起란 한 생각이 수상受想으로 떠오른 순간으로서, 바로 전찰나까지의 종자가 현행한 것입니다. 그리고 수상으로 떠오른 후에 작용하는 마음이 분별기分別起입니다. 우리가 각자 자기의 얼굴을 만들어 가고, 어떤 일에 기분 나빠하거나 좋아하도록 결정되어 있는 것이 구생기입니다. 지금 또 거기에 따라가면 구생기와 비슷한 자기 얼굴과 생각을 갖게 됩니다. 그래서 이 사람에게 어떤 말을 하면 대수롭지 않게 생각하지만, 다른 사람은 그 부분에 대해서 아주 예민합니다. 그것은 자기 삶을 그와 같이 되도록 하는 바로 전까지의 구생기의 힘 때문입니다.

한 생을 놓고 보면 태어나기 전까지의 과정이 구생기입니다. 현생을 보면 '한 생각이 일어나기 전까지'가 자기 얼굴을 만들고, 자기 스스로 분노하고, 기뻐할 수 있는 분별의 바탕인 구생기입니다. 그것이 일어나는 순간 거기에 따라가면 분별기이면서 구생기의 연속입니다. 그러나 거기에서 분별을 명확히 살펴서 분별하지 않게 되면 마음을 지켜보는 수행이 되는 것입니다.

구생기는 오온 가운데 색·수·상으로 나타납니다. 색은 형상 등으로서, 눈으로 보이고 귀로 들리는 등 5근과 6경입니다. 형상 등과 상대해서 일어나는 마음의 작용이 수受와 상想입니다. 대상을 받아들이고[受] 자기가 소유하고 있는 언어구조로부터 파악된 형상으로 띄워 올립니다[想]. 컵이면 컵, 장미꽃이면 장미꽃이라고 띄워 올리는 것까지가 구생기입니다. 행行은 분별기의 의지작용입니다. 구생기의 한 생각이 떠오를 때 탐심이나 진심으로 가면 구생기에 대한 상속이 됩니다. 그에 반하여 행을 닦는[修]마음 지켜 보기를 명철하게 하여 구생기의 내용을 바꿔 갈 수도 있습니다. 제6식의 심소 가운데 별경심소別境心所, 즉 욕欲·승해勝解·염念·정定·혜慧라는 특별한 경계를 만났을 때 작용하는 심소가 있습니다. 구생기에서 분별기의 번뇌로 자기 상속을 하는 것을 막기 위해 '수행하려는 마음'이 욕欲심소입니다. 가르침을 통해 우리에게 일어난 한 생각의 본질은 명확히 아는 것을 승해라고 합니다.

거기에 생각을 집중시켜서 승해된 가르침을 잊지 않고 다른 것에 의해 마음이 산란하지 않고 '생각의 흐름을 명확히 관찰'하는 것이 염念입니다. 한 생각이 떠오를 때 '떠오른 생각이 어떻게 있다가 머물다가 사라져 가는가'를 관찰합니다. 즉 흐르는 강물을 들여다보듯이, 폭포수에 달이 비치듯이, 한 생각이 일어나서 머물다가 사라져 가는 과정을 들여다보는 것이 염입니다.

전에는 칭찬하는 소리나 싫은 소리를 들으면 마음이 들떴는데, 이제 마음의 들뜸이 없어집니다. 마음의 들뜸이 없어진 상태를 정定이라고 합니다. 그러면서 우리 생각에 무엇인가 변하지 않는 것이 있는 것 같았는데, 그런 것이 없음을 알게 됩니다. 있다가 사라지는 것을 관찰하면서 지금까지 고집하고 소유하고 있는 것들이 없어집니다.

그리고 그 속에서 '공空의 흐름을 보게 되는 것'이 혜입니다. 지금 여기에서 일어나고 있는 현행이 분별을 계속 훈습해 주어야 구생기의 분별이 계속되는데, 현행이 훈습을 해주지 않으니까 분별기의 번뇌가 점점 사라지게 되고, 나아가 구생기번뇌까지 사라져 궁극적으로 하나 됨의 세계, 즉 자기 소유가 없어진 공의 세계를 보게 됩니다.

별경심소의 중심은 '한 생각의 흐름을 명확히 알아차리는 염'입니다. 한 생각이 떠오르면 그 생각이 흘러가는 것을 명확히 보고 있어야 됩니다. 그러면 이 흐름 속에서 스스로 고요함이 나오고, 고요함 속에서 지혜와 자비가 동시에 나옵니다.

우리 중생은 구생기와 분별기의 내용이 유사하며, 단지 현행하지 않거나 현행한 차이가 있을 뿐입니다. 그러므로 수행을 하여 분별기를 바꾸면 구생기도 확실히 바뀌어 갑니다. 그래서 수행은 수상受想과 행行 사이에서 '행[의지작용]의 흘러감을 닦는 것'이라고 말했습니다. 우리의 삶 가운데 별경심소의 작용이 있으면, 제6식 상태에서 수행이 이루어지고 있는 것입니다. 선심소는 지혜수행[반야바라밀]을 돕는 자량으로서, 궁극적으로 우리의 마음을 열어서 자비의 열린 세계로 가게 합니다. 그러나 번뇌심소는 열린 세계를 막고 자기의 소유를 키워 가는 마음작용입니다.

식에는 심왕心王과 심소心所가 있습니다. 예를 들어 마당극을 할 때, 심왕은 마당이고 심소는 그 마당에서 일어나고 있는 각 장면들입니다. 장면과 마당이 함께 어우러져 있어서 장면을 통해 마당을 알게 되고, 각 장면에 따라 이름이 다르게 됩니다. 장면과 마당에서 분별의 구획이 모두 사라지고 열려 있으면 해탈이며, 지혜의 흐름입니다.

마당은 장면을 통해서 자기 모습을 보여줍니다. 한 생각이 일어나면, 그것이 각 장면이면서 동시에 마당의 색[識場, 제8식의 장]을 보여줍니다. '화'가 났을 때는 마당이 '화'라는 색으로 되어 있으며, 지금 '화'라는 작용이 일어나고 있습니다. '화'가 난 순간 자기 전체가 '화'로 있다는 말입니다. 마음이 평화로우면 마당이나 장면 전체가 평화롭습니다.

각 장면은 각기 '어떤 것들이 모이느냐'에 따라서 달라지므로 심소의 내용은 아주 다양합니다. 그런데 다양한 심소는 결국 수受 · 상想 · 행行에 의해서 결정됩니다. 식이란 바로 마당을 의미하며, 마당은 수상행과 더불어 같이합니다. '수상행이 어떤 것을 띠느냐'에 따라서 이 마당의 내용이 순간순간 바뀝니다. 구생기俱生起의 마당에 의해서 현행의 수상행이 일어나고, 현행하는 수상행의 작용에 의해서 바로 다음 찰나의 마당을 결정짓습니다. 수상행受想行의 작용으로 나타나는 식은 반드시 형상 등 5근, 6경[色蘊]과 더불어 같이 흐릅니다.

● 어린아이가 처음으로 욕을 들었을 때는 그 뜻을 모릅니다. 그런데 어떤 과정을 통해서 그것이 욕으로 들리게 됩니까?

사람은 누구나 명언名言종자인 '분별의 경향성'과 업종자인 '선악의 경향성과 형상을 만드는 경향성'이 끊임없이 일어났다 사라졌다 하면서 살아가고 있습니다. 따라서 어린아이가 말을 배워서 아는 것이 아니고, 이미 말을 배울 수 있도록 되어 있습니다. 컵이라고 이름 붙이든지 녹음기라고 이름 붙이든지 간에, 우리는 이미 이것을 분별해서 알 수 있는 힘들을 가지고 있습니다.

그리고 비슷한 업을 가진 인간으로 태어난 것은 인이 되고, 주변은 전부 연이 됩니다. 어린아이가 가지고 있는 명언종자[因]가 주변의 연에 의해서 밖으로 드러나도록 훈습됩니다. 처음에는 명언종자의 힘과 외부 연과의 만남, 즉 인과 연의 만남이 강하지 않기 때문에 분별이 잘 되지 않지만, 훈습력이 강해질수록 이 속에 들어 있는 명언의 내용이 쉽게 밖으로 나옵니다. 수변의 연은 어린아이가 가지고 있는 명언력名言力이 밖으로 나오게 하는 것에 지나지 않고, 어른이 가르쳤기 때문에 그렇게 되는 것만은 아닙니다. 물론 전혀 연을 주지 않으면 인因이 발하지 않을 수도 있습니다. 또 인간의 연이 아니고 다른 세계의 연을 주면, 이 명언의 인이 변하여 나올 수도 있겠습니다.

그러나 보편적으로 주변에서 전부 비슷한 연을 가하기 때문에, 어린아이가 자라면서 이 구조에 의해 언어를 파악하고 욕을 알아듣습니다. 외국인이 우리에게 욕을 하면 그 욕에 대해서 훈습이 되지 않았기 때문에 그 욕에 대한 분별력이 약해서 마음의 동요가 적습니다. 그러나 어렸을 때부터 들어 온 욕에 대한 반응은 아주 예민합니다. 이와 같이 어린아이에게 이미 갖추어진 명언력이 연을 만나 밖으로 드러나게 될 뿐입니다.

● 명언종자와 심청정설은 어떤 관계가 있습니까?

심청정설을 심본정설心本淨說이라고도 하는데, 청정과 불청정은 '소유냐, 무소유냐'에 달려 있습니다. '내가 컵을 본다'고 하기 이전에 '이미 나와 컵이 만나는 장이 형성'되어 있습니다. 이 장을 '무소유의 장'이라고 하며, 이것이 심청정입니다. 여기에서 '분별만으로 이루어진 명언종자'가 '나'와 '컵'을 서로 타자화하여 '아와 법'을 만드는 것입니다. 본래 청정했는데 물들었다가 오늘날 다시 청정하게 만드는 것이 아니라, 이미 청정한 것과 더불어 우리가 같이 흘러가고 있다는 말입니다.

● '봄' 그 자체가 청정하다는 말입니까?

그렇습니다. 거기에 '소유가 개재됐느냐, 아니냐' 하는 차이입니다. 소유가 개재됐으면 된 만큼 불청정이라고 합니다. 소유가 개재되지 않은 일들이 많이 일어나지만 우리는 그 부분에 대해서는 별로 생각을 하지 않으며, 생각을 하더라도 당연하게 여깁니다. '나의 소유를 어떻게 키워 갈 것인가'라는 문제가 오늘날 개인이나 사회가 가지고 있는 관심사입니다. 무소유화되어 있는 부분에 대해서는 관심조차 없습니다. 그러나 청정은 새로 증득되는 것이 아니고, 우리의 삶과 항상 같이 흘러가고 있습니다.

● 인간은 태어나자마자 불청정 쪽으로 흘러가도록 훈습되지 않습니까?

우리는 연기관계 속에서 매순간 변화하는 모습으로 살아가고 있습니다. 잠깐만 눈을 돌리면 바로 '인과 연의 상관관계에서 제 모습을 나타내고 있는 것'을 알게 됩니다. 이와 같이 인과 연이 만나서 변해 가는 창조적 특성이 살아나면 전5식을 성소작지成所作智, 제6식을 묘관찰지妙觀察智, 제7식을 평등성지平等性智, 제8식을 대원경지大圓鏡智라고 바꿔 부릅니다. 분별하여 아와 법을 키우는 것은 '나는 나, 너는 너'로 나누어서 인과 연의 관계를 보지 못하기 때문입니다.

그러므로 '나는 나, 너는 너'라는 벽만 없으면 자기 모습을 가장 자기답게 키워 가게 됩니다. 그런데 우리는 이 벽 속에 갇혀서 자기만을 내세웁니다. 그러나 앞에서 말한 대로 '봄'이라는 무소유의 장[淸淨]에서 '나'와 '대상'의 분별[不淸淨]이 있게 되었습니다. 보통 우리는 분별만이 우리의 삶인 줄 알면서 살아가기 때문에 계속해서 불청정不淸淨에 훈습되지만, 삶이란 '봄'의 장[法界等流]을 벗어날 수 없기 때문에 청정한 흐름도 동시에 계속되는 것입니다. 우리의 삶이 불청정의 흐름만 있는 것이 아님에 주의를 기울여야겠습니다.

● 실재하지는 않는다고 하지만, 대상과 나를 분리시키는 힘 자체는 항상 있는 것처럼 느껴지지 않습니까? 그런데 수행을 통해서 자타가 둘이 아닌 경지에 이르렀을 때, 그것을 유지하도록 보장해 주는 힘은 무엇입니까?

그것을 유식에서는 법계등류法界等流의 힘이라고 합니다. '봄'의 흐름으로 항상 같이해 주는 법계등류의 힘은 연기실상으로서, 이 힘에 의해 명언종자名言種子가 가지고 있는 한계로부터 벗어날 수 있습니다. 우리는 컵이라는 이름에서 고정된 컵에 대한 영상을 갖게 되고, 컵이라는 언어에 맞는 무엇인가를 생각합니다. 마찬가지로 '나'라는 고정된 언어표현에 맞는 '나'를 항상 지니고 있습니다. 이에 의해서 '나는 나, 너는 너'라는 일정한 분별의 틀을 지속하는 것이 아와 법입니다. 하나하나의 이름이 가지고 있는 특성은 아와 법을 이루는 힘입니다.

그러나 명언의 분별이 없어지면 인연인 무소유의 장을 알게 됩니다. 인연은 순간순간 자기 변화를 하기 때문에 무상無常입니다. 그러므로 명언의 분별로부터 벗어나면 인연 속의 자기를 보게 됩니다. 언어에 의해서 세워진 '내가 없는 연기의 흐름'을 법계등류라고 합니다.

● 초기불교의 무아를 유식에서는 무엇이라고 합니까?

유식에서는 유식성이라고 합니다. 삶이 연기이기 때문에 개체로서는 무아이면서, 관계 속에 앎으로 표현되기에 연기를 식이라고 하며, 식의 온전한 흐름이 유식성입니다. 진실된 하나의 삶을 놓고, 어떤 때는 '무아'로, 어떤 때는 '연기'로, 어떤 때는 '식'으로, 어떤 때는 '봄'으로 이야기하는 것입니다.

‘봄’으로 이야기할 때는, ‘봄’이 이루어지고 있는 장면을 ‘분별하는 명언이 전혀 없는 세계’라는 말입니다. 또 우리가 살면서 앎을 상속해가는 것을 ‘식’의 전변轉變이라고 합니다. ‘매순간 변하면서 상속하는 것이 곧 앎’입니다. 변화는 관계 속의 변화이기 때문에 관계 부분을 강조하면 ‘연기’라는 말이 됩니다. 그리고 만나서 이루어졌기 때문에 독자적인 자성이 없다는 부분을 강조하면 ‘무아’가 됩니다. 그래서 우리의 삶을 어떤 쪽에서 보느냐에 따라 무아·연기·식·공·봄 등으로 이야기합니다. 유식에서는 앎이 계속 변하면서 흘러간다는 쪽을 강조합니다.

◉ 결국 중심이 되는 것은 연기라는 말입니까?

아닙니다. 무아·연기·공 등은 진실한 삶을 나타내는 서로 다른 표현입니다. 따라서 삶을 이야기하고자 하는 방향에 따라서 이 가운데 하나가 적절한 표현방법이 되어 중심이 되는 것입니다.

◉ 연기에 이러한 세 가지 측면이 있다는 것입니까?

아닙니다. ‘연기’라는 말을 불교의 중심 언어로 봤을 때는 ‘공’이나 ‘식’ 등이 연기에 속해 있는 것 같지만, 우리의 삶을 표현하고 있는 것 가운데 하나이며, 식·공 등도 마찬가지입니다. 유식唯識은 ‘오직 식識뿐이다’라는 말로서 ‘앎에서 삶이 드러난다’는 것입니다.

◉ 어떻게 보면 앎을 의식화라고 하겠는데, 언어를 떠난 의식화란 생각하기 어렵습니다. 앎이라는 것이 언어와 밀접한 관계가 있고, 언어를 통한 의식화가 앎이라고 생각해도 되겠습니까?

앎을 나누면 8식이 됩니다. 눈으로 보면 ‘봄’이 되고, 귀로 들으면 ‘들음’, 혀로 맛보면 ‘맛봄’, 코로 맡으면 ‘냄새 맡음’ 등입니다. 앎이라는 말을 쓰지만 실제로는 '봄' 등으로서 '봄' 등이 곧 앎으로써 일어납니다. 보는 데서 앎이 일어나는 것을 안식眼識이라고 하고, 듣는 데서 앎이 일어나는 것을 이식耳識이라고 합니다. 즉 앎은 안식·이식·비식·설식·신식·의식·말나식·아뢰야식 등 여덟 가지가 됩니다.

의식화意識化란 의意의 분별작용에 의해서 하나 된 '봄'이 나누어진 것입니다. 우리는 보통 의식화를 통해서 현상을 이해하려고 하기 때문에 앎을 이해하기 어렵습니다. 따라서 의식화로써 앎을 이해한다는 것은 명언종자에 의해 왜곡된 분별을 앎이라고 잘못 이해한 것입니다.

● 우리가 눈으로 보았을 때, '내가 무엇을 보았다'라는 의식화가 따르지 않고는 보지 않은 것과 같지 않습니까?

중생은 늘 그렇습니다. 그러나 우리가 정념正念수행을 하여, '봄'이 의식화되어 있는 봄[닫힌 봄]에서 '열린 봄'으로 되면, 똑같은 현상 위에서 같이 행동해도 마음 가운데 일어나는 작용은 달라집니다. 우리의 삶에서 분별된 의意와 법에 의한 갈등이 일어나는 것이 아니라, 지혜의 열린 관계에서 서로 삶을 윤택하게 합니다 분별의 허망이 없어지면서 그대로 참된 '봄'이 드러납니다. 전에 미워했던 사람을 만났으나 미워하는 마음이 일어나지 않고 따뜻하게 맞이하는 것에서 참된 '봄'이 드러납니다.

그러나 우리가 좋아하고 미워하는 식으로 분별하기 시작하면 언어에 의한 '의식화된 봄'이 됩니다. 따뜻한 기운으로 '봄'이 이루어지면 '지혜와 자비의 봄'입니다. 수행을 통해서 지혜나 자비가 드러나게 되면 '내가 무엇을 본다'라는 분별이 없이 '봄'의 현상만 있게 됩니다.

● 업종자나 명언종자가 사라졌을 때, 개별자個別者라는 것은 무엇을 근거로 해서 성립됩니까?

업종자나 명언종자가 사라지면 개별자라고 하는 이름이 없어집니다. 업종자나 명언종자에 의해서 개별자가 설정되기 때문에, 종자가 없어지면 개별자는 없어집니다. 집중과 관찰을 계속하여 나의 마음 가운데 동요가 없어지면 개별자가 없어진 세계를 느끼게 됩니다. 업이 없어진 세계입니다. 어렵게 생각할 것 없이, 옛날에는 어떤 사람에게 예쁘거나 밉다는 감정을 가졌었는데 그런 감정이 없어진 평정한 상태가 되면 개별자가 없어진 것입니다. 개별자는 '언어의 분별에 의해서만 파생'됩니다.

◉ 언제 앎이 없어집니까?

깊은 잠을 잘 때, 기절할 때, 무수상정에 들었을 때는 전6식의 앎인 개별의 심리작용이 일어나지 않습니다. 멸진정에 들었을 때는 전6식과 제7식이 일어나지 않습니다. 수행이 깊어지면 개별자가 없어진 지혜와 자비의 흐름만 있게 됩니다.

◉ 제9식인 아타나식은 무엇입니까?

제8식 가운데 명언종자와 업종자가 없어진 아라한의 앎을 아타나라고 이름 붙입니다. 보통 우리는 항상 청정식과 같이 있지만 분별만으로 살아왔기 때문에, 무엇인가를 분별하면 사는 것 같고 성취한 느낌이 듭니다. 반면에 분별하지 않고 자연스럽게 사는 삶은 아무래도 이상한 것처럼 느낍니다. 지금 우리의 구조가 그렇게 되어 있어서 청정 쪽으로 가면 오히려 이상하게 생각합니다.

그러나 우리 눈에 비친 아라한이나 불보살들은 너무 평범하게 살아서 도인임을 알아보지 못할 때도 있습니다. 평범하게 보이는 수행자가 밭 갈고, 장작 패고, 불 때고 있으면 '도인 스님들은 저렇게 살지 않을 것이다'라고 생각하기 쉬우나, 나중에 알고 보면 그렇게 살고 있는 수행자가 온전한 깨달음으로 살고 있었던 것입니다.

똑같은 청정 속에서 살고 있는데도 우리는 그것을 목표로 삼지 않고, 다른 어떤 특이한 현상, 분별해서 무엇인가 드러나 있는 현상을 좇아갑니다. 그러나 아타나라고 하는 것은 그야말로 가장 평범한 삶을 살아가는 사람들의 모습 속에서도 볼 수 있습니다. 그런데 지혜가 없어도 다른 사람을 따뜻하게 해 줄 수는 있지만, 지혜가 있어야만 다른 사람의 삶을 근본적으로 바꾸게 할 수 있습니다.

● 제8식의 촉·작의·수·상·사의 5변행심소는 제7식과 전6식의 5변행심소와 어떻게 다릅니까?

차이가 없습니다. 왜냐하면 제8식의 총체적인 관계의 장에서 항상 동시에 일어나고 있는 5변행심소의 작용이 제7식이나 전6식에서도 같이한다는 의미에서 변행심소이기 때문입니다.

● 제9식, 즉 청정식은 제8식에서 벗어난 것입니까?

아닙니다. 해탈은 '자타의 대립으로 일어난 갈등으로부터 벗어난 것'입니다. 내가 컵을 보았을 때 '내가 컵을 보고 있다'라는 생각이 없어지고 '봄'으로만 있으면 자타가 하나로 되어 해탈입니다. 나를 칭찬할 때도 내가 부드러워지고, 나를 욕할 때도 부드러워져서 언제나 마음의 동요가 없으면 해탈이 된 것입니다.

해탈이라는 것은 멀리 있는 것이 아니고, 우리가 말하고 듣고 보는 가운데 마음이 열리면 해탈입니다. 그것은 우리가 말하고 듣는 가운데 법계등류法界等流의 청정함이 같이 흘러가고 있기 때문입니다. 제8식은 총체적인 삶의 흐름으로서 여기에서 청정함만을 따로 떼어 제9백정식白淨識이라 했을 뿐입니다.

● 한 생각이 일어날 때 반연을 일으키지 않아야 해탈이라고 하셨습니다. 간화선에서는 한생각이 일어날 때, 일어나는 그것을 주인공으로 참구하라고 했습니다. 어느 스님은 '주인공에게 맡겨라'고 하시고, 금강경 독송회에서는 아침에는 『금강경』을 몇 독 하고 낮에는 항상 그것을 미륵존 여래불에게 바치라고 합니다. 그런데 그런 것들이 모두 통하는 바가 있다고 생각합니다.

수행 방법에는 여러 가지가 있으며, 그것들을 통하여 많은 수행자들이 선정삼매를 경험합니다. 한 가지 방법만이 아니고 다양한 방법이 있는 것은 수행자의 익혀온 습기가 다르기 때문일 것입니다. 그리고 이를 통해 삶을 해석하는 내용이 다르기도 합니다. 그것은 삶이 어느 한 가지로 결정돼 있지 않고 중생의 수만큼이나 많은 삶의 양상이 있기 때문일 것입니다. 때문에 어느 한 가지 방법이나 해석으로 수행내용이나 삶의 양상을 한정한다고 하면 문제가 있다고 생각됩니다.

　불교의 수행방법 가운데 하나인 염처수행念處修行 가운데 법염처法念處가 있는데 법을 대상으로 하여 공부하는 것입니다. 이 법 가운데 주인공 등의 내용이 들어갈 수 있겠습니다. 그렇다고는 하지만, 주인공 등에 대한 학습내용과 일상의 삶에서 수행자가 보여주는 태도, 그리고 성취를 이룬 후에 나타나는 삶이 어떠냐에 따라 서로 통할 수도 그렇지 않을 수도 있겠습니다. 그리고 수행방법이란 어떤 수행자가 그것을 자신의 삶에서 실천했을 때만이 내용으로 드러나므로, 수행자를 떠나 수행방법 자체가 독립된 것도 아닙니다. 여기에서 본다면 같은 방법이나 이야기라고 하여도 실상은 수행자마다 다른 방법과 이해로 수행하고 있다고 할 수 있습니다. 그만큼 삶이란 관계 속에서 쉴 틈 없이 변하는 각각의 모습들이 그 자체로 전체를 드러낸 것이기 때문입니다. 때문에 언어표현상 같은 것 같지만 삶으로 드러난 데서는 같다고도 다르다고도 이야기할 수 있는 한정을 떠나 있다고 해야겠습니다.

● 제8식에 시간과 공간에 대한 개념이 있다는데 무슨 뜻입니까?

제8식에서 종자생종자種子生種子는 전종자前種子가 멸하고 후종자後種子가 생하는 것을 말합니다. 후종자는 전종자를 닮아 상속되기 때문에 과거가 기억될 수 있으며, 나아가 미래까지 유추가 됩니다. 우리의 삶이 현재 하나의 흐름인데도 불구하고, 과거나 미래를 기억하고 추상하여 시간을 세우게 됩니다.

우리가 과거의 기억에 빠져 있게 되면 현재에 사는 것이 아니며, 또 미래를 추상하면 미래에 사는 것이지 현재에 사는 것이 아닙니다. 그러므로 미래를 추상하되 현재에 사는 것이 분명하고, 과거를 회상하되 현재에 사는 것이 분명해져야 합니다. 과거의 기억이나 미래의 추상을 명확히 보는 힘이 있어야만 우리가 시간으로부터 자유로울 수 있습니다.

또한 연기관계 속에는 공간이라는 장이 항상 있기 때문에, 연기관계의 의미에서 우리가 공간이라는 것을 느끼게 됩니다. '이것이 있으므로 저것이 있고, 저것이 있으므로 이것이 있다. 이깃이 멸하므로 저깃이 멸하고, 저것이 멸하므로 이것이 멸한다'라는 『아함경』의 가르침이 그것입니다. 우리가 이웃과 더불어 같이 살면서 일어나고 사라져 가는 관계가 근본식에서는 견분과 상분의 만남의 장인데, 우리는 이것을 공간으로 여깁니다.

여기서 강조하고 싶은 것은 이미 존재하고 있는 시간과 공간에 우리가 태어나고 죽는 것이 아니라, 우리의 업 속에 이미 시간과 공간의 개념이 들어 있으며, 이때의 시간과 공간이란 대상으로 있는 시간과 공간에 대한 앎이 아니라 시간과 공간 등의 개념 자체가 자신이 가지고 있는 종자의 흐름이라는 것입니다[種子生種子]. 이 개념이 다음 장면에서 그와 같은 시·공간을 연출하며, 이미 연출된 시·공간이 다음 순간의 시간을 연출하도록 습관을 이어갑니다[現行熏種子].

앞서 이야기했듯이 전찰나를 닮은 현재와 이에 의한 미래의 유추가 시간개념으로 정립되어 제8식의 상분인 종자에 함장되어 있으며, 식이 발생할 때 저절로 일어나는 견·상분의 장을 분별하면서 공간이라는 개념으로 종자화된 것입니다. 그렇기 때문에 분별된 시·공간의 성립이 과거의 어떤 때가 아니라 한 생각 일어날 때이며, 그때 대상으로서의 시·공간이 있게 됩니다[種子生種子]. 그래서 마음 한번 돌리면 극락이요, 부처님의 세계라고 이야기합니다.

● 우리의 삶을 보면 유사하고 평탄한 연속이라기보다는 출생·입학·졸업·결혼· 질병·죽음 등 인생에서 어떤 분기점이 되는 일들이나 돌발적인 사건이 있습니다. 그 사이에는 유사한 연속이 있지만, 그 연속에도 차이가 있습니다. 그 연속에서 어떤 차이나 분기점으로 보이는 현저히 다른 흐름은 무엇에서 생깁니까?

우리는 '명언종자와 업종자에 의해서' 인간으로 태어났습니다. 그리고 인간의 삶이라는 제한된 범주 속에서 비슷비슷하게 살아갑니다. 전생의 자기 업이 금생의 자기를 만들었고, 지금도 계속해서 명언종자와 업종자를 훈습하고 있습니다. 우리가 죽음에 이르러 몸을 바꾸기 전까지는 훈습된 종자의 힘이 축적되다가, 죽으면 이 힘이 다음 생에서 또 다른 자기의 모습을 만들어 갑니다. 이때까지 축적된 힘 중에서 '어떤 힘이 가장 큰가'에 따라 다음의 모습이 결정됩니다.

인과 연의 만남에서 일어나는 매순간의 변화인 우리의 삶에서, 인의 급격한 변화나 연의 급격한 변화 혹은 양자의 급변으로 말미암아 삶의 장면들이 갑자기 변하게 됩니다. 그렇다고 해도 이것은 우리 중생의 생로병사 과정에서 드러나는 변화일 뿐이며, 생로병사를 이끄는 업의 경향성은 크게 바뀌지 않지요.

◉ 이 순간에도 우주에 수많은 별들이 생기고 소멸하고 한다는데, 그것이 유식과 어떻게 연관됩니까?

유식이란 '식識만의 세상'이라는 말이지만, 우리 내부에 있는 어떤 것의 세상이라는 뜻이 아닙니다. 유식은 인연의 화합인 '연기관계가 앎으로 드러나는 것'을 말하며, 무아·연기·식·공 등도 모두 우리 삶의 다른 이름들입니다. 제8식의 장을 부득이 나눈 인식주관과 인식대상인 종자· 몸·세계가 함께 끊임없이 교류하는 흐름을 유식이라고 봅니다. 우리는 업종자의 현행에 의해 인간의 형상을 만들어 가면서, 인간의 조건으로 만나는 기세간인 우주와, 분별의 경향성인 명언종자와 더불어 항상 함께 합니다.

선정禪定의 힘에 의해 색계나 무색계를 경험하면서 욕계가 가지고 있는 인식의 범주를 벗어나면, 지금까지 우리와 관계가 없다고 느껴졌던 대상과의 관계성이 확연히 드러나기 시작합니다. 제8식의 흐름에 의해 우리는 이미 그와 같은 관계 속에 드러나 있습니다. 그래서 하늘에 있는 별이 우리와 관계가 없는 것처럼 생각되지만, 실제로는 제8식의 상분으로서 우리와 끊임없는 관계를 맺고 있습니다.

예를 들면, 태양은 우리에게 바로 영향을 주고 있지만 우리는 평소에 태양에 대해서는 별로 생각하지 않습니다. 그러나 수행을 하면 우리와 태양과의 관계를 더 분명하게 알 수 있습니다. 이와 같이 살아 있는 동안에는 우리 몸과 기세간의 관계는 계속됩니다. 우리가 죽은 뒤에도 우리의 인식주관과 종자의 강한 집수관계는 계속되지만, 몸은 형상이 없어질 때까지는 하늘의 별이나 태양과 더불어 기세간으로서 상분관계를 맺게 됩니다.

깊은 선정의 상태에서는 인간의 범주에서 보고 들을 수도 있고, 인간의 범주를 벗어날 수도 있습니다. 우리의 보편적인 앎이란 인간의 몸에 한정되어 그와 같은 형상으로 보일 뿐입니다. 인식주관과 인식대상은 단지 생멸변화의 관계일 뿐이며, 어느 한 쪽이 주체적으로 주관하지 못합니다.

인간의 몸을 벗어나면 형상이 전혀 달라집니다. 그런데 우리는 인간의 범주를 절대시하여, 컵은 항상 이 모양을 띠고 있는 것처럼 여깁니다. 색계정色界定이나 무색계정無色界定으로 조금만 가도 지금과 다른 형상이나 영상으로 보이기 시작합니다. 그때 컵이 이렇게 보일 때도 있고, 달리 보일 때도 있고, 멀리 보일 때도 있고, 가까이 보일 때도 있고, 작아질 때도 있고, 커질 때도 있습니다. 들리는 것 등도 마찬가지입니다.

◉ 유식은 철저히 인간 중심으로 쓰여진 이론인데, 하늘의 별에도 제8식이 있습니까?

유식은 인간 중심으로 쓰여진 이론이 아닙니다. 중요한 것은 식識이 인간 안에만 들어 있는 어떤 것이 아니라 '연기관계 속에서의 제8식'이라는 것입니다. 인간과 기세간이 함께하여 하나의 생명으로서 제8식을 이루며, '생명이란 앎의 연기관계 속에서 흘러가고 있다'는 것이 유식의 가르침입니다.

앎의 장을 나누자면 별은 우리의 인식대상이 됩니다. 우리의 삶은 생명의 표현이며 연기관계 속에서만 드러날 수 있기 때문에, 인간과 별도 서로 끊임없이 교류하는 생명의 장 제8식에서의 인간과 별입니다. 인식주관인 견분만을 생명으로 보아서는 안 됩니다. 상분이 없으면 견분이 없으며, 견분이 없으면 상분이 있을 수 없습니다. 즉 '별에 제8식의 견분이 있는가'라는 문제는 견분만을 생명으로 보려고 하는 태도입니다. 이와 같은 인식태도가 변계소집성에 의한 허망분별입니다.

저 멀리 보이는 '별에 제8식이 있느냐, 없느냐' 하는 말은 '지구에 제8식이 있느냐, 없느냐'로 볼 수 있습니다. 지구 전체에서 인간을 떼어놓고 '지구 자체에 무슨 식이나 생명체가 있겠는가'라고 생각하는데, 그렇지 않습니다. 마치 인간이 눈, 코, 귀 등으로 이루어졌듯이 지구 전체가 하나로 어우러져서 한 생명으로 있을 수 있는데, 그때는 지구 전체가 그대로 제8식이 됩니다. 이때는 제8식의 견분과 상대하는 기세간으로 독립된 지구와 별이 아닙니다.

이것을 더 넓히면 우주 전체를 각 개인의 인식력과 대상이 어우러진 제8식의 장이라고 볼 수 있습니다. 그러면 별을 따로 떼어 내어 제8식이 없다고 볼 수 없습니다. 왜냐하면 가지가지 인식주관이 우주 전체를 하나의 식장으로 하여 함께 흘러가고 있기 때문입니다. 따라서 우리가 기세간을 제8식에서 떼어 '우리는 식이 있고 기세간은 식이 없다'고 생각하는 것은 아와 법을 크게 나눈 것에 지나지 않습니다. 인간의 눈이나 귀로 파악되지 않는 생명의 모습이나 흐름이 많이 있다는 것을 염두에 두어야만 합니다.

◉ 경전에서 구름이 생기듯이 무명이 생긴다고 했는데, 유식에서는 무명을 어떻게 해석하는지요? 무명과 제8식의 종자는 어떤 관계가 있습니까?

'인간에는 제8식이 있고, 달에는 제8식이 없다'라는 생각은 한 세계를 인간과 달로 나눈 것입니다. 유식에서는 '관계하고 있는 장 전체를 제8식'으로 보기 때문에, 한 개인에서부터 달까지 모두 합쳐서 제8식의 장이라고 봅니다. 따라서 달을 인간의 장에서 떼어 낼 수 없는데도 불구하고, 달을 인간의 장에서 떼어 내는 것이 무명입니다. 따라서 무명을 구름이나 꿈 등에 비유합니다.

인간과 달을 떼어 내어 인간을 아, 달을 법이라고 봅니다. 그래서 한 생각이 일어나는 순간 아와 법의 분별이 있으면 바로 무명이 개재된 것이며, 아와 법이 없는 한 세계로 보면 무명이 사라집니다. 많은 순간 우리는 무명이 없는 것을 경험합니다. 앞에서 말한 무명이란 하나의 법계임을 통달하지 못한 인식[不達一法界]'이라는 정의에 유의를 하면 무명이 무엇인가 하는 것을 알 수 있습니다. 무명을 어렵게 생각할 필요가 없습니다.

앞서 시·공간에 대해서 이야기할 때 이미 존재하는 시공이 아니라 습관적인 인식태도에 의해서 시·공간이 순간순간 그렇게 연출된다고 했습니다. 곧 한 생각이 일어나고 사라짐에 대하여 깨어 있지 못한 순간이 바로 대상으로서의 시공을 만들고, 만들어진 개념을 이어간다고 했습니다. 이때 깨어 있지 못한 마음 흐름은 무명이고, 이 무명에 의해서 만들어진 개념이 종자입니다. 유식에서는 우주 전체를 제8식의 장, 곧 전체 생명의 장으로 보고 있습니다. 인간과 우주가 어우러져서 생명의 장을 형성하는 것입니다.

● 생명의 흐름을 기氣라고 이야기하기도 하는데, 유식에서는 기를 어떻게 보고 있습니까?

보통 정精·기氣·신神으로 나누고 있는데, 유식의 입장에서는 정·기·신을 분리할 수가 없습니다. 정精 속에 기와 신이 들어 있고, 기氣속에 정과 신이 들어 있고, 신神속에 정과 기가 들어 있습니다. 이 세 가지가 같이 있지만 특히 형상으로 나타난 것을 정精이라고 합니다.

예를 들어 좌선을 하여 집중력이 향상됐을 때, 무릎을 생각하면 무릎이 따뜻해지는 경우가 있습니다. 무릎뿐 아니라 생각하는 곳마다 따뜻해지기도 하는데 이러한 따뜻한 기운이 기의 일종입니다. 처음에는 생각[神]과 관계없이 저절로 그런 기운이 일어나 돌아다니기도 하지만, 어느 정도 지나면 생각과 같이 흘러갑니다. 생각[神]과 몸[精]과 기운[氣]이 한곳에서 만나는 순간, 바로 거기에 따뜻함 등을 느끼게 됩니다. 우리의 분열된 사고 속에서는 세 가지가 각각인 것 같지만, 고요해지고 관찰이 분명해지면 정·기·신 세 가지가 같이 흘러가는 것을 알 수 있습니다. 이 세 가지가 같이 흘러가서 뚜렷이 나타난 것이 몸입니다. 그것을 나누면 세 개로 볼 수 있지만, 사실은 한 가지 속에 세 가지가 같이 들어 있습니다.

우주의 기운도 정 또는 신과 떨어져 혼자 흘러가는 것이 아닙니다. 우리가 수행을 하면 이 세 가지가 같이 흘러가고 있는 것을 바로 느낄 수 있습니다. 그러므로 생명이란 기만 따로 흐르는 것이 아니라 정·기·신 이 모여서 함께 흘러가고 있는 현상입니다.

● 우리는 끝없이 명언종자와 업종자를 키워 나아가기 때문에 종자는 죽음이라는 것이 없는데, 육체의 죽음은 왜 일어납니까?

모든 것들의 본질은 생과 멸의 동시적 관계로 되어 있습니다. 따라서 뭔가 태어났다가 죽는 것이 아니라 '매순간 생과 멸, 있음과 없음, 모양이 드러나거나 드러나지 않음이 함께 연속되어 갈 뿐'입니다. 어떤 것은 모양을 띠고 오랫동안 있는 것처럼 보이지만, 그것도 있음과 없음 가운데 나타난 하나입니다. 앞에서 개미 이야기를 했듯이, 모든 형상은 생과 멸을 지속해 나아가는 것이 속성이므로 특별히 죽음[滅]만 따로 있는 것이 아닙니다. 우리의 삶 속에서 어떤 때는 생의 모습으로 나타나고 어떤 때는 멸[죽음]의 모습으로 나타나는 것 같지만, 생만의 생의 모습이나 멸만으로 멸의 모습은 아닙니다. 중요한 것은 화가 나면 내 몸 전체의 기운이 화의 기운으로 바뀌며, 얼마 후 화가 사라지고 기쁨이 솟아나면 온몸의 기운이 기쁨으로 바뀐다는 것입니다.

우리는 몸보다는 마음에서 생멸을 쉽게 볼 수 있습니다. 우리가 생각하기에 마음에 비해서 형상이 변하려면 상당한 기간이 걸릴 것 같습니다. 그러나 실제로는 매순간 우리의 몸이 변하고 있지만 우리가 그것을 보는 눈이 둔하기 때문에 변화를 보지 못하는 것 뿐입니다. 일체의 모든 것과 마찬가지로 업종자나 명언종자의 특성도 저절로 생멸하는 것입니다. 생멸이 빠를 수도 있고 늦을 수도 있으며 훈련을 잘 하면 이 형상을 오랫동안 유지할 수 있겠지만, 어쨌든 생멸의 범위를 벗어나지 않습니다. 그러나 생만으로의 생, 멸만으로의 멸이 존재하지 않고 생이면서 멸이고 멸이면서 생이기 때문에 실상에서 보자면 생도 멸도 없습니다. 그래서 용수 스님께서 불생불멸 등으로 연기인 우리의 삶을 표현하고 있습니다.

◉ 보통 사람과 달리 오랫동안 살려면 육신을 통제하거나 유지할 수 있는 특별한 힘이 있어야 합니까?

특별한 힘이 있다면 보통 사람보다 오래 살 수도 있겠습니다. 그러나 어느 정도의 나이가 되면 인간의 몸이 생멸의 한 순환단계에 놓이게 됩니다. 우리의 생각이 일어나면 사라지듯이, 몸도 그와 같은 흐름 속에 있습니다. 저절로 아는 앎과 마찬가지로 저절로 생멸하기 때문에 제행무상諸行無常이며, 이와 같이 생멸하는 것이 우리의 특성입니다. 업에 따라서 '인간의 몸이냐, 아니냐' 또는 '인간 가운데 서로 다르다'라고 할 수는 있습니다.

● 종자는 몇 가지나 되며, 서로 어떤 연관이 있습니까?

유식에서는 오위백법五位百法이라 하여 일체를 백 가지로 나눕니다. 더 나눈다면 많아질 수도 있고, 줄이면 오온에 지나지 않습니다. 종자는 '의意에 의한 분별의 드러나지 않는 흐름'입니다. 그러나 현행훈종자現行熏種子에서 보듯이 현행의 분별 범위를 벗어나지 않으며, '현행의 보이지 않는 분별'이 종자일 뿐입니다. 이 분별의 특징은 허망성으로서, 서로서로 분별을 강화시켜 허망성을 키워가는 작용을 합니다.

5장. 범주를 넘어서

보통 우리는 우리의 이해 범주 내에서 판단을 내리기 때문에, 그 범주를 벗어나면 이해가 되지 않습니다. 그 범주로부터 자유롭기 위해서 한 생각이 일어나고 사라져 가는 과정을 명확히 지켜보는 정념正念수행을 합니다. 신구의身口意 삼업, 즉 몸으로 활동하고[身業], 입으로 말하고[口業], 생각으로 자꾸 무엇인가 만들어 가는 과정[意業]에서 고요한 마음으로 지켜보는 것입니다.

불교의 독특한 수행 방법인 정념수행이 가지고 있는 특징은 자기범주를 벗어나 열린 마음으로 가는 것입니다. 정념수행에는 한 현상에 대한 명확한 관찰[止, Śamatha 사마타]과 현상의 흐름에 대한 관찰[觀, Vipaśyanā 위빠사나] 두 가지가 있습니다. 위빠사나는 현상의 흐름에 대한 관찰이기 때문에 흐름을 보기 시작하면 '나'가 없어지기 시작합니다. 흐름을 보면 볼수록 내가 없어져서 마침내 무아가 됩니다.

무아가 됐다는 말은 '나와 나의 소유'로부터 자유로워져 보시가 완전히 이루어지는 것입니다. 첫째, 재물의 소유로부터 자유로워져 이웃과 재물을 나누고, 두 번째는 자기의 독단적인 견해로부터 자유로워져 '지혜의 말'을 나누고, 세 번째는 범주화된 닫힌 마음을 버려서 누구라도 포용할 수 있는 '포근한 마음'을 나누는 것입니다. 무아가 되면 자기 소유가 없어지는데, 이와 같이 자신을 완전히 버린 상태에서 드러나는 것을 보시라고 합니다. 정념正念수행은 마음의 흐름을 보고 흐름 속에 내가 없는 것을 확실히 알게 합니다. 무아를 알게 되면 나의 소유가 없어져서 육바라밀이 완성되어 갑니다.

이와 같은 관觀수행으로써 삶의 흐름을 명확히 보아 무아無我·무상無常·고苦에 대해 확실히 아는 것을 정견正見이라고 합니다. 지금까지 나의 범주 안에서만 상대방을 받아들이다가 그 범주를 벗어나 누구라도 넉넉히 받아들일 공간이 생긴 것이 정견입니다. 바른 이해란 자신이 가진 이해의 범주를 벗어났을 때에만 가능합니다. 자신이 가진 이해의 범주를 벗어나지 않으면 자기 확인만 하게 되어 '저 사람이 하는 일은 내 마음에 들고, 이 사람은 내 마음에 안 든다'라고 생각합니다. 이것은 사람을 받아들일 공간을 미리 정해서 누구라도 그만큼만 받아들이는 것으로서, 그 범위를 벗어나면 어느 누구도 받아들일 수 없는 것입니다.

마음을 열어야 합니다. 누구라도 받아들일 마음으로 열려 있지 않으면, 개인과 집단과 종교적 범주를 결정지어 버립니다. 불교는 종교 그 자체로부터도 자유로워지는 것입니다. 우리를 어떠한 것으로부터도 매이지 않게 하는 것이 불佛, 깨어 있음이라는 의미입니다. 부처님 당시에 있던 아상我相·인상人相·중생상衆生相, 수자상壽者相으로 대표되는 종교적 가르침이 시대를 달리하면서 오늘날까지 우리를 범주화시키고 있습니다.

그러나 부처님께서는 '깨어 있음'으로써 이 범주에서 벗어나셨습니다. 그리고 당신의 가르침이 범주화될까 염려되어 돌아가실 때 유훈으로 '너 자신의 등불로 밝히고 법의 등불로 밝혀라自燈明 法燈明'고 하셨습니다. 여기서 '너 자신'이란 말은 유식에서는 유식성이라 하며, '자기 삶에 대한 절대긍정'입니다. 불교의 어떤 파나 어떤 가르침도 그 근본에는

인간에 대한 절대긍정에서 출발합니다. 그래서 '너 자신의 등불로 밝혀라'
라는 말은 '너의 흐름을 명확히 보면, 네가 바로 불佛의 공덕과 지혜로
살아 있음을 알 수 있다'는 말입니다.

누가 가르쳐서 아는 것이 아니라 '자신을 명확히 들여다보면 완전히
자유로운 우리의 모습을 본다'는 말입니다. 그 자유로움에서 나타나는
모습을 '부처님의 법'이라고 합니다. 지금은 우리가 부처님의 법을 명확히
보지 못하기 때문에, 인간이 가지고 있는 절대긍정의 참모습을 알지
못합니다.

만일에 자기 마음을 열지 않고 부처님의 법만을 숭상하게 되면 부처님
의 법이 범주화되어서 도리어 우리를 자유롭게 하지 못합니다. 이것은
진정한 자기를 보지 못하게 하고, 아울러 부처님의 가르침도 보지 못하게
합니다. 자기의 범주로부터 자유로우면 다른 사람을 받아들일 수 있는
열린 공간에서 자비가 일어납니다. 자신의 '좁은 판단근거로부터 자유로
워진 견해'가 지혜이며, 그 '지혜 속에서 같이하는 활동'이 자비입니다.
그러므로 마음이 열리면 지혜와 자비가 동시에 갖추어집니다.

정사유正思惟에서 사유란 생각한다는 말입니다. 정견을 통한 자유로운
판단근거로써 바르게 생각하는 것입니다. 정사유를 하면 자비와 지혜의
흐름으로 저절로 들어갑니다. 사유란 그냥 생각하는 것이 아니고 무엇인
가 목표를 두고 사유한다는 말입니다. 정사유의 목표는 지혜와 자비가
나오도록 사유하는 것입니다. 우리의 뿌리가 지혜와 자비이기 때문에,
뿌리가 전부 드러나는 것이 목표가 되는 활동이 정사유입니다.

우리가 무엇을 인식하면 주위 사람들이 그 인식에 대하여 동의를
합니다. 우리의 인식 속에는 개개인이 가지고 있는 인식의 흐름[別業]이
있고, 동시에 그 사회가 인정해 주고 동의해 주는 인식의 흐름[共業]이

336

함께 들어 있습니다. 유식에서는 개별의 인식을 자증분自證分이라고
하고, 이 자증분 속에 그 시대의 사람들이 인정하는 사회성이나 역사성이
함께 포함되어 있는 것을 증자증분證自證分이라고 합니다.

내가 옳다고 생각해도 다른 사람이 그르다고 하면 내 생각이 그른
줄 알지만, 그 시대 사람들이 동시에 옳다고 하면 나의 생각이 옳은
줄 압니다. 아와 법의 분별을 바탕으로 하는 개인과 사회 혹은 역사의
인식으로부터 벗어나지 않으면, 항상 열려 있는 자기의 참모습을 볼
수 없습니다.

우리의 참모습을 보기 위해서 염처念處수행은 물론 마음을 부드럽게
하는 자비수행을 해야 합니다. 마음을 열고 모두 받아들여서 가족이나
동료들에게 편안해졌으면 좋겠는데 잘 안 됩니다. 이때는 자기 기운을
자비로 바꾸는 자비수행을 해야 합니다. 가만히 앉아서 우리의 생각과
몸이 부드럽게 되는 것을 연상합니다. 그리고 부드러운 말이 나가는
것을 연상하면서 말을 부드럽게 합니다. 늘 편안하고 부드럽고 고요한
것들을 연상합니다. 먼저 내 몸과 마음이 부드럽고 평안하고 자유로워지
는 연상을 합니다. 두 번째는 자기와 가장 가까운 사람에게 부드럽고
따뜻하고 화목하고 자비로운 기운이 가도록 연상하는 훈련을 합니다.
그리고 자기 친구나 동료들, 그리고 점점 더 먼 사람들, 마지막에는
볼 때마다 미운 생각이 나는 사람에게도 자비의 기운이 퍼지는 연상을
합니다. 이와 같은 자비 연상을 계속하게 되면 점점 마음이 열립니다.

'마음을 열려면 자기 절제가 필요'합니다. 지금까지 우리의 행위들이
삶을 윤택하게 하지 못하고 많은 문제를 만들어 왔습니다. 이 문제들로부
터 벗어나려면 한 발자국 물러서는 절제가 필요합니다. 신구의身口意
삼업에 대한 절제를 하는 것을 계율이라고 합니다. 계[戒:正語·正業·正命]

란 자유로움으로 가게 하는 사다리로서 우리를 억제하는 것이 아니고, 우리의 고정된 견해나 관습으로부터 벗어나게 하는 길입니다. 이때 우리 마음속에서 고요하고 평화로움이 일어나는 것을 정[定:正精進·正念·正定]이라고 하며, 마음이 다 열리면 혜[慧:正見·正思惟]라고 부릅니다.

대승불교란 남방불교에 상대되는 북방불교가 아니며, 근본불교에 상대되는 후기불교가 아닙니다. 불佛의 기운으로 마음이 열리게 되는 것이 대승입니다. 그러니까 어떤 사람이 어느 시대 어느 곳에 있든지 간에 자기 마음을 열어 가면, 그것이 곧 대승심법大乘心法입니다. 예를 들면 중국이나 한국이나 일본의 불교가 대승불교권에 있다고 할지라도, 마음을 열지 못한 사람은 대승심이 없기 때문에 대승불교와는 관계가 없습니다.

또 '한국불교가 대승불교다'라는 것에 상대해서 '남방불교가 소승불교다'라는 말은 부처님의 법에 대해서 오류를 범합니다. 왜냐하면 부처님 법은 누구라도 마음을 열어서 대승으로 가게 하기 때문입니다. 특별히 한국에 전해진 불교만 마음을 열게 하는 것이 아닙니다. 또 그 말은 '우리만 옳고, 저쪽은 그르다'라는 견해를 가지고 있는데, 이것도 대승을 보는 마음이 아닙니다.

마음의 흐름을 명확히 보는 것이 팔정도와 육바라밀의 수행입니다. 수행이 깊어져 한 순간에 참된 자기가 열리게 되는 것은 자기 소유가 모두 없어진 상태입니다. 이때 '나와 너'가 더불어 함께 있음을 저절로 알게 되는데, 무엇이 있어서 아는 것이 아니고 앎만이 흘러갑니다. 서로 관계한다는 의미에서 앎을 '연기'라고 했으며, 자기 소유가 없어졌다는 의미에서 '공空'이라고 했습니다. '저절로 알게 되는 앎의 흐름이 우리의 속성'이기 때문에 유식이라고 합니다. 유식·연기·공·중도라는 말들은 모두 열린 세계를 표현합니다.

그러면 닫힌 세계는 어떻게 이루어집니까? 불교에서 '모든 것은 마음이 지은 것[一切唯心造]'이라고 합니다. 열린 마음에서 사람을 봤을 때는 저 사람을 떼어 내고 나만 존재할 수가 없습니다. 즉 대상이 없어지면 눈도 있는 것이 아니며, 눈이 없으면 대상도 없습니다. 그러므로 눈과 대상은 늘 함께합니다. 그런데 대상에서 눈을 떼어 내고 또 눈에서 대상을 떼어 내어, 내 쪽을 아我라 하고 대상 쪽을 법法이라고 합니다. 따라서 자기와 법을 낱낱이 구별하기 시작하면, 보는 것마다 들리는 것마다 하나의 특성을 갖게 됩니다. 이와 같이 나눌 수 없는 연기관계가 마음에 의해서 나뉘어지며, 자신과 대상을 구별할 때 생기는 낱낱 특성들이 모여 모든 것이 된다는 뜻입니다.

『유식 30송』 첫머리에 "아와 법을 가설함으로 말미암아 가지가지 상相들이 일어난다[由假說我法 有種種相轉]"고 이야기하고 있습니다. 여러 가지로 해석될 수 있지만, 아와 법으로 나누어서 가지가지 현상들이 일어난다는 것입니다. 하나하나의 모임인 일체一切는 연기관계를 아와 법으로 나누는 것에서부터 파생됩니다. 우리의 삶은 '저절로 아는 것'만이 흘러가기 때문에, 아는 주관과 알게 되는 대상을 따로 나눌 수 없습니다. 대상과 나를 나눌 수 없는데도 불구하고 나누어진 하나하나가 모여 일체가 되고, 그 가운데에서 작용하는 앎을 마음의 작용심소이라고 합니다. 한 생각, 즉 밉다는 생각이나 예쁘다는 생각이 떠오르는 것이 마음의 작용입니다.

『유식 30송』에서는 제6의식의 작용을 51심소로 나누고, 선한 마음을 모은 선심소와 번뇌의 마음을 모은 번뇌심소 등, 육군[변행·별경·선·번뇌·수 번뇌·부정]으로 나누었습니다. 51심소는 마음의 작용입니다. 참회하는 마음이 일어난 순간, 참회하는 마음이 바로 그 순간의 자기 마음입니다. 특별한 마음이 따로 있어서 참회하는 마음을 내는 것이 아니고, 참회하는 마음이 인연에 따라 일어났다가 사라지는 것입니다.

전6식에서 의意와 눈과 색이 상대하면 안식, 의와 귀와 소리가 상대하면 이식耳識, 의와 코와 향기가 상대하면 비식鼻識 등이 됩니다. 전6식에 모두 의가 들어 있어서 이 의를 똑같은 것이라고 생각하기 쉽지만, 그렇지 않습니다. 왜냐하면 '우리 삶은 만남의 흐름일 뿐'이지 어느 하나도 독립되어 흘러가는 것이 아니기 때문입니다.

따라서 그 가운데에서 의만 따로 떼어 낼 수가 없습니다. 즉 '봄'의 장을 형성하면서 흘러가며, '들음'의 장을 형성하면서 흘러갑니다. 의와 다른 것이 만나면 또 다른 것이 됩니다. 따라서 기능상 비슷해서 의라고 부르긴 하지만, 안식의 의와 이식의 의는 같은 의가 아닙니다. 이와 같이 만남의 장에 따라서 식의 이름이 달라집니다.

그런데 그 만남의 장도 수시로 변합니다. 장미꽃을 보는 안식과 하늘을 보는 안식은 서로 다른 안식입니다. 그런데 보통 우리는 '나'라는 주관이 있어서 장미꽃도 보고 하늘도 본다고 생각합니다. 그러나 우리의 삶은 매순간 변하기 때문에, 장미꽃을 보는 '나'와 하늘을 보는 '나'는 서로 다른 나입니다. 이것이 유식의 흐름입니다. 정념定念수행을 명확히 하면 '한 순간 일어나는 것들이 무엇인가'를 알게 됩니다. 만남의 장에서 자기 형상을 나투었다가, 그 만남의 장이 사라지면 함께 없어졌다가 또 일어납니다.

6장. 절에 가는 것은

절에 간다고 하는 말은 부처님 세계로 간다는 말입니다. 대부분 절 앞에는 일주문—柱門이 있습니다. 부처님의 세계로 가는 처음 관문이 일주문입니다. 일주문은 '우리의 삶인 연기와 하나가 됨을 상징'합니다. 즉 나와 대상을 분리시키는 마음이 사라지고 '나와 대상이 함께한 경험을 상징'한 것이 일주문입니다. 이러한 열린 마음을 경험하기 위해서 자량資糧을 쌓아야 합니다. 일주문을 지나면 사천왕문이나 해탈문 등이 나옵니다. 나와 대상이 하나가 됨을 경험하는 수행이 깊어지면 욕계에서 벗어나 색계나 무색계나 불세계佛世界로 들어가는데, 이 문들은 그와 같은 세계로 들어가는 상징입니다.

어떤 수행을 하든지 간에 하나 됨의 열린 세계를 본 이후에는 우리 몸과 마음의 기운이 달라진 것을 경험하는데, 이것을 청정이라고 이름 붙입니다. 색계란 청정한 색의 세계이며, 욕계란 욕심으로 이루어진 색의 세계입니다. 곧 욕계란 욕欲으로 드러난 형상의 세상이며, 색계란 청정한 모양으로 드러난 세계입니다. 수행을 했을 때 몸과 마음에서 그러한 청정의 기운을 맛보기 시작하는 것을 일주문, 금강문, 사천왕문, 해탈문, 불세계[대웅전] 등 건축물을 통해서 상징적으로 보여주고 있습니다. '열린 마음으로 보느냐, 닫힌 마음으로 보느냐'에 따라서 일주문 안과 일주문 밖으로 구별됩니다.

유식에서 '유식성이란 열린 세계'를 말합니다. 그래서『유식 30송』머리 글에서 유식성에게 먼저 절을 하고[稽首唯識性] 나서, 부처님[萬淸淨者]과 보살님[分淸淨者]께 절을 하고 본문인 30송을 말씀하는 것입니다. 그 열린 세계가 우리가 절을 해야 할 세계입니다. '부처님에 앞서서 열린 세계가 더 먼저'라는 말입니다. 어느 시대나 어느 환경에서도 '스스로 열릴 수 있는 절대긍정의 자기'가 유식성이기 때문에 열린 자기에게 먼저 절을 합니다. 그러나 부처님이 계시지 않았더라면 우리는 열린 세계에 대하여 알 수 없습니다.

수행을 하여 우리가 좋아하거나 싫어하는 사람 모두에게 마음을 열어 자기 자신을 범주화시키는 소유를 넘어서야 합니다. 소유가 사라져야 자신과 세계에서 열려 있게 됩니다. '나의 말이 어떻게 나가는가', 상대방이 하는 말에 '어떻게 반응하는가'에 내가 열려 있으면, 동시에 상대에게도 열려 있게 됩니다. 앞에서 말한 일주문의 상징이 여기에 해당합니다. 이것이『법화경法華經』에서는 상불경 보살이 만나는 사람들마다 모두 부처님이라며 절을 하는 것으로 나타납니다.『화엄경華嚴經』에서는 선재동자가 53선지식을 찾아가는데 별별 사람들이 다 선지식이 됩니다. 열려 있는 사람에게는 보이는 대상이 항상 열려 있기 때문입니다.

그래서 참된 유식성을 보는 사람은 자기 자신뿐만 아니라 그 시대에 함께한 어느 누구에게라도 절을 할 수 있습니다. 이것은 복을 닦는 것에서 부터 시작합니다. 수행의 자량資糧을 닦는 사람들은 절에 갈 때 일주문까지 어떻게 가느냐를 중시합니다. 절에 갈 때 '한 발 한 발 떼는 발과 걷는 나와 생각이 일치되도록' 노력하고 있는 것이 일주문에 도달할 수 있는 가능성입니다. 보는 것과 듣는 것도 마찬가지입니다.

그러나 마음이 열리지 않으면 의도적으로 마음을 여는 훈련을 하는

342

것이 두 쪽으로 된 『자비경慈悲經』의 가르침입니다. 수행 방법은 『자비경』을 외어 그 내용을 영상화시키고 받아들여서 그 마음이 나와 다른 사람에게 퍼지도록 하는 것입니다. 자비로운 마음을 의도적으로 연상하여 그것과 일치되도록 노력하는 것이 자비수행입니다.

계속해서 마음을 열어 가면 어느 순간 자기도 모르게 마음이 평정해져서 동요가 일어나지 않을 때가 옵니다. 이것이 가행위加行位로서 이때부터 별로 힘을 들이지 않아도 공부가 잘됩니다. 이와 같이 복을 쌓고 자비수행하는 과정에서 보통 상태에서는 경험하지 못한 것들을 많이 경험합니다. 전에 말한 빛을 경험했다든가 다른 무엇을 경험합니다. 그러나 그것은 우리를 열어 가는 상태에서 잠깐잠깐 나타나는 한 가지 현상입니다. 우리의 몸과 마음의 기운이 조금만 달라지면 다른 것들이 보이고 들리기 시작합니다.

그러다가 통달위通達位에서 참으로 마음의 흐름을 명확히 보아 무아인 줄 알게 됩니다. 그때부터 성인의 지위에 든 것이며, 성인을 네 단계로 나눕니다. 첫 번째 예류과預流果, 두 번째 일래과一來果, 세 번째 불환과不還果, 네 번째 아라한과阿羅漢果로서 이 사람들을 성인이라고 합니다. 자량을 쌓고 통달위通達位를 지나 구생기의 번뇌가 완전히 사라진 불佛에 이르는 과정을 자량위·가행위·통달위·수습위·구경위의 수행오위修行五位로 나눈 것이 『유식 30송』 뒷부분의 내용입니다.

『유식 30송』의 내용을 보면 앞부분에서 우리의 실상인 유식성과 부처님과 보살님께 먼저 예배를 합니다. 1~24송까지 제8식, 제7식, 전6식의 이야기를 하면서 삶의 현상[唯識相]을 살폈습니다. 25송은 유식성 자체입니다. 26~30송까지는 삶의 현상으로부터 벗어나는 수행 과정[修行五位]을 이야기합니다. 마지막으로 이 기운을 회향합니다. 내가 무엇을 주는 것이 아니고 대상과 더불어 같이하기 때문에 저절로 자기 기운이 회향됩니다.

'유식을 설명한다면서 왜 다른 이야기를 하는가'라고 생각하는 사람들이 있을 것입니다. 그런데 모든 경전들은 우리가 '어떻게 수행할 것인가'를 가르칩니다. 수행의 과정을 상세히 이야기하거나, 또는 여러 가지 비유를 들어서 수행으로 가게 만듭니다. 유식도 마찬가지로 인간의 구조와 마음만을 살피자는 것이 아니라, '어떻게 하면 열린 세계로 가게 할 것인가'에 초점이 있습니다. 그래서 중점적으로 들어야 할 것은 '어떻게 수행을 할 것인가, 어떻게 내 마음을 열어 갈 것인가'입니다. 이 부분을 늘 조심스럽게 들어야 합니다. '오직 식만 있다[唯識]'는 말을 생각할 때 이해가 잘 되지 않아 '저것은 저것대로 있고 나는 나대로 있는데, 왜 유식인가'라고 생각하기 쉽습니다.

그러나 우리가 수행을 하면 형상이 달리 보이기도 하며, 눈을 감고 있어도 형상이 눈앞에 보이기도 합니다. 이것이 뜻하는 것은 지금 우리가 보고 있는 영상이나 손으로 만지는 촉감은 보편적인 인간의 범주 내에서만 이와 같이 보이고 만져진다는 것입니다. 그런데 수행을 하게 되면 일상의 삶과 조건이 달라져 보이는 영상도 달라지고 만지는 촉감도 달라질 수 있다는 것입니다. 우리의 일상경험은 인간의 앎 상태에서만 그렇게 드러날 뿐이며, 조건이 바뀌면 새로운 앎의 장을 여는 것이지요 여기에서 일상의 경험이나 일상을 넘어선 경험이 모두 마음의 조건에 따라 그렇게 경험된 것이며, 마음이란 앎으로 표출된 것이기 때문에 오직 앎 뿐이라고 합니다.

이것을 중생에 따라 물에 대한 인식내용이 어떻게 다른가를 예를 들어 이야기하고 있습니다[一水四觀]. 곧 물이 물고기에게는 집으로, 인간에게는 물로, 천상의 중생에게는 유리구슬로, 아귀중생에게는 피고름으로 각각 다르게 보인다는 것입니다.

물론 우리는 이런 말이 잘 이해되지 않습니다. 그러나 마음을 열어가는 수행을 하면 나중에 그런 것을 실제로 경험합니다.

우리는 몸에 해당되는 6근 안에만 식이 있고, 대상에는 식이 없다고 생각합니다. 그러나 식이란 인식주관과 인식객관이 관계한 장이기 때문에, 대상이 없어지면 눈도 없으며 눈이 없으면 대상도 없습니다. 눈과 대상은 반드시 관계 속에서만 있다는 말입니다. 따라서 유식이라는 말은 '관계만 있고 관계를 떠나서는 주관도 객관도 없다'는 뜻도 있습니다. 주관도 없고 객관도 없으며, 다만 '유식의 관계'만 있습니다. '유식의 관계는 앎이라고 하는 장의 흐름'으로만 나타나므로, 그것은 오직 식뿐으로 대상이 식을 떠나서 존재하지 않는다[唯識無境]고 합니다. 물론 대상이 없으면 주관도 없습니다. 따라서 유식무경이란 뜻은 대상만 없는 것이 아니라 주관도 없고 식장만 있다는 것입니다.

하나 된 앎의 장에서 뚜렷한 제 모습을 나투며 살아가기를 바랍니다.

7장. 위빠사나 수행 방법의 한 가지 예

앉아 있을 때는 호흡을 주시합니다. 보통 숨이 들어가고 나오는 것에 마음을 집중시키지만 코끝이나 배에 집중할 수도 있습니다. 배가 일어나고 들어가는 것에 집중하는 것은 호흡을 느끼는 것보다 더 큰 움직임이기 때문입니다. 그래서 아랫배나 윗배의 일어남과 들어감에 중심을 두고, 눈을 감고 혹은 눈을 뜨고 그 과정을 자세히 지켜봅니다. 그리고 호흡이 중지하면 호흡이 중지한 것을 알아차립니다. 코끝에 집중할 때는 숨이 들고 날 때 차가움과 따뜻함에서 느껴지는 코의 감각, 또는 호흡을 길고 짧게 할 때 일어나는 감각을 명확히 관찰합니다. 이것이 앉아 있을 때 호흡을 통해서 하는 관찰입니다.

앉아 있다 보면 다리도 아프고 허리도 아픕니다. 그런 상태로 조금만 있으면 호흡에 집중이 안 되고 아프다는 생각이 납니다. 그럴 때는 호흡을 관찰대상으로 삼지 말고 아픈 곳을 관찰대상으로 삼습니다. 아픈 곳을 몇 번 관찰하다가 다시 호흡으로 돌아옵니다. 또 아픔이 일어나면 다시 아픔을 관찰합니다. 즉 호흡에 중심을 두되 몸에서 일어나는 상황 중에 강한 곳이 있으면 그것을 관찰하다가 다시 호흡을 관찰하는 것입니다. 어깨가 아프면 어깨로 갔다가 다시 호흡으로 오는 등 수시로 관찰 대상을 바꿀 수 있습니다. 그러므로 어떤 한 곳에 집착할 필요가 없습니다. 앉아 있을 때 다른 현상보다 호흡이 가장 지속적이고 강하게 일어나며

346

또 생명의 중심이기 때문에 호흡에 중심을 둘 뿐이지, 다른 현상이 일어나면 바로 그것이 관찰 대상이 됩니다.

앉아 있으면 여러 가지 생각이 납니다. '가스불을 껐나, 켰나', '아이들이 학교에서 밥을 잘 먹었는지', '이렇게 앉아 있는 내가 무엇인가, 헛것이 아닌가'라는 생각이 납니다. 그러면 이제 호흡에다 중심을 두지 말고 생각에 집중합니다. '지금 가스 생각을 하고 있구나', '지금 아이들 생각을 하고 있구나', '나에 대해서 생각하고 있구나'라는 생각을 알아차립니다. 어떤 현상이 흘러가면서 전찰나에서 후찰나로 저절로 앎이 일어나기 때문에, 그 일어남을 후찰나에서 바로 알아 갑니다. 그 알아차림을 지속적으로 하는 것입니다.

그러다가 다리가 너무 아프면 서서히 다리를 풉니다. 그 동작을 아주 느리게 해야 됩니다. 그래서 손을 천천히 떼되 손을 떼기 전에 '손을 떼려고 하는구나'라는 의도를 관찰하면서, 손을 떼고 발을 움직이는 동작을 자세히 관찰합니다. 그러면서 서서히 발을 바꿉니다. 바꾸는 동작을 천천히 해서 관찰하고 이제 다시 호흡으로 가려는 의도를 보면서 호흡으로 옵니다. 일어날 때는 일어나려고 하는 의도를 알아채고, 그 다음에 몸을 천천히 움직이면서 일어납니다. 완전히 일어나면 완전히 일어난 줄 알고 난 후에 걷습니다.

걸으려고 할 때 '지금 걸으려고 하는 생각을 일으켰구나' 하는 것을 알아차리고 천천히 걷습니다. 그리고 오른발, 왼발의 움직임을 관찰하되, 한 발 한 발 옮길 때 한 5분 걸려도 좋습니다. 천천히 움직이면서 발이 바닥에서 떨어질 때의 느낌, 옮길 때의 느낌, 또 발을 내려놓을 때의 느낌을 분명하게 알아차리면서 걷습니다.

가다가 벽이 나타나 서야 될 때는 서려고 하는 생각을 알고, 몸을 돌릴 때는 돌려는 생각을 알면서 천천히 돕니다. 돌고 나서 다시 걸으려고 하는 생각을 알아차리고 나서 다시 걷습니다. 걸을 때도 생각이 일어나고 사라지는 것과 발이 움직이는 과정을 놓치지 않고 알아차려야 합니다.

그런데 걷다가 보니까 주변에서 '쿵' 소리가 납니다. 그러면 그것에 의해서 발을 주시하고 있는 힘이 그리로 쏠리면 잠깐 정지를 하고 '소리 남'을 알아차립니다. 이 과정을 확실히 이해하고 다시 천천히 걸어갑니다. 가다가 기우뚱하고 넘어지려고 합니다. 그러면 기우뚱하고 넘어지려는 것을 명확히 알고 나서 걷습니다. 이와 같이 앉아 있을 때는 호흡이 중심이 되고 걸을 때는 발이 중심이 되지만, 그때그때마다 일어나는 가장 큰 자극점을 대상으로 삼습니다.

결가부좌가 좋다고 하지만 아무나 할 수는 없습니다. 5분만 지나면 다리가 아픈데 체면 때문에 움직이지도 못하고 그냥 죽을 지경입니다. 공부도 안 되고 '언제 끝나나'라는 생각만 하게 됩니다. 그러므로 앉아 있는 자세가 익숙하지 않은 경우에는 결가부좌보다는 반가부좌나 평좌 등 쉬운 좌법으로 시작하는 것이 좋습니다. 물론 이 경우에도 오래 앉아 있기가 어렵겠지만 차차 익숙해질 것입니다.

손 모양도 몇 가지가 있습니다. 그 가운데서 가장 편한 자세를 취하면 됩니다. 일단 어떤 모양을 결정하면 그때부터는 참을 수 있을 때까지 참습니다. 더 이상 참을 수 없을 때 마음과 몸의 흐름을 자세히 알아차리면서 조심스럽게 자세를 풀기 시작합니다. 이렇게 익혀가다 보면 오랜 시간 앉아있을 수 있게 됩니다.

이렇게 하다 보면 몸과 마음에서 새로운 현상들이 일어나기도 합니다. 그런 현상이 일어나면 '무슨 현상이 일어났는가' 하는 것을 명확히 알아야 됩니다. 수행을 하다 보면 장애, 곧 잠이 오는 것, 생각이 들뜨는 것,

348

이성에 대한 생각, 의심 등이 일어납니다. 그런 장애들이 발생했을 때도 그것이 일어난 줄 알고 다시 호흡관찰 등으로 돌아갑니다. 이때 중요한 것은 몸의 자세를 굳건히 유지하는 것입니다. 그러다 보면 몸이 마음을 열게 하여 이런 장애가 쉽게 극복되기도 하기 때문입니다.

그러나 이런 장애가 계속 일어나면 방법을 바꿔서 할 수 있습니다. 예를 들면 잠이 오는 경우, 걷기를 더 오래 한다든가 머리 속에 태양을 그리면서 관하는 광명관을 한다든가 그때그때마다 적의적절하게 바꿔가면서 계속 알아차려 가면 됩니다. 수행에 도움이 되는 쪽으로 일어나는 현상들도 많이 있습니다. 그런 현상들이 일어나더라도 일어난 줄을 확실히 알아차릴 뿐입니다. 이것이 염처念處수행의 방법입니다.

유식에서는 가행위에서 닦는 유식관인 사심사관四尋思觀이라는 방법을 제시하고 있습니다. 여기서 넷이란 이름[名], 사물[義], 명과 의의 자성[自性], 명과 의의 차별[差別]입니다. 이 넷이 실재하는 것이 아니라고 관찰하는 것입니다. 예를 들어 컵이라는 이름은 낱낱의 컵에 대하여 보편적인 실재를 설정하여 컵이라고 하지만 낱낱 컵을 떠나 개념화된 컵으로서의 컵은 존재하지 않는 것이며, 단지 보편적 실재를 가상한 것에 지나지 않는 것이라고 사유하는 것입니다.

이렇게 이름[名]에 대해서 실재하지 않는 것, 실체가 없다고 사유하는 것은 부처님 시대는 물론이고 지금에도 형이상학적 실체로서 이름이 실재한다고 생각한 사람들이 많이 있는 것을 볼 때 중요한 관찰대상임에 분명합니다.

컵이라는 이름이 가리키는 낱낱 컵은 인연에 따라 컵이라는 형상을 만들고 있을 뿐 인연이 바뀌면 컵이라는 형상이 사라지고 없습니다. 따라서 컵이 있는 것이 아니라 컵이라는 말이 컵을 있는 것처럼 만들고 있을 뿐입니다. 곧 이름은 있는 것이 아니라 마음의 개념작용으로 있는 것처럼 만들어진 것이며, 낱낱 사물도 인연 따라 임시 그렇게 있는데 지나지 않는데도 이름이 있는 것처럼 여기게 만들고 있기 때문에, 이름[名]이나 이름이 가리키는 사물[義] 모두가 단지 인식내용일 뿐 실재하지 않는다고 사유하는 것입니다. 이미 이름과 사물이 단지 마음의 개념작용에 지나지 않음을 알았다면 이름과 사물의 자성이 있을 수 없으며, 이름과 사물의 차별이나 사물이 갖고 있는 여러 가지 차별도 그 자체로서 실재하는 것이 아님을 계속해서 사유하는 것입니다.

이와 같은 사유를 통해서 실생활에서 칭찬이나 비난 등으로 이름 붙일 수 있는 소리에 대한 개념작용도 단지 스스로가 짓는 것일 뿐 실재하지 않는다고 알아차리고 그 소리에 대해 평온해지게 되면 이 넷이 실재하지 않는다는 것만으로의 사유대상이 아니라 결정적으로 삶의 내용을 바르게 아는 것이 됩니다. 이것을 사여실지四如實智라고 합니다.

다시 컵을 예를 들면, 컵이라는 이름은 단지 개념에 지나지 않고, 낱낱 사물로서의 컵은 인연화합에 지나지 않음 등을 알게 되면 인식대상으로 실재하는 컵이 없게 되고, 개념화된 인식대상이 없어지면 주관인 나도 없음을 알아가게 되면서 '나'가 실체로서 존재하지 않음을 아는 견도에 나가게 됩니다. 견도에 이르기 직전까지의 이와 같이 넷을 사유하는 수행방법을 가행위에서 닦는 유식관이라고 합니다.

이와 같이 인식의 대상이 된 것은 모든 법화된 개념들이며, 개념이 대상으로 인식되었다고 하는 것은 인식주관 밖에 독립된 실체로 있는 대상이 아니라 의意의 분별에 의해서 대상이 된 것에 지나지 않는다는 뜻입니다. 곧 컵이 따로 존재하는 것이 아니라 컵이라고 분별하는 인식의 장에서 컵으로 존재하는 것이기 때문에 컵은 식에 의해서 대상이 된 것입니다. 또한 대상인식은 단순히 대상인식에 지나지 않고 그 자체가 인식주관을 인식대상과 분별하는 것입니다.

그런데 분별이라고 하지만 인식주관과 인식대상을 하나의 식장에 있지 않으면 인식이 있을 수 없으니 분별 또한 주객미분主客未分의 동일한 앎의 장을 전제하고 있는 것입니다. 곧 분별이 무분별의 장에서 일어나고 있기 때문에 앞의 넷이 사유의 대상으로 있지만, 동시에 분별의 대상을 뛰어넘어 무분별의 장을 열게 합니다. 이 말은 수행이 깊어져서 집중이 강해지면 공성空性의 하나 된 삶의 장을 연다는 뜻이며, 이때가 바로 무아의 진실한 체험인 통달위입니다.

화두수행을 할 때도 마찬가지입니다. 앞서는 호흡에 중심을 두었지만 이제는 화두에 중심을 둡니다. 그런데 헛생각이 일어납니다. 그러면 헛생각이 일어나는 줄 알고 없애려고 하는 것이 아니라, 망상이 일어남을 알아차리고 다시 화두를 참구합니다. 배가 아프면 배가 아픈 줄 확실히 알고 다시 화두를 참구합니다. 그러면 어느 순간 다른 것에 대한 초점은 약해지고 관찰의 중심이 강해지면서 집중력이 깊어지게 됩니다.

호흡관찰이나 화두수행이 처음에 '어디에 생각의 초점을 맞추었느냐'라는 차이가 있을 뿐 수행하는 과정에서 일어나는 내용들은 비슷비슷합니다. 호흡이나 화두로 시작하되 여기에 집중되지 않을 정도의 일이 발생하면 먼저 그것을 알아차리고 나서 다시 호흡과 화두에 초점을 맞춥니다. 왜냐하면 가장 강한 자극이 올 때는 그것을 쉽게 알아차릴 수 있기 때문입니다. 그때는 호흡 등 집중하고자 하는 것에 집중이 안 되고 강한 자극에 집중될 수밖에 없습니다. 그래서 그것을 알아 차리고 다시 호흡이나 화두에 집중합니다. 앉아 있을 때나 서 있을 때나 걸을 때나 언제든지 그렇게 하는 것이 좋습니다.

염처수행은 언제나 '자기가 무엇을 하고 있느냐'에 생각을 두기 때문에, 걸을 때는 걷는 것에 대해서만 생각하고 설거지할 때는 설거지에만 생각을 둡니다. 설거지할 때는 그냥 설거지가 되어야만 합니다. 부부가 앉아서 이야기할 때는 그냥 그 이야기가 되어야 합니다. 이처럼 염처수행은 가장 큰 행동에 자기를 전부 맞춥니다. 일할 때는 일에, 앉아 있을 때는 호흡에, 생각을 할 때는 생각에 초점을 맞추는 것이 염처수행입니다. 바로 그 생각이 일어나는 순간을 잘 알아차리는 것을 염念이라고 합니다. 매순간 일어남을 알아차려야 하기 때문에, 그때마다 가장 강한 것을 관찰하는 것이 효과적입니다.

어떤 사람은 바닥에 오래 앉아 있는 것이 힘이 들 수도 있습니다. 그런 사람은 의자에 앉으십시오. 바닥에 앉든 의자에 앉든 아무 상관이 없습니다. 바닥이든 의자든 앉아서 할 때는 몸의 자세를 바르게 하고 오래 지속할 수 있는 것이 좋습니다. 만일 앉아서는 도저히 할 수 없다면, 서서 하거나 누워서 할 수도 있습니다. 자세는 관계가 없습니다.

그런데 요즘 사람들은 앉아 있는 시간이 많으니까, 움직이는 시간을 늘리는 것이 동정動靜의 평형을 맞추는 데 효과가 있을 수 있습니다. 그때 그때 몸의 상태에 맞추어 앉은 시간을 늘리거나 걷는 시간을 늘려 주어야 한다는 뜻입니다. 자세도 고정되어 있지 않고 생각도 고정되어 있지 않습니다. 지금 몸과 마음의 상태에 따라서 결정해 가는 것이지, 어떤 형태로 몸과 마음을 고정시키지 않습니다.

【찾아보기】

356

삶의 모습을 있는 그대로

【생활 속의 유식 30송】

1996년 8월 15일 초판 발행
2016년 3월 27일 개정판 5쇄 발행
발행인 - 열린마음
풀어쓴이 - 정화正和
편집디자인 - 김인이 · 유진영

발행처 - 도서출판 법공양
등록 1999년 2월 2일 · 제1-a2441
110-170 서울시 종로구 수송동 두산위브파빌리온 836호
전화 02-734-9428
dharmabooks@chol.com

ISBN 978-89-89602-21-1

값 12,000원